中国美术学院学脉文丛

张漾兮文献集

陈焰　编

序 / 国美人格

国美校训箴言：行健、居敬、会通、履远。何谓居敬？“往圣采经典，先师垂教范。”一代代的先师行以垂范、言以规箴，跬成名校的学脉。这个传承不怠的学脉中，既见名师大家的文心使命、绝学精品，又涵他们的人格品类、气质神韵。美院伴山水名湖，守江南文山，一批批艺者聚合于此，成就名校事业，将个人的志节功业化在学院的大业之中，可谓不世出的缘分。此缘在湖山，在人气，在世代风华、人文跬积，让后辈总怀拳拳敬心。

国美建校将近九秩。回顾九十年，仿佛中华艺术教育的缩影，代代先师名家的身影叠映在历史的天际之上，伴青山肃穆、平湖风流，凝成西湖艺苑的人格范型。

国美先师的人格范型首在孤山远志。八十八年前，国立艺术院借西湖罗苑，于湖山清明中创建。蔡元培先生乘周末之暇，来杭举办建院仪典，发表演讲《学院为研究学术而设》。从此，一代年轻精英会聚平湖，追蹑蔡先生的艺教理想，学术研究与国民美育成艺院圭臬。林风眠先生身负重托，面对一片贫弱的环境，将美育视为一种精神信仰的运动，践行中西融合的实验与理想。孤山虽清冷，却包孕着国立艺术院的青春激情。罗苑旁莅苏白二公祠，二公祠所依傍的后山，荒天古木，空谷回声。北宋名士林和靖先生梅林归鹤，就在此处。多少年后，一代禁烟名将林则徐罢官经此，祭扫同姓先贤，出私资修葺墓陵。杭州最后一任知府林启兴学有功，逝后杭城人在此建“林社”之筑。一脉林姓的史秩在林山中隐没，当年的林风眠先生于晨昏漫步、春秋眺望中，胸襟可曾洒落名士风流的逸习？但那湖山蕴含的高情远致，一次又一次地催剥国美先贤的学术肝肠与使命担当，却是可以揣想与追怀的。

国美先师的人格范型的第二特性是清波悲情。去年，我们为“世纪风眠”画展绘制《湖山清明》，遥想初建艺术院的一代名师立身湖畔的景象。但这些载入史册的名师的命运，似乎都充满蹉跎，历尽坎坷。也正是这些传奇式的蹉跎，造就了先师们跌宕起伏的形象。一代名师吴大羽先生以其激情和卓识，在20世纪30年代的学生中负有盛名。在抗战的困难环境中，吴冠中先生曾代表学生们致以激情书信，诚心恳望先生回校教学。吴大羽先生既是画家，又是诗者。20世纪40年代后期，先生曾写下令人难忘的《别情》：

我以一日之长来到你的面前
敢贪着天功妄自居先
此来只为向大家输所敬诚
不许有一点错过落到你我中间

诗写得如一尊朴玉，刚直坚忍，掷地有声。诗中漾着一种绝然，也沁着一份无奈。从这里我们可以读到知识分子凝血沁心的坦诚。正是这样一位赤诚耿介的艺者，在后来的日子里，屡受坎坷。但也正是这份赤诚，这份坎坷，造就了上海石库门一方天井中的宠辱皆忘与韵致灿然，造就了20世纪中国绘画史上不可多得的抽象精品。曾有人以先生的遭遇自比，却全然无知于这悲情中的品节肝胆、诚心照人。

潘天寿先生亦是著名的诗者。他的诗沉郁雄强，识鉴高远。他最后的五绝，写于“文革”中的1969年，时在回海宁老家被批斗返杭的途中。诗写于一张灰色的香烟纸上，据说是从地上拾来。“莫嫌笼絷狭，心如天地宽。是非在罗织，自古有沉冤。”这是一个真正的诗者的控诉，字字血、声声怨。但中国诗人又始终心胸方正，襟怀容让，将痛切转向伤逝。接着他回望群山深处的饮水家园，在千山万山闪没的同时，悲心中的诗人仿佛一次远游，正去看望四十年未见的朋友。此行之后，潘老再无诗作与画作，直至离开人世。如此的悲情，却又深埋着某种冥冥的天佑。潘先生诗中提到的四十年如若神箴。四十年后，杭州市的人民在他的墓陵上建造了诗亭，海峡两岸百余位诗人同声咏读他的诗篇。正是从这里，悲情成了一种人格的尺度，让我们丈量出天地之心的苍然与艺者的坚强。

国美先师的人格范型的第三特征是湖风洒逸。这是一种诗性的品格。伴湖山既久，每日柳浪闻莺道上行走，湖光烟波相映，使人玩赏流连、感绪万千。当年一本《艺术摇篮》中，将孤山岁月写得最具诗意的正是朱金楼先生的《孤山忆旧》。朱先生才华横溢，仿《西湖梦寻》笔意，将20世纪50年代的外西湖写得干净洒脱，直若西湖盛景："春雪初霁，驱车白堤上，在断桥遥望孤山，银妆素裹，风姿绰约，倒影映入里湖，清净如雪莲……""与西湖朝夕相处于天光云影、晨曦落日之中，乃觉晴湖、雨湖、夜湖、朝湖、暮湖、春湖、秋湖……俱是胜境。"

论画风洒逸，肖峰先生自是典型范例。肖峰先生早年"红小鬼"，后入美院习画，20世纪50年代留苏，"文革"深受冲击，可谓九死一生。但却从来乐观，始终溢满激情，美院重大节庆，总希望听他昂扬激荡的声音。他的油画以色彩名世，晚年多画大江风帆，既写往昔怀想，又发烟波江上的诗意。舒传曦也是20世纪50年代留欧的名家，当年碗口大小的木版插图，竟有十数人好刻，且表情逼真，神采生动。"文革"前的线面素描，引领学院教育变革。晚年完全转入中国画。他的风竹逸气飘洒，横锋错金，最是典型的士风通脱。他的青松白梅，罩着郁郁冷雾，松针梅朵都发自烟云中，愈见高情远致。

年前去看望韩黎坤先生。长期以来，韩先生体格健硕，性情爽朗，是最令我们亲近的人。此次相见，韩先生虽有些清瘦，却依然精神矍铄，从中国的甲骨文字到江南水印木版，从教学改革到东方版画的博士培养，思绪汪洋，机锋勃发，并随机拿出百余张文字刻版、书票印章。看着他醉心于中国文化的世界，真让人感受到质直庄重的人格之美。

国美的先师，有血有情；国美的人格，有范有型。他们的著述和艺术是中华文艺的瑰宝，他们的人格品节更是国美学脉的精神底色。值此学院八十八年米寿之际，我们准备用三到五年的时间，编辑出版三套系列丛书，一套是《学脉文丛》，收集国美校史上各位先师名家的相关文献、精彩佳作；一套是《艺苑问史》，收集学院重要历史事件、系科发展历程等的相关文献及专题著作；另一套是《名师典存》，辑录包括今天仍在工作岗位上有全国影响的名家名师的主要文论，充分展示“擘精技同艺，放怀诗与想”的会通传统，呈现国美艺术东方学的传承跬积和时代高度。

吴大羽先生生前曾说：怀同样心愿者，无别离。国美的先师，我们或心仪或相识，但作为学脉传承，整体人格，我们息息相通，永无别离。

许　江

2016年4月9日初稿

2016年4月19日二稿

目　录

一　生平

漾兮及其画

白 堤

我们这一代人正在遭遇着历史的残酷考验，前进或是投降，决定在我们自己，而不在别人，绝不能在卖身投靠之后，口口声声把“为了生活”“没法子”作为遮羞的面幕的。这年头为了一官半职，或是为了法币的缘故，个人甚至全体都是卖身投靠而背叛人民的，着实大有人在。个人或全体的苦斗，若只是为了满足个人的私欲，那并非真正的斗士，只是连市侩都不如的家伙而已，迟早要与他的主子一起被人民赶掉的。

我们忍受了战争的苦日子，现在，我们仍旧生活得很痛苦，高物价的日子，极度混乱的日子，使每一个人都喘不过气来，尤其是文化工作者，终日绞尽了脑汁几乎还不能一饱。他们中不因生活的逼迫、不因外界的压力而离开过自己的岗位的人，在这已无“廉耻”存在的社会里，却还着实有着不少的。这些坚贞的斗士，始终和人民站在一起。他们生活得愈痛苦，战斗精神愈旺盛。为争取好日子的到来，他们是屹立着，忍受着痛苦，挺身而战的。漾兮兄就是这样勇敢的斗士中的一个，这么多年来，他一直就是这样生活下来的。

在介绍漾兮兄的画之先，我更愿意先介绍漾兮兄的为人。我与他相识已有八年历史了，我们虽不常在一起，但他对生活、对人的态度，我都很知道的。关于他坚贞苦斗的精神和对朋友的热诚，我一直就是非常敬佩的。他这种精神，与他相识的人莫不称赞。朋友中有向他索画的，他总是答应而且一定做到了，从未提起稿酬，虽然他靠着这份稿酬生活。决非先谈报酬，甚至连得到半张画纸也是好的那些市侩画人可比。凡是对他所作的画的批评，他总是肯虚心地接受，并且还记了下来，从不骄傲于他的成就，或是固执他的意见。

作为一个人民的艺术家，是要与人民生活在一起，同欢乐同悲哀的。漾兮兄就是这样一个画家，他作的画从不背叛人民的要求。从他的画里你可以看到人民的悲哀和愤怒。漾兮兄的画里的劳动人民的生活图景和造像，在他的画里的颜色是暗淡的，那正是今天中国人民生活的颜色，没有欢乐和明朗的岁月。他的画特别让人有亲切之感，尤其是他的版画。这些画，正是我们中国人民大众所迫切需要的。他的画使人有亲切之感，除去他对于画的修养之外，更重要的原因是他是生活在人民群众中，而非高高在上的，脱离群众的。因为他是生活在人民群众中，因此，你要在他的画中寻觅一些“宫廷气氛”的、色情的、无关痛痒的画幅，是不可得的。

看了他的画，你只会觉得有沉重之感，并且看到你自己，和自己生活所在的国土的悲伤。在漾兮兄的水墨画里，你很快会发觉一种特色，就是他以中国的颜料，但却摆脱了中国画的技巧来作他的画。并且，每一幅画都是时代的讽刺和嘲笑。在水墨画幅中，我喜欢他的《果贩》《有待》《幸运》《试步》《长生果》《甜》《柴门待哺》及《山花》等，这一串人民生活的图片是那样深刻地留在人的心上，叫人觉得沉重而感激。

原载《新新新闻》，1946年

并非阿谀

——为漾兮画展作

谢趣生

“我的朋友漾兮兄”——对于这样的称呼，我是自信是非常荣幸的。他开画展了，我乐于在此阿谀几句，虽然他是最讨厌别人阿谀他的。

一、他对艺术的忠实态度，这始终一致的。他从未因生活上的极度困难而改变意志。他所描写的对象，大半都是穷人。但是有些画家是不肯亲近穷人的，因为他们觉得穷人的衣服太肮脏，就是看了一眼也会传染虱子，而不知道穷人的衣服虽然脏，但其内心是很纯洁的；富人的外表虽然漂亮，但他们的内心却是肮脏的。因此漾兮兄就常常接近穷人，观察穷人，描写穷人的受难，所以漾兮兄笔下的穷人都是非常的真实、亲切，决非坐在舒适的沙发上想象得出来的。也决非如一位油头粉面的面首诗人写战斗诗一样。诗里虽然充满了若干战斗的口号，然后摆脱不了一股子脂粉气，使人发恶，结果神圣的战斗意义却被讪笑和侮辱了。

二、他的生活态度，是非常严肃的。他在生活鞭打下的那种忍耐精神，同道们都闻而咋舌。他不但从未发过财，就算安定生活的时候也绝对少。重庆的艺界朋友如王琦、浅予兄都说“漾兮穷得太出名了”。

他虽穷，但不白受人的恩惠，更反乐于为朋友帮忙。因为大家知道他是画家，今天张三要结婚了，枕头被面的花样，就得委托他设计，明天李四的亲翁死了，少不了又要请他帮忙画张玉照，他都一一来酬。否则，朋友是不肯原谅的，反而责你不画的原因，是为了报酬和骄傲。

从漾兮这些许小事，当可窥见漾兮兄整个生活轮廓是可爱的。所以，我乐于这样称呼一句“我的朋友漾兮兄”。

原载《新新新闻》，1946年

柬舟子、巴波两兄（赴）香港

林如稷

远怀舟子与巴波，
转地南疆感慨多。
常忧天坠真杞士，
陆沉翻悔误干戈。
画图应有流民泪，
振笔还成故国歌，
寂寞怜吾萧索心，
危帮久困意如何。

1948年5月

原载《刀锋民魂——张漾兮艺术研究文献集》，中国美术学院出版社，2012年

国民党统治区的人民生活

——张漾兮木刻

曾巴波　撰文

毛樟龙　译

（在1948年底，）在蒋介石统治下的中国，共产主义的火焰，已逐渐烧光了贪得无厌的地主、奴隶贩子，以及用鸦片支付工人薪水的工业大亨。人们每天通过从长江、黄河、北平前线传来的公报和战事图，知晓了许许多多这样的事件。张漾兮用他的木刻，展现了这些故事的另外一面。张漾兮是一名人民艺术家，（不久前）从中国西部（国统区）逃离到香港亲友处避难。张漾兮发表在《新共和》的插图都附有香港巴波先生写的说明。

在《矿工》这幅木刻旁，巴波写道："这儿是一群从中国各地逃离出来的农民。他们有的从以前日本侵略者的统治区逃来……或最近从国民党的暴政下逃离出来。他们的工作是没日没夜地挖矿，有人白天工作12小时，有的人晚上工作12小时，没有任何娱乐时间。残酷的矿主让他们吸食鸦片取乐，趁机扣掉他们的工资。当他们深陷鸦片中他们的工资就不够支付吸食鸦片，他们只好日复一日地为矿主工作。"

《人市》这幅木刻描绘了四川的情景，巴写道："由于内战，农业经济濒临崩溃，佃户和农民只好涌入城市成为苦工，他们的妻子来到人市，成为富人的女仆或者保姆。有的人被中介欺骗变成了妓女，有人被主人侮辱，开除。不愿意当妓女的最后只有自杀的下场。"

《吃大户》（《饥民》）这幅画，巴的描述是："这是一场反饥饿斗争。"在国民党的部分统治区的人民事实上还在"吃草根、嚼皮、泥土"而蒋介石还要靠这些人的力量来维持自己的统治，对抗北方的老对手（共产党）。这些人的悲惨生活状况美国人是无心去了解和理睬的。

原载《刀锋民魂——张漾兮艺术研究文献集》，中国美术学院出版社，2012年

罗马尼亚人民共和国学院美术史部部长、学院院士、教授 乔治·阿卜勒斯古写给张漾兮的感谢信

张漾兮同志：

让我以罗马尼亚人民共和国学院美术史部的名义为您向我们机构图书室所赠送的您的美丽的木刻、中国画家的画册、民间剪纸以及您的访问向您表示最深切的谢意！

同时，我们也向中华人民共和国和罗马尼亚人民共和国的美术史家和美术家表示感谢。为了两国人民科学文化的发展，今后更要增进我们相互间的联系。

乔治·阿卜勒斯古

罗马尼亚人民共和国学院美术史部部长

学院院士 教师

1955年

匈牙利文化部美术司司长白尔达·尔诺尼写给张漾兮的感谢信

亲爱的张漾兮同志：

我趁这个机会，感谢您对我的热诚，在我们这里创作木刻的时候没有忘记我。您的木刻使人感动，不仅是因为您的艺术水平高，还因为您刻画的是一位画陶器的妇女，一位很可爱的民间陶瓷工人。我认为我国的艺术家也没有能够像您这样刻画地如此直接和令人感动。您是艺术水平很高的画家，我们的人民艺术家有机会与您见面，是一件很高兴的事情。与您相识，不但让我多了一位很好的朋友，还收获了丰富的创作经验。我不知道我们什么时候能再见面，但我希望我回来的时候还有机会相见。不然的话，也请您永远不要忘记我。我再次感谢您，并且祝您在将来的工作中取得更多的成就！

祝贺您！

匈牙利文化部美术司司长 白尔达·尔诺尼

1955年

在生命最后的日子里

秦胜洲

……对我们的青年版画工作者来说，真正的失去了一个良师，我作为他生前的一个学生，内心有着难以抑制的悲痛，但光凭哀恸的心情是不能挽回这个损失的，一定要把漾兮老师的优良作风学到手。

漾兮老师是能听从党的话，组织观念很强的好党员。在他还未被批准入党时，他严格要求自己，努力争取入党，凡遇到有关系里的事情，就事先找在系里工作的党员同志商量，听取组织的意见。入党后，作为一个党员系主任，仍然是十分谦虚的，系里的大小问题，总是征求组织的意见，就是在他长期生病期间，也是积极争取过组织生活，主动向组织汇报思想。这次发病，由于住院仓促，没来得及代他办理组织关系，当他从昏迷中醒过来时，就向有关同志说："请你们把我们的组织关系转来。"在病情严重不能讲话的情况下，他仍想到党，交了六月份的党费——最后一次的党费。

……不管病情多么严重地威胁着他，他仍始终不懈地进行木刻创作，并多次要求深入生活，他强烈地热爱现实生活，热爱党。前年到广州养病，当时在医院里创作了《开镰图》《拾穗》等作品。去年秋曾几次向支部、院党委提出要求到诸暨县参加社会主义教育运动，他说："不深入工农兵生活，我就要干枯了，是十分痛苦的。"他是把艺术创作作为党的革命事业的一部分看待的，去各地医院养病时，听说学校要组织建国十五周年的创作活动，他十分激动，几次要求提前出院，短期完成了一件作品《建筑女工》，同时完成了《抢救》草稿。5月10日回学校，当时他的住所尚未收拾好，就又从网袋中拿出画稿，让来探望他的同志提意见，到5月23日，总计不满两周的时间，就完成了两件作品《抢救》《北京的声音》。同志们请他注意休养，他却说："你们都那样的热情，我实在不能平静下来。应当拿出东西来，庆祝我们祖国的十五周年。"他的创作热情，始终像一团火一样，越烧越旺盛。

在创作中，他十分严格要求自己，不论是同志还是同学去看他，他总是谦虚地要别人给作品提意见，在住院时，每当我去探望他，总会碰到护士同志和医生在对他的作品提意见。漾兮老师十分尊重群众意见，在创作《抢救》时，为了其中一个医生的姿态，他就依据护士等同志的意见修改了多次。像他这样一位著名的版画家，仍然那样严格要求自己，这是我永远也不会忘记的。

漾兮老师关心青年教员和同学们的成长，像对自己的子女一样，可以说时时不忘教学。记得在广东养病时，他经常写信了解学校素描座谈会和其他方面的教学情况。平时只要系里同志去看他，总是首先把教学情况详细地问一遍，并提出自己的意见，积极探寻并十分向往能很快地建立起我们自己的、社会主义的、民族的版画教学体系。为此他积极培养青年教员，帮我们定进修计划，就是在医院也还对我们作业务进修检查，对培养下一代真是勤勤恳恳。同学说："张老师是一个好先生，像父亲一样关心我们，和他接触感觉不到他是一个系主任。"漾兮老师不但关心在校同学，已毕业的学生他仍然关怀着他们的成长。去年从广东返校途中，每到一处停下来，他就了解当地有无本院毕业生，如有，即马上打电话和他们联系，和他们谈毕业后的工作情况、思想情况，并看他们的画，不厌其烦地一一给予评价，帮助他们找出存在的问题，有的同学当时就表示："张先生这样关心我们，我们一定努力在各方面进取。"事后，张先生曾这样对我说："对已毕业的学生进行一定的了解是很必要的，可以检查我们在教书教人方面的水平，也可以看出我们的教学是否能对上社会口径的问题。"尤其是这次5月10日（星期日）由医院回来，第二天一早还未到上课时间就到各教室给毕业班同学看创作，为了同学的方便，不顾自己的气喘，还到二楼去看，然后又把学校青年教员的创作看了一遍。6月5日，已发病有两天了，在严重缺氧，呼吸十分困难的情况下，他仍然硬坚持着到各教室给毕业生看创作，并到了二楼。6月6日，病危了，并送进了医院，这也就是他最后一次给学生看作品了。漾兮老师可说是在用自己的生命哺育着下一代的，对党的艺术教育事业是赤心肠的，永远是我们学习的榜样。

1964年7月3日在张漾兮先生纪念会上的发言（节选）

祭　文

雷兴琮朝仪

鸣呼国士　不幸逝世　修短故夭　人岂不伤　贫乐疏财　让舍以居
弟君幼弱　仰叔与姑　将至少年　尽皆陌恕　幸奈师友　扶持肄业
穷年潦倒　诚友支助　十余年来　我国不测　抗战初兴　冲天宿炮
展翅入云　悠游长空　狂涛奔腾　从今而后　美蒋恐慌　愈其渺灭
愈加凶残　尽其避免　深仰世交　及其盟友　远扬香港　翻天覆地
我国新兴　最高领袖　恩召回国　恩国上级　偿赐恒業　日能果腹
不忧明天　习作未停　三十七年　即因此故　带病日深　忽于旬内
病状加重　无药以救　与世长别　凡君知音　今不以闻　尤其新闻
永无知音　文教同心　无不伤情　琮亦无用　为君牺牲　整盘失败
君独成功　忍心撒手　孤苦无依　鸣呼国士　永别知心　泣血哀鸣
何能得知　生为明人　死为明神　魂如有灵　永见琮心　鸣呼哀哉
伏惟尚飨　重孝泣血

1964年6月19日

吊漾兮

谭杞安

君已长眠经十载，我尤寄语问平安。
岂期泉垠邮书隔，赢得西湖噩耗还。
遥望春云殊怅惘，回思往事亦艰难。
艺林有价垂千古，衣钵家传定可观。

1974年

原载《刀锋民魂——张漾兮艺术研究文献集》，中国美术学院出版社，2012年

烛光啊，烛光

——回忆张漾兮老师

吴光华

每当我看见张漾兮老师的最后两幅木刻时，总会吟诵起李商隐的名句“春蚕到死丝方尽，蜡炬成灰泪始干”，同时也联想起最后一次会面时的情景。1963年夏，张漾兮老师由广东疗养返杭途中，在上海停留了好几天，他的身体已经很衰弱了，哮喘严重，经常需要喷射平喘药。在小旅馆里，张老师不顾酷热地指点我带去的几幅木刻，同时又高兴地回顾浙江美术学院版画系创建的经过，并拿出在广东画的小速写给我看，谈起今后的创作打算，言谈间充满着对生活和艺术的激情。为了表示我们做学生的一点心意，在沪的几位校友请他到“洁而精”川菜馆小叙。张先生兴致勃勃地像和家人聚餐一样，风趣地谈着家乡风土和文化的象征——川剧和川菜，并说晚上正要去看川剧院的演出，就像回到了阔别多年的故乡——成都一样。老师的愉快心情深深地感动了我们，挥手告别时的声容笑貌，至今仍历历在目，但怎能想到这一别竟成永诀啊！

1964年6月，张漾兮老师病逝于杭州，仅以52岁的年龄就过早地与我们永别了，这是我国版画界很大的损失。对于身受教诲的学子来说，失去良师，更是悲痛。非常感谢秦胜州同志含泪拓印了张老师最后两幅木刻《北京的声音》《会诊》寄给我，这是多么珍贵的纪念。张老师在与病魔斗争中仍能如此刚毅地执刀向木，满怀激情地创作了这两幅优秀作品，充分表现出一位共产党艺术家对版画事业鞠躬尽瘁的高尚精神，犹如烛光所爆发出的最后火花。火花熄灭了，但光芒尚在。这就是张老师留给我们的众多版画作品和高尚情操，光彩灿烂地照亮着我们探求版画民族化的道路。

《北京的声音》是张老师在广东养病时所经历的生活，生动地表现了南方农村傍晚农民休息时收听广播时的情景。技法上吸取了汉代画像砖艺术的优良传统。画面简洁明了，造型提炼概括。用刀刻刮并举，线条富于变化，寓阴刻于阳刻之中，有浓郁的黑白韵味。

《会诊》是一幅感人至深的作品。中西医紧密合作，正在多方设法抢救一位处于垂危之中的农民。严肃紧张的气氛跃然纸上，使观者都为之屏气注目，似乎能听到滴管中轻微而有节奏的声响。豪迈倔强的线条，发挥了张老师以往作品中所固有的特点，几块加重的色块，增强了黑白对比，庄重静穆之中却显得十分明朗，充满着生命的希望。这是张漾兮老师在用自己的作品向关怀和教育他的党，向积极抢救他的生命的医务人员表达感谢之情。艺术创作和作者的心灵如此紧密地糅合在一起，他所产生的力量怎能不动人肺腑呢?

张漾兮老师离开我们已17年了，今天借此两幅作品发表之机，寄托我们对他的哀思。

1981年4月

原载《版画艺术》1981年第4期

难忘的怀念

——忆张漾兮先生

洪世清

张漾兮先生离开我们已整整十九年了（1983年写，编者注）。每当我步入版画系时，他的音容笑貌仿佛仍萦回在我的眼前。

漾兮先生是我国著名的版画家，他从三十年代末期从事木刻创作，直到1964年，一直没放下他的刻刀。可以说，他是把自己的毕生的精力，都贡献给了祖国的版画事业。

我真正熟悉漾兮先生，是在同他一起筹建版画系的那些奔波、劳累的日子里。

当时（1954年），我刚毕业，漾兮先生知道我对印刷较熟悉，便将我留校参与筹建版画系的任务。我很高兴，却又很担心，对于我这样一个初出茅庐的青年来说，困难是很大的。先生看出我的心怯，便鼓励说：“不要怕，路都是人开出来的。”

过去，绘画系有关版画的器材是一点都没有，要建立版画系，完全是白手起家，特别是铜版、石版这些外来艺术品种，是从零开始的。当时国内也还没有这些专业，要凭空搭起一个高等艺术院校版画系的架子谈何容易。

漾兮先生当时已患哮喘病，但是为了筹办铜版、石版专业的设备，他不顾自己的身体，经常同我一起骑着自行车到寄售商店选购工具、材料，我们买旧货的目的，是为了节约经费。有一次，我买来一把新的钳子，他见了就严肃地批评我：“国家拨给学校的钱，你怎么这样大手大脚地用呢？可以买到旧的，节省一分钱也好嘛！”

当时我听了虽然脸红到耳根，但心里却热乎乎的，感到异常激动。从此，我每采办一件教具，都注意节约经费。能自己动手制造的就不买，非买不可的也尽量去选购价廉耐用的，做到以最低限度的费用，办最大限度的事。不久，我通过朋友的帮助，不花一分钱，从上海调拨到几台石版印刷机器及一批石印石版，漾兮先生高兴地对我说："世清，这次你办了件大好事，为版画系立了一大功啊！今后，我们这个系一定要永远保持这种精打细算的传统，就是将来经费宽裕了，也要富日子当穷日子过……"这些肺腑之言，直至今日，似乎还回响在我耳畔。

对于铜版、石版这两种外来版画艺术，我们既无创作经验，更无教学经费。漾兮先生总是不顾疾病缠身，亲自和我反复实验，终于摸熟并掌握了各种技法。有时为了试验一个配方，我们从晚上忙到东方破晓。

经过半年的奔波，版画系终于创建起来了，1954年招收了第一批新生。就在这一年，漾兮先生和我都光荣地被评为市先进工作者。

漾兮先生为人正直，一贯是严以克己、宽厚待人。他经常深入到学生宿舍去与同学谈心，也经常到教师家中去探访。一点架子也没有，与教师、同学打成一片。

当时版画系有些同学专业思想不巩固，张先生总是耐心地开导他们，使他们坚定了学版画的决心。当他发现有些同学基础差跟不上时，他从未瞧不起这些同学，而是加倍地关心他们、鼓励他们、辅导他们，使这些同学逐渐接近和赶上专业较好的同学。由于漾兮先生的谆谆善诱，凡是聆听过他的教诲的学生无不感受至深。那些毕业多年的学生，至今仍对张先生怀着深厚的感情。

漾兮先生对于青年教师的生活很关心，而对他们的专业又要求很严格，每次下乡回来，他都要看他们的习作，若发现个别人不够努力，就要提出批评。当然，他的批评完全是善意的，甚至是苦口婆心的，使被批评的同志既认识到自己的缺点，也感到心情舒畅。

对青年教师的进修，漾兮先生不但很关心，而且对每一个人都有一个长远的培养计划，不管哪个青年教师取得了新的成就，他都由衷地感到高兴，希望他们青出于蓝而胜于蓝。漾兮先生常说："不要老死不相往来，更不要搞那些吹吹拍拍、虚伪庸俗的一套。"

漾兮先生就是这样以自己的行动为大家树立了一个榜样。他给我留下的深刻印象是：他上班时从来不"一支香烟一杯茶，一张报纸看半天"，他总是把全部身心都关注于工作、教学之中。直到晚年，他哮喘严重发作时，还一步几喘地慢慢爬上三楼去辅导毕业班同学的创作。为了给后人多留下几件作品，他在卧病住院期间还赶刻了《抢救》《北京的声音》《建筑工地》等木刻。

漾兮先生虽已去世多年，但他的品德，他的精神，他的为人，仍深深地铭刻在我心里。

原载《新美术》1983年第4期

忆漾兮先生二三事

张永烈

漾兮先生去世多年了，我作为他早年的学生和长期共事的朋友，想谈谈他不大为人知的几件往事，以资纪念。

记得在那国民党反动派统治岁月里，经常性的失业和沉重的家庭负担使漾兮先生过着艰难困苦的生活。尽管漾兮先生的艺术造诣很高，当时在成都也很有名，如要随波逐流，去为达官贵人们画画像或画点美女卖卖钱，是不难的。但漾兮先生始终不忘记自己的艺术使命，坚持走革命现实主义的艺术道路。他宁可自己饿着肚子，也要画那些在饥饿线上挣扎的劳动人民。他不断用他的画笔和刻刀去为劳苦大众鸣不平，经常在报刊上和个人的画展中大胆反映遭受残酷剥削、压迫的劳动人民的悲惨境遇。为了斗争的需要，还冒着被捕、坐牢的危险，在报刊上发表尖锐而深刻的漫画来揭露国民党的反动与腐败。

1945年，日本帝国主义投降后不久，国民党企图重新点燃内战的烈火，但迫于全国人民的反对，又不得不坐下来和共产党进行和谈。因此蒋介石被迫发出电报邀请毛泽东去重庆“共商国事”，而暗地里却积极准备发动内战。漾兮先生为了及时揭露蒋介石的“和谈”阴谋，在1945年10月24日的《自由画报》（成都）上发表了一幅一针见血的漫画：画面上是毛主席和面带奸笑的蒋介石面对面坐着在握手谈判，而桌子底下蒋介石却牵着一条恶犬，张大嘴向毛主席狂吠。毛主席虽然也伸出和谈的手，但对蒋介石也是有警惕的，毛主席左手握着一根手杖正在防备恶犬的进攻。画这样的漫画而且公开登在报纸上，那是要冒很大风险的，但漾兮先生却将个人风险置之度外。这种深刻而大胆的表现手法，至今还令人敬佩。

1946年国民党反动派疯狂地发动全面内战，血腥地屠杀革命人民，漾兮先生又拿起锋利的画笔，画了一幅《屠夫》的漫画，画面有半张报纸大小，画的是蒋介石的全身像，身佩法西斯勋章，斜挂有短剑的皮带，右手拿着一只白色的手套，正企图套上沾满人民鲜血的左手，而脚下还有一条狗，正舔着滴下的鲜血。这幅漫画更为大胆、尖锐、深刻，若被反动派发现，必然要遭到特务们的杀害。这样的漫画当然不可能发表，只能在关系密切的友人中悄悄传阅。这幅革命的好作品，谁也舍不得毁掉，由他爱人雷朝仪先生精心保存起来，留待“天亮”以后公诸于众。可是，在那白色恐怖的年月，为了逃避特务的追踪，不得不经常搬家，几次搬迁，这幅画不知怎么失踪了，当时漾兮先生已经出走到香港避难，雷朝仪先生因这幅画的遗失整日担惊受怕，以至精神失常，从而导致了她本人和漾兮先生一家的悲剧。漾兮先生早已过世，他的夫人雷朝仪先生也于去年去世，他们的不幸早逝，与这幅画是有一定联系的。

漾兮先生的艺术是不朽的，他的正直、善良、诚恳的人品，同样值得我们敬佩。

原载《新美术》1983年第4期

张漾兮二三事

洪毅然

张漾兮一生不完全是“报人”，他于建国后，迄至1964年逝世前，一直任中国美术家协会浙江分会副主席、浙江美术学院版画系主任，故主要为画家、版画家。但他于1949年前，却长期在成都新闻界工作，曾历任《新民报》《华西日报》《华西晚报》《国难三日刊》《工商导报》《捷报》《益报》《自由画报》等报刊美术编辑及记者。对于成都相关各报刊，乃至整个新闻事业，也有一定贡献。

张漾兮原名张国士，1927—1930年间，我与他在是四川美术专门学校（校址后子门）同学。三年同学期间，他给人留下鲜明印象的事有：

大约1930年（或1929年），成都发生“工专事件”（“工专事件”起因：工业专门学校校长杨懋实，仗势因故压迫学生，被愤怒的学生于互相冲突中击毙，军阀政府实行镇压，激起各校学生纷纷声援，终于酿成全市性学潮），全市学生反军阀压迫运动蓬勃高涨。美专学生也闻讯响应，分工担任图画宣传任务。漾兮、我跟许多同学们一起，本着年轻人的正义感，积极投入漫画制作活动。一连数日，制作了不少矛头直指反动军阀及其走狗帮凶的讽刺漫画，广泛张贴于大街小巷。记得在那次活动中，漾兮制作的漫画宣传品，不仅比谁都多，而且比谁都制作得严谨认真。这是他后来积极从事大量政治讽刺画的创作的起点。

在那之后不久，他和我又与苗渤然等几个同学一起，在少城公园（今人民公园）“通俗教育馆”，以“通俗画会”名义，联合举行一次“通俗画展”。内容除一般风景、静物、人像之类习作外，也有少数摸索尝试的“主题性作品”展出。其中漾兮的一幅水彩画《游行示威》，真实反映出当时人民群众浩浩荡荡参加游行示威、反抗军阀压迫的精神风貌，画面气势壮阔，曾给观众留下深刻印象。

1930年，由师范大学艺术系、岷江大学美术系、四川美专，与省师艺术科等校部分进步美术青年，串联组织成立一革命美术团体“时代画会”，漾兮和我一同参加。该会曾在《西南日报》主编的《时代艺术》周刊上开展艺术评论，宣传革命艺术思想，提倡“普洛艺术”（即无产阶级艺术）。那个副刊的刊头，就是漾兮手笔（画面是：一座倾斜的高层洋楼，象征旧世界已经危在旦夕；原来压在其下的被压迫人群，已经挣脱出来，举起反抗的旗帜）。

其后，时局逆转，白色恐怖笼罩成都，画会成员星散。我于1930年冬离蓉还乡，次年到杭州就读于国立艺专，遂与漾兮中断了联系。

直至1937年，我于抗日战争初期返川，再到成都，才又得于漾兮重逢。重聚时，恰遇他与谢趣生、苗渤然、蒋丁引、乐以钧、梁正宇、龚敬威、车辐等老友新知，组成“四川漫画社”，积极致力于抗日美术宣传，并正集体制作首批大型抗日街头宣传画，我也就立即跟他们一起，参加了各项有关活动。

特别应当一提的是，整个抗日战争时期，漾兮同谢趣生，始终分别坚守《新民报》与《新新新闻》两家日报以及后来其他报刊的画刊阵地，共同团结一大批漫画、版画作者，一直紧握绘画武器，揭露打击敌人——日本侵略者、汉奸卖国贼与顽固反动派等，教育宣传群众，八年如一日，其功实不可没！尤其当时报刊印刷条件极为困难，刊登画稿不能制版。不得已，他们只好求助于镌刻图章的刻字师傅，与其合作，以手工木刻“制版”，居然克服了困难，取得了较好的效果。其中有一位不应该被忘记的长期特约合作者，为胥叔平。胥师傅手艺高超，又得到他们两人尽心竭力指导帮助，刻出的每件“复制”作品，画面都很精细准确，忠于原作，毫不走样，实属难得，故也附记于此。

1989年4月4日完稿于兰州

原载《成都报刊史料专辑》1989年第11期

绵阳遇险与上海释疑

陈肇源

1946年下半年，旧政协破裂，蒋介石狰狞面目暴露，内战硝烟四起，特务活动日益猖獗，成都笼罩在一片白色恐怖之中。张漾兮主编的《自由画报》、曾巴波主编的《微报》，相继被迫停刊。黄世云主编的《红益报》，也被迫改组，变成了“《黑益报》”。漾兮、巴波、世云相继逃亡。他们临走前夕，只有漾兮曾冒险来通知我赶紧转移，但又叮嘱要想办法搞点钱，给报社几个穷工友把拖欠的工资补发清楚后才离开。此时，我已经被两个穿中山装的特务轮流盯梢，好不容易才在一个深夜得到一位老汽车司机相助，给我和蔡君送来两张去绵阳的车票。他还帮助我们甩开特务，使我们在北门外梁家巷口搭上汽车转移了。这天的确切日期我已记不起了，只记得这天阳光明媚，国民党的烂泥公路也没有泥泞，汽车开得较快，到了绵阳才下午四点左右。我们不敢进城，先在城外一家鸡毛小客栈住下，然后与蔡君一道漫步至十字路口饭馆吃饭。吃罢饭，我们刚出饭馆不远，就发现有一个穿黄咔叽学生装的青年在盯着我们。为了谨慎，我决定不走原路回去，并暗示蔡君注意。果然，这个穿黄咔叽的青年时而远远地吊在我们后面，时而又远远地跑到我们前面，躲在小商店里瞅着我们。我因此断定我们又被特务缠住了，为了不让特务知道我们的住处，便悄声要蔡君挽住我的手，装作青年夫妻如火如荼、兴致勃勃的样子，在城内悠然自得地东游西逛。逛到公园处，我和蔡君干脆到公园里去玩。在公园内，我发现有一座假山，认为这是甩脱特务的有利地形，便急忙往假山走去。哪知我们刚走到，就发现那个特务已抢先一步钻进假山了。我们在假山中转来转去，始终找不到机会摆脱那个狗特务。

眼看黄昏来临，只好离开公园再打主意。没想到刚走出公园大门，我一眼就看到墙上贴着一张县警察局的大布告，局长署名是陈XX。我突然灵机一动，决心孤注一掷，干脆去闯警察局。于是，我把局长陈某某的名字记得牢牢的，在街上边大声询问："警察局在哪条街？"故意让那特务听见。到了警察局大门口见到岗警，我大模大样地装出大人物的腔调问道：

"你们陈某某局长在吗？"

靠前面的一个警察便恭恭敬敬向我立正敬了一个礼，谄笑着答道：

"嘻嘻！局长刚出去，他……"

此时我背后唬的一声，那个穿黄咔叽的家伙，一闪便跑到警察局隔壁的一个大黑漆门道里去了。我用眼睛一瞟，那个大院原是三青团的团部。我见特务已甩脱，不让警察说完，便抢着说：

"告诉你们局长，我明天再来看望他。"

说完，便三步并两步，急忙跑出城，躲进鸡毛店里，把漾兮和革命老前辈杨伯恺给我的一些《论联合政府》之类的油印小册子悄悄销毁。这夜，我一直睁着眼睛盼望鸡叫三遍，不等天明就上路，继续向川北跑去。

我化名陈炜，在川北三台、盐亭等地只待了几个月，邮局一位同志给我送来紧急信号，叫我紧急化装逃走，因县警察局特务已在暗中扣留我的信件。于是我又辗转跑到上海，找到地下党老余同志的关系，便在苏南和京沪道上奔波。

1949年北平和平解放后，四五月间南京、上海也相继解放。漾兮从香港到北京出席第一次文代会后，匆匆赶到上海，先同周欣岳等著名新闻界人士在百老汇18层大楼（当时是上海军管会的招待所之一）住了两天，就来同我们住在一起。此时上海刚解放，还是军管时期，漾兮的穿着同沙千里、杨波等人一样，是公家新发的米黄色解放服和八角解放帽，这是当时一般行政首长的打扮。漾兮穿着改变了，但依然平易近人，没有架子。他在上海那几天，工作十分繁忙，但他仍挤出一个星期天的早晨，约我一个人到外滩公园去进行了一次既恳切直率而又严肃认真的谈话。

“肇源，你这些年跑了哪些地方？”漾兮较为详细地将他同洪毅然、曾巴波，以及革命前辈肖华清等同志在香港的情况谈了以后，问起我的情况。

“你一直在国统区活动，怎么没有被捕呢？”当我将逃亡情况向漾兮谈了之后，他突然向我提出这样一个难以回答的问题，可把我怔住了。他见我一时答不上来，又进一步直截了当地向我提出：“肇源，我们之间从来是无话不谈的，从来没有什么隐瞒。你老实告诉我，你是不是同反动警察有啥微妙关系？”

“什么？同反动警察有关系！这是谁说的？”我一听就有些鬼火冒。

漾兮虽见我已生气，但他却并不让步，继续严肃地向我说道：“你冷静想一想吧！”又说，“你到绵阳去找过什么人？”

倏地，我在绵阳被特务盯急，曾去闯过警察局的趣事，在脑海里闪了出来，不禁忍不住好笑。于是，我详尽地述说了在绵阳耍弄特务和警察的故事，漾兮这时也哈哈大笑起来。

“你怎么知道我在绵阳的事情呢？”我问漾兮。

原来，那个穿黄咔叽学生装的家伙，应是三青团的特务。他是漾兮的一个远房外侄，曾在漾兮家里见到过我，当漾兮知道他外侄干的勾当后，便逐渐断绝了关系，没想到那年我又在绵阳碰到这个小特务。他外侄原想对我下手的，后来见我去找警察局长，硬是把他搞懵了。消息辗转传出，以至漾兮误以为我同警察局有微妙关系。真相大白之后，漾兮同我都十分高兴，特别是我在内心深处确实非常感谢。漾兮对我的信任——他在听到传闻后，把问题埋在心里，并不外传，而是等到当面对证与澄清，从这里可以看出漾

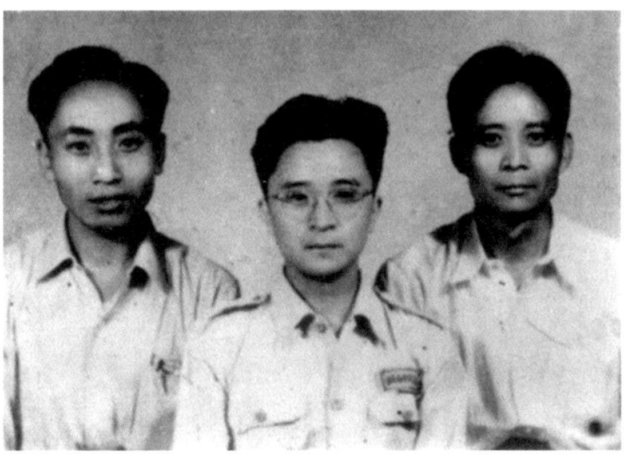

1949 年摄于上海。从左至右为：余时清、陈肇源、张漾兮

兮对人的忠厚诚恳，和隐恶扬善，从不散播同志的小道消息的高尚品德。就在我们推心置腹进行谈话的这个星期天晚上，漾兮在百忙中又抽出时间去约来地下党老余，我们三人到照相馆去照了张四寸合影，以纪念上海解放，我认为这也是纪念我们这次重要话。这张三人合照，我至今还珍藏着。

1989年4月22日写于西南医院病床

原载《成都报刊史料专辑》1989年第11期

为反内战反独裁　冲锋陷阵的《自由画报》

熊永康

《自由画报》图文并茂，战斗性很强，它创刊于1945年10月10日，四开四版，周刊，每逢星期三出版。1946年2月20日出版第17期后，即告停刊，历时134天。

1945年8月，日本帝国主义无条件投降。经历了八年抗战的中国人民，渴望建立一个独立、自由、民主、统一和富强的新中国。但是，蒋介石集团却在美帝国主义的支持下，倒行逆施，为篡夺解放区人民的胜利果实，恢复其在全国的封建独裁统治，正在加速内战准备。蒋介石集团的恶行遭到全国人民的强烈反对。在蒋管区，一个反内战、反独裁的爱国民主运动正在兴起。《自由画报》就是在这种历史背景下创刊的。

该报的创办者是一批地下党员、进步画家、进步记者和进步工人，以张漾兮为主编。他们经过多次酝酿，确定该报的办报方针是"反蒋反美，不惹地方，依靠进步理论，稳定发展"。

在办报过程中，该报一直充当"反内战、反独裁"的急先锋。它每期都在报头下刊载通栏横标"言论自由，信仰自由，不虞匮乏之自由，免于恐惧之自由"，影射蒋介石集团钳制言论，禁锢思想，对人民实行横征暴敛和法西斯统治。它的发刊词仅有6个字："不自由，毋宁死！"表明它誓与法西斯统治战斗到底的决心。在办报过程中，《自由画报》配合时局发展，不断揭露、打击美蒋反动派。

一、暴露反动派的腐朽没落

代表大地主、大资产阶级的国民党统治集团，在抗战中表现得尤为腐朽。为了使广大读者温故知新，《自由画报》以每期登一篇千字文的规模，连载了地下党员陈子涛化名“陈亦丹”写的16篇题为《撤退二千里》的长篇通讯。文章开篇写1944年，苏美英在欧洲战场上取得节节胜利，而我国却在日寇大举进攻下，失陷华中和西南大片国土。在国难日深的情况下，国民党统治集团仍然文恬武嬉，蒋介石钦差何应钦到桂林代他为白崇禧的母亲祝寿，白崇禧不惜花5000万巨款，大摆排场，招待文武百官。在军事上，这些高级将领常常大吹“反攻”牛皮，而行动上却是未见日军便望风而逃。作者在日军撤走后，在衡阳外围进行了一次实地采访，写出了他目睹老百姓被抢劫、残杀、轮奸后的一幅幅惨景……说明日寇的兽行令人痛恨，也说明国民党统治集团消极避战，对国家民族负有不可推卸的罪责。

《自由画报》揭露国民党御外无能，但对内却搜刮有术的行为。张漾兮以“舟子”为笔名在创刊号上发表一幅漫画，一个瘦小的学生背着比自己身子宽两倍、高一个半头的大捆钞票来到校长面前，标题是《校长，我缴本期的学杂费来了》。反映出国民党四大家族为了发“国难财”，不顾一切地滥发钞票，对人民敲骨吸髓，竭泽而渔。

正是由于国民党横征暴敛，因此尽管抗战胜利了，人民却享受不到胜利果实。据“白芬”在第五期《解决失业问题》一文中透露，仅对重庆、成都、昆明等五大城市统计，就有25万人失业。

工人命运如此，商人如何呢？谢趣生在第三期上画了一幅漫画，一个身着马褂长衫，后仰90度，高举“血本”，仿佛乞降的可怜相像，题为《同盟胜利，第一个向中国政府投降的不是日本，而是我们国家的商人》。

更悲惨的是抗战归来的荣誉军人。漾兮在第五期发表的一幅木刻中反映：两行衣着褴褛的荣军，被绳拴成两串，正被荷枪实弹的宪兵押着走过大街，题目是《有利于民族、有碍于市容的抗战将士》。连浴血卫国的将士都遭此非人待遇，这个政府的反动就昭然若揭了。

《自由画报》还以图文展示当时工业不振、农村萧条、天灾四起、百业凋敝的景况，揭露国民党统治集团不顾河山破碎，一心只顾抢夺胜利果实的恶行。江苇（张漾兮）在第四期发表一幅漫画：一个国民党士兵把抓住日寇的中国人民，用刺刀挑起扛在肩上，题为《“收复”收复区》，尖锐地揭露了国民党与民为敌的凶相。

更有甚者，为了抢夺人民的胜利果实，他们比“‘率兽食人’更进一步”，竟然依靠屠杀人民的汉奸来“维持”所谓收复区的“秩序”，还把大汉奸德王、李守信迎至陪都，封为“总司令”。蒋介石集团不惜与汉奸勾结，坐地分赃，令人愤慨。正如尧伍（汤远烈）在第三期发表的《梁山伯的弟兄》一文指出：现在是压迫者和被压迫者称哥道弟，结果恐怕不仅仅把人“逼上梁山”了。

对于国民党在抗战胜利后给国家民族带来的灾难，陈朴（张漾兮）在第7期，用一组漫画作了生动的概括。这组漫画总题是《胜利给中国带来的命运》，即《汉奸的官运》《大员的财运》《工厂的霉运》《人民的死运》，这是对国民党罪行的愤怒控诉。

人民要反抗，国民党便给人民扣上“匪”的帽子。《自由画报》第7期发表了丁易的《谈匪》指出：所谓“匪”，历来是“官逼民反”，“而在统治者心目中是只许我逼，不许你反。这其间没有什么道理可讲的”。文章说：“这种‘只许我逼，不许你反’的极端专制的统治者心理发展下去是十分可怕的，如果人民反到统治者已无法统治时，他们是不惜引外族甚至自己的敌人来帮忙镇压的。”文章列举引沙陀兵镇压黄巢的唐僖宗，引满清入关剿灭李自成的吴三桂和借英将戈登之力灭亡太平天国的曾国藩，都是如此。文章说：“这种手法到满清末年便集其精英凝成有名的两句话：宁赠友邦，勿赠家奴！”文章最后说：“我想假如还希望中国还有点前途的话，这心理已到了连根铲净的时候了。”暗喻蒋介石同人民罪人唐僖宗、吴三桂、曾国藩、慈禧是一路货色。

二、 为反内战、反独裁呐喊

蒋介石集团对人民寸权必夺、寸利必得。而共产党领导下的人民，为了保卫抗战胜利果实，必然要针锋相对，寸土必争。只是由于抗战刚结束，蒋介石还没做好内战准备，加上国内外舆论对蒋不利，他不得不在1945年8月电邀毛泽东到重庆谈判。会谈初期，实际上是边打边谈，蒋介石在谈判桌上理屈词穷，在战场上也连现败迹。仅8月份，解放区军民就取得上党战役和绥远战役的胜利，迫使蒋介石集团不得不在停止内战的《双十协定》（即会议记录）上签字。蒋介石不愿就此罢休，在“协定”签定后的第三天，又向各战区发出“剿共”密令，指示国民党军必须“遵照中正所订《剿匪手本》，督励所属，努力进剿，迅速达成任务”。到10月底，国民党进攻解放区的军队就达到80万人。

蒋管区的人民对蒋介石挑动内战十分愤恨，逐渐掀起反内战高潮。在这场爱国民主运动中，《自由画报》冲锋在前，用漫画、政论，以至三言两语，对蒋介石集团及其支持者美帝国主义进行了无情鞭挞。

“双十协定”公布后一星期，《自由画报》便在第二期上发表了倚旦（陈子涛）的《协议和实行》，指出：“国共谈判的记录公布了……如果光有协议而没有实行，那便是欺骗人民的一篇谎话；如果一边协议，一边暗地里做着反民主、造分裂的行为，那便是‘人人得而诛之’的国贼。政府有没有诚意实行民主团结，就要看他有没有彻底实行这些条件而定。我们等待着当局把事实拿出来！”直接将了蒋介石一军。

紧接着第3期，张漾兮以“舟子”这个笔名在《自由画报》一版头条发表了他的著名漫画《小距离》。画面上，面露奸笑的蒋介石伸出貌似要与毛泽东言和的手，桌下却放出恶狗直扑毛泽东。毛泽东不得不以两手对付两手，一手言和，一手持杖防卫。因此双方伸出的手握不到一起，使挂在墙上的“和平民主团结统一”的口号成为一纸空文。一针见血地揭露了蒋介石假和谈真备战的罪恶阴谋。

倚旦（陈子涛）为此画配文也很尖锐，文章说：“国共团结还存在一点

‘小距离’，这点距离的存在，是由于一些职业化的摩擦专家在作怪。……他们策动伪军向八路军进攻，他们执行卑鄙的暗杀政策，他们有意放出悲观论调，只要达到他们制造摩擦的意图，不惜采用任何卑劣的手段。……摩擦专家和汉奸是同样罪恶滔天，是‘国人皆曰可杀’的民贼。”

11月21日出版的第7期是反内战专辑，头版右边耸立十分醒目的通栏立标：“我们不要内战！我们坚决反对内战！”这个版发表了沈志远写的《论反对内战》。文章说：“……眼前蔓延全国的大规模军事冲突，尤其为我们全国老百姓所深恶痛绝，因为……在全副武装的敌伪还存留在国内，全国人民在遭了八年浩劫之后，连喘息机会都还没有得到的今天，如果紧接着就来进行屠杀……那么八年抗战所残留下来的民族一线生机，就非完全摧残干净不可。……谁要是违反民主统一和平建国的基本方针，他就必然成为全国人民唾弃的国贼。”文章还指出：“‘会谈纪要’第11条载明‘严惩汉奸解散伪军’，而且政府还答应要自动去执行这一条，然而……从华北到华南，近一百万伪军在日寇投降已三月余的今天，不但没有予以缴械解散，反而在利用它们进行毁灭性的内战。……对于这种痛心的现象，每一个做中华民国的主人的老百姓，有权命令他的公仆——政府立即加以纠正。不然的话，民族气节的败坏，卖国风气的嚣张，致使国家陷于万劫不复之境，这个责任恐怕现政府是万难卸脱的啊！”

同期发表的马哲民写的《我们应该无条件的反对内战》，进一步指出：“……此次内战的动因，有一部是内在的反动力量，借以完成其武力统一，巩固反动统治的迷梦在作祟，又有一部分是外在的帝国主义政策，想借此机会，造成一种统治中国的傀儡，而达其以中国为半殖民地的企图在作怪。”这就揭露了蒋介石及其后台在中国发动内战的罪恶目的。

如果说这里指的“外在的帝国主义”还比较含蓄，那么第9期头版头条发表的苇生的漫画《煮豆燃豆萁》就更明显了。画面是一个留山羊胡，穿星星坎肩的高鼻子山姆大叔，正坐在写有“中国内战”四字的锅灶前，用火钳把豆秆送入灶塘，使锅内和灶门前不断冒出滚滚浓烟，让人一看便知是美国佬在支持中国的内战。

第10期发表舟子（张漾兮）题为《赫尔利外交的伟大成就》的漫画，更直接暴露赫尔利大使为代表的美国政策给中国带来的灾难。画面是赫尔利用手杖把一串写有“中国人民”四字的骷髅头骨拗在肩上，讽刺赫尔的“外交成就”就是在中国制造毁灭。

由于赫尔利不得人心，杜鲁门总统发表“和平”声明，决定换马：调回赫尔利，派来马歇尔。《自由画报》明确指出，这说明美国对华政策“完全步入了反民主的道路”“应立即重新检讨”“应该跟着赫尔利撤回”。第10期发表的马苓（翁云圃）写的《读杜鲁门总统声明》还指出，美国这时候换马，“是想缓和中国人民的反美情绪。……我们中国人民认为，‘停止中国领土以内之武装冲突’的一个主要因素，莫过于立即把驻华美军撤回。”

同期还发表了江苇（张漾兮）的漫画《梦迎马歇尔将军》。画面是马歇尔长了两个翅膀，提了一口上写“外交政策”的箱子从空飞来。画面上的说明是：“甲：‘看，箱子里装的一定是和平’，乙：‘沉重的箱子里装的一定是原子弹’。”说明美国换马之，政策是和是战，尚需拭目以待。

第12期上发表了司徒空写的《顶好，炮轰！》是对美军直接侵略中国罪行的揭露。文中以美陆战队司令洛基将军承认美军“炮轰鞍山附近之某村庄”的供词，来抨击美国驻中国战区司令魏德迈“否认美军扫射华人村民，和美军陆战队炮轰鞍山附近村庄”的谎话，说明《自由画报》对美帝的动向时刻保持警惕。

人民看穿了美蒋反动派的罪恶用心，昆明学生首先奋起反抗。《自由画报》1945年12月5日（第8期）以《向昆明学生致敬》为题，报道了昆明学生开展反内战活动，遭到当局镇压，死伤多人的惨案。报道指出：“动辄向手无寸铁的学生鸣枪屠杀，是五四时代北洋军阀政府干的把戏，是帝国主义国家历来在此殖民地中国干的把戏。”

12月8日，成都两千多大中学生举行声势浩大的援助昆明学生反内战惨案的游行。《自由画报》于12月12日在第9期上，以《在青天白日旗下》为题，发表长篇通讯，反映游行学生、各阶层群众以至外国朋友，发出的反内战呼声。

群众高呼："枪毙关麟征！枪毙李宗璜！"（昆明的当权者）"壮丁回家去！""打内战的是王八蛋！""请美军滚出中国！"连小孩都在美国新闻处大门外写"米士脱顶坏！"

张漾兮以《用泪和恨筑成新的长城》《几千心剧痛，万行泪长流》《外国朋友也大声呼喊：反对内战》《都要请你吃几拳》等为题，画了一组漫画，配合通讯，把游行的盛况和群众的愤慨，反映得淋漓尽致。……《自由画报》的这些报道、文章、漫画，对推动成都反内战、反独裁、争和平、争民主运动的深入发展起了不容忽视的作用。

由于国内舆论的强大压力，加上11月下旬，国民党又在邯郸战役中吃了败仗，再加上美国主子在换派大使后变换手法，施行"和平"骗术，蒋介石不得不于12月1日同意履行《双十协定》，召开"政治协商会议"。

于是，《自由画报》又围绕对"政治协商会议"的态度问题，同国民党展开斗争。首先，它于12月5日第8期1版头条，发表了舟子（张漾兮）的漫画《不要又变成这一套》。画面是一只孔武有力的手，平举着一根用柱子顶着的放有花瓶的圆桌面，和一圈椅子，桌布上写有"政治协商会议"字，意思是不要有变成国民党一手操纵的这一套。

接着，第9期发表思苓的《停止内战，从速开始政治会议》文章指出："对国事的具体办法是从速开始政治协商会议""我们坚决反对不顾民意的内战！谁要不顾民意，我们就打倒谁！"

1946年1月2日，《自由画报》在第12期发表了"宋人"（黄大成、黄原）写的《新的年代》。文章说："1945年终于在美国孤立派及中国反动势力所造成的全国性的大规模的内战之下结束了。""我们迎接1946年，希望中国国民拿出实际行动来监督政治协商会议，使会议完成下列意义：一、立即停止内战；二、实现人民所应有的各项自由；三、解散各种特务组织；四、组织人民法庭审判在囚禁中的汉奸；五、结束一党专政，六、实现民主政治。”

宋人在同期同版上发的《一面谈，一面打》说：“中共代表团来渝后发出的无条件停止内战的呼吁，虽一再为全国的炮声所湮没，但终在举国一致反内战的奔走之下，于去年除夕晚获得了政府在原则上同意的复文，组织内战的人民公敌，今天也不能不在人民面前低下自己的头。……然而，事实却使我们大失所望，恰在国共双方停战文件公布之后，杜聿明将军即指挥大军向热河积极进攻，于元旦日攻下朝阳后，仍继续西进，事实证明内战并没有停止，而且还在继续扩大。（现在）仅仅靠我们口头上的呼号，要他们放下屠刀，已经一再证明是不可能的了。今天我们需要更加觉悟，……需要拿出自己的力量，一方面监督为民主团结而召开的政治协商会议，一方面直接起来制止内战，使人民公敌不能在商谈的烟幕之下来进行误国的内战。”

同期，舟子（张漾兮）还在一版头条发表题为《寻弃物》的漫画。画面反映一人在垃圾箱拣“会谈纪要”（双十协定），另一人正在拼饾拣出的废纸片，只拼成了“三主义”，其中的“民”字已不知去向。尖锐地讽刺国民党把代表人民利益的“三民主义”“会谈纪要”视为废物。

免之（谢趣生）在同版发表的另一幅漫画更具火药味。题目把蒋介石提倡的“三分政治，七分军事”后加了四个字，即《“三分政治”谈判，“七分军事”进攻》，画面是双方代表正在桌前谈判，数颗子弹破窗而入，两人离座伸头以掌贴耳，增大耳碗才勉强听到对方的“三分政治”。人们一看便知道这是蒋介石的“七分军事”进攻造成的恶果。

三、鼓动革命、呼唤解放

《自由画报》同仁看到，“日暮穷途”的“反动派”，其穷凶极恶已发展到“驾希特勒而上之了”。不动员人民起来除掉他们，“民族的一线生机，就非摧残干净不可。”因此，他们发表许多漫画，不断暗示一个真理：人民要获得解放，就一定要打倒反动派。

《自由画报》第2期发表江苇（张漾兮）的漫画，《行路为何难，去问那些官！》画面是：在通向“民主”的道路上，“官”们手执铁铲，不断铲起石头向后抛去，使民主道路上的石头堆积如山，给行路的人民造成重重障碍，不言而喻，要民主道路变为坦途就得除掉为民主设置障碍的“官”。

第16期发表雷浪（张漾兮）的一幅漫画，画面是空中飘下写有“思想自由”“言论自由”“结社自由”“集会自由”的传单，一个人正要喊这些口号，背后伸来一只特务的手，紧紧捏住他脖子。这幅画的题目就叫《魔掌不取掉，自由得不到》。

第17期在一版上部正中发表叶浅予的《民国三十五年元旦重庆街头即景》。画面是一个衙门的大门内有一堵绘有国民党党徽的照壁，一望而知，这是国民党党部。耐人寻味的是大门两边的对联：“最后胜利已属于我”，“空前事业岂肯让人”。对国民党掠夺胜利果实，坚持独裁统治进行了辛辣的讽刺。显然，不推翻国民党的统治，就没有国家的前途和人民的幸福。

同时，《自由画报》还以大量文章启发人民的觉悟，激励群众的斗志。

进入1946年，革命形势有了进一步发展，《自由画报》于12期刊登舟子（张漾兮）的一幅漫画，题目就是《中国人民解放的年头到了！》。画面是口套缰绳的“人民”不愿再让骑在自己脖子上的蒋介石挥着皮鞭逼着自己爬行了，他怒目圆睁，决心把蒋介石从自己肩上摔下来。尽管蒋介石不断地挥舞皮鞭打他，他仍然一手反拉缰绳，一手撑膝，不顾一切地抬头伸腰站起来，惊惶万状的蒋介石抓不到缰，正要往下倒。画家把蒋介石画得矮小，把民众众画得高大，手脚也粗壮有力，显示人民有力量解放自己。

与这幅漫画发在一起的，是马苓写的《迎1946年——并贺政治协商会议》。文中说：“一年来，各种民主运动的兴起，拒绝新检，反对图审，制止内战，号召联合，主张团结，争取自由……如飓风，如大浪，反动者不能抵御，也无法抵御……”“一九四六年来了……中国人民还要紧紧地团结着，握起拳头……千万支手握成一支巨手，对准已经发抖的反动势力击去。”“我们要叫它灭亡！我们要把它葬送！我们要建造民主自由的新中国！”

四、不畏艰险，一往无前

《自由画报》创刊的1945年，成都有两家地下党掌握的报纸，这就是《华西日报》和《华西晚报》。当时，《华西日报》的董事长是地方实力派潘文华。1945年3月，蒋介石电召潘到重庆，向潘施加压力，要潘改组或停办《华西日报》，潘文华拖到5月，再也拖不下去了，被迫辞职。《华西日报》遂为特务篡夺，共产党人和进步人士被迫撤出。

这些同志不甘失去阵地，决定创办几家革命报刊，进一步扩大革命宣传。于是，从6月到10月，这批进步报人差不多天天都在成都华兴正街复兴茶园聚会，商议重新出报问题，决定首先推出《自由画报》。

在旧社会，办进步报刊不容易，办进步画报更不容易。因为这不仅需要办报人具有革命胆略和艺术水平，还需要有大量的资金和较好的纸张。没有资金、没有纸张怎么办？进步工人单子春提出："你们编报，印刷由我去赊，把报卖后再给印刷费……"恰巧，当时由于抗战胜利，英国经济萧条，收缩驻外机构，驻成都的英国新闻处要撤走，有一批米色道林纸要处理。《自由画报》翁耘圃、陈肇源就向华懋公司贷款，买下了这批道林纸。就这样，这张报纸于10月10日创刊。

《自由画报》办报条件极差，从排字工人到编辑记者，全部为义务劳动。编辑记者的"办公室"就是茶馆和自己的宿舍。他们常常在茶馆里边议边写，许多振奋人心的稿子和生动活泼的版面，都是在茶馆里或宿舍里制作出来的。主编张漾兮从《华西日报》撤出后，住在西门外一家农民的院子里，他成天骑着一辆破自行车到城里来收集画稿，然后在乡下把报纸初步编好，再进城来同大家讨论定稿和送印刷厂排版。在外奔忙时，他经常以锅盔（烧饼）充饥。就是在这种条件下，他在134天里，在《自由画报》上，以"漾兮"以及"舟子""江苇""陈朴""雷浪""周有礼""程又文"等笔名，发表漫画、木刻百余幅。当时，他们没有钱制锌版，只有用木刻刻印。一架租来的印报的平板对开机也破烂不堪，机身绳捆索绑，机脚压上石头，用手摇，要费很大的劲才能摇出一张来，印一次报就的两三个人轮流摇。

由于《自由画报》反内战、反独裁，冲锋陷阵，很受人民群众的欢迎，据该报第3期《本刊经理部启示》说：“本刊每期共印5000份，三天内就售完了。这几天有许多读者都失望而回，我们感到万分歉意……”据好些文章说，该报远销到省外，还曾秘密发行到解放区。

国民党对《自由画报》极端仇视，只是碍于抗战胜利后，成渝两市报刊和文化单位群起反对，蒋介石集团不得不于当年10月，取消战时新闻检查，国民党才没有“依法”查禁这份报纸，但是暗中对它的打击却不少。

《自由画报》同仁有一个公用的写小品文的笔名叫“文张飞”。前十期，“文张飞”几乎每期都要发表一组三言两语的《不入耳谈》，他以尖刻的语调抨击时政，无情地嘲弄反动派的谬言丑行，深为反动派所痛恨，新闻检查处虽已不司检查之职，仍暗中派人打听“文张飞”为谁。据说，特务还准备抓“文张飞”。该报得知后，一面扬言“文张飞因病离开成都了”，一面却改用“魏明”“林曙”等笔名，继续发表《不入耳谈》，弄得反动派十分恼火。

又一次，作家刘盛亚从川大至复兴茶园，说国民党特务开了一张名单，其中有张而冠、田丁、扬威等。《自由画报》立即在第4版《文化小景》中刊出《张而冠田丁东下》，说他们“离蓉到渝候船东下赴申，筹办一图文兼备的小型杂志”。张而冠即《自由画报》的创办人之一，地下党员翁耘圃。就在刊登“张而冠……东下”的当天，他又在该报一版以“李巳载”这个笔名，发表《严惩贪污——阿弥陀佛》，对反动派进行更加尖锐的讽刺。

国民党特务为了恐吓《自由画报》同仁，竟用信封给该报寄去一颗子弹。

面对反动派日益加剧的压力，《自由画报》不得不把最后一招使出来，这就是在该报第8、9期上，把以张澜、叶圣陶为正副董事长的董事会公之于众。因为董事李劼人、李相符、茅盾、郭沫若、马哲民、邓初民、扬伯恺、沈志远、柳亚子、刘开渠、庞薰琴、罗忠信、甘鉴斌、田一平，都是文化界、民主党派和地方势力的头面人物，把他们的名字抬出来，可以顶一阵风浪。

为了击败特务破坏发行，由鲁绍先、黄大成在《华西晚报》抄来订户名单，上门征求订户。并且自己动手，搞好裹报、送报、投邮等。特务不准报贩卖《自由画报》，《自由画报》的全体同仁就上街摆摊叫卖。国民党不准邮寄，扣押报纸，该报就以“林曙”为笔名在《自由画报》第14期上发表《微语》上说：“本报被扣数期，损失数十万法币，当然这是小焉者，较比‘自行落水’‘自行失踪’的生命损失，有如小巫见大巫。”针锋相对地揭露敌人破坏进步报刊发行，迫害革命者的卑劣行径。

到第16期，该报还在《除夕杂诗》中，发表《为自由画报祈祷》，诗云：

不祈求明年有一个丰收季节　不祈求希望在明年　开出自由的花

但愿你的身体更强健　勇敢地迎着　那一条越发粗大的鞭

表明它誓与愈演愈烈的法西斯恐怖统治进行不屈不挠的斗争。

最后，由于从英国新闻处买来的纸张用完了，一般纸张又难以印好图画，《自由画报》出了17期后，终于在政治、经济和物质条件的多重胁迫下，被迫于1946年2月20日停刊。

接着，这批进步报人又先后办起了《微报》和《红益报》，继续为推翻国民党的统治而斗争。

原载《成都报刊史料专辑》，1991年3月第16辑

画家张漾兮轶事

熊永康

（一）

1945年，张漾兮给外科专家董秉奇画了一帧肖像画，画得很传神。董秉奇视为家珍，悬于客厅。客人们一见此画，莫不啧啧惊叹：“画得像，太像了！”

当时，一些“盟军”军官同董博士也有交往，一天，几个密斯脱得见此画，简直看得如醉如痴。他们站在画像前指指点点，商量弄到这样一张画。因为抗战胜利了，他们要回国了，正想搞点纪念品。于是，一个个都赖着董博士帮个忙。

董秉奇推脱不了，就来找王民风想办法。因王与张漾兮同在《时事新刊》里共过事，而且，他得这张画，正是因为他免费为穷记者王民风作了胃切除手术。张漾兮敬重他的医德，才主动为他画的。既然恩人有求，王民风自然乐意奔走。殊不知，王民风刚一开口，张漾兮就说：“我不想画。”

王民风碰了壁，只好向董表示爱莫能助。岂知，过了两天董秉奇又打来电话，说：“我被那几个密斯脱缠得没法，请你再给张先生说说，他们愿给润笔费。反正他们有美金，张先生赚点美金来花，何乐而不为呢？”王民风也想，眼下张漾兮拖着一家数口，生活很清寒，有了美金，不但可以改善生活，还可以多买点绘画材料，进一步开拓艺术天地。

不料，张漾兮竟说：“疯儿（王的绰号），我为董秉奇画像，是敬重他，也是帮你酬谢他。我为啥要给密斯脱画？我宁可饿肚子，也不拿画去卖美金。”

这，就是张漾兮的个性。1949年前，他在成都十家新闻单位干了近十年美术编辑，几乎天天要作画，但这些画，不是宣传抗日的，就是反映劳动人民苦难的，绝没有以笔牟利，降格媚俗的。

（二）

张漾兮熟悉各种画，尤其擅长木刻。从1938年起，他就为宣传抗日不倦地刻,几乎每星期刻一幅。40年代，他的木刻在成都新闻界已享有盛名。可是，到了1944年，他竟有一年多没动刀。原因是，这时他看到一些延安的木刻作品，比他过去学的苏联木刻，更富有生活气息，也更具有鼓动性和感染力。

特别是他得到一本当时的禁书——毛主席《在延安文艺座谈会上的讲话》。《讲话》对艺术道路、文艺标准和创作方法的精辟论述，使他深受教育。对照毛主席的要求，他感到自己过去的作品“不论思想性，艺术性都很差”。1949年后，他在一篇回忆文章中写道：“在《人市》（此画作于1947年）以前的作品对生活的观察力是很不深入的，对题材的钻研也不够。”为了更上一层楼，这一年多他做了三方面的努力：一是深入生活，他不断地到街市、农村、矿区写生、采访，深入了解劳动人民的苦难和追求；二是悉心研究中国的年画、砖刻和一些书籍的插图，努力提高自己的民族艺术素养；三是钻研题材，每创作一幅木刻，他都要反复酝酿，尽力使之“比普通生活更高、更强烈、更有集中性、更典型、更理想”。此后，他的木刻作品主题深刻，画风犀利，并从单纯反映劳动人民的苦难，转向激励劳动人民起来抗争和战斗。

还是让我们看看他自己写的创作过程吧：“创作《人市》这幅木刻时，前后曾酝酿了半年多时间，最后有一个多月，我经常到成都的两个人市去观察了解。才认识到这里并非如表面上所看到的，是为没有工作的劳动妇女介绍工作的场所，而是暗地里买卖拐骗幼女，勾引贫苦老实的青年妇女，以家庭佣人或奶妈为名，使其落入圈套，受其侮辱。尤其是农村来的青年妇女，更难逃脱这吃人的虎口。《人市》这张作品，就是为了揭露这人吃人的社会而创作的。”的确，在《人市》这幅画面上，他把恶霸的威势、骗子的奸诈、人贩的诡谲、贫困妇女的无可奈何，刻画得淋漓尽致。任何人一看画面，都会同画家共鸣：再也不能让这种弱肉强食、冷酷无情的社会继续下去了。

1947年创作的《抢米》，则是他讴歌劳动人民反抗精神的代表作。那是1946年，他在“复兴门”（今成都新南门）外亲眼目睹的场景，当即冒着生命危险作了形象记录。事后刻成了这幅饥民被迫铤而走险，前赴后继地去夺回本应属于他们的粮食的悲壮画面。画面上，混乱的人流塞满了城门内外，成百上千的饥民被迫铤而走险；抢到的正在向外跑，还没抢到的正拿着木桶等往里冲；一个老太婆在混乱中跌了一跤，把刚刚抢到的一撮箕米打翻了，老人紧张而又伤心地呆住了，骨瘦如柴的孩子难以把老人扶起来；米店门前已晃动着踢打人群的黑影，预示着一场血腥的镇压即将来临；而抢的不多的饥民还在互相呼应，决心再抢，反映出民不畏死，奈何以死惧之！这沉痛的画面，记载了一页被压迫者的血泪史，也记载了苦难群众对反对统治者的控诉和反抗。

张漾兮就是这样认真学习和实践《讲话》，严肃地对待自己的创作，因此才刻出了《擦皮鞋的孩子》《人市》《抢米》《煤矿工人》《我们自己的队伍来了》等一大批流传于世的佳作。

在版画系的如歌岁月

严忠林

我在美院附中学习时，附中可谓人才济济，我自认为表现一般，只是一个跟着教学节奏走的学生而已。想不到我在1958年读三年级时，被推荐升入心仪已久的大学部版画系。1958年自1963年，版画系正处于全盛时期，我的大学生活有幸在此期间度过。

当时，教我创作的版画系的创始人、著名版画家张漾兮先生还健在。张先生德高望重，通过他广邀天下版画英才加盟，经过几年的艰苦创业，终于将单一的木刻版画专业，拓展衍生成为包含铜版、石版、丝网版的全能型版画专业。他爱生如子，我们都能感受到他无微不至的关怀。他的众多名作如《送饭到田间》《匈牙利陶器女工》等都是我们经常学习和研究的范本。从张先生的作品中，我们悟出版画的民族化是版画发展的必由之路，因此必须加强对中华灿烂文化遗产的学习与研究。张先生是一位对人民充满爱心，对敌人疾恶如仇的人民艺术家，他所有的作品都具有这样的内涵。记得在大二时，系里组织师生对张先生的版画艺术进行讲座介绍，当幻灯机放映他的代表作《人市》画面时，我的心灵被强烈地震撼了。我暗下决心，要向张先生学习，以版画为武器去打击敌人、讴歌人民。

在张先生作品的启示下，我毕业实习时，决心赴安源煤矿体验生活。毕业创作选题是毛泽东、刘少奇、李立三发动安源煤矿工人罢工的历史。在安源煤矿体验生活，我和煤矿工人同吃同住同下井。为了更能体验1949年前挖煤工的艰苦劳动状况，依托煤矿某工段管理员的关系，我深入到附近小煤窑井下，收集素材。那小煤窑的情况和1949年前的煤窑比较接近：嘴咬小矿灯，光身背篓爬着竹梯下井，窑里黑闷发臭，工人都直不起身来。挖的煤放到箩筐里背着，再顺着竹梯爬上来。出了煤窑，人除了眼睛白，其余都是黑的，就像从地狱里爬出来的，实在是太苦了。到了寒假，我又在我大哥的帮助下，赴北京的门头沟煤矿再次体验生活。

当我的毕业创作《红色的安源》组画接近定稿时，张先生重病在身，仍搬着他的藤椅来到石版画教室，一边坐着大口大口地喘气，一边仔仔细细地看着我创作的所有草稿，先生最后的评价是：创作方向对，路子正，具有较强的表现力。组画结构尚可，但不必六幅，是否可以精选四幅，即《下井》《迫害》《事故》和《启蒙》。在组画定稿和制作时，我按照先生的嘱咐，尽自己最大能力精益求精。作品完成后，获得师生一致好评，并在当时的《杭州日报》《浙江日报》和上海的《萌芽》杂志上作为优秀毕业创作发表。《萌芽》编辑部邀请著名诗人孙有田先生为我的组画配上组诗四首为我的毕业创作增辉不少。（节录）

原载《漫歌怀忆——中国美术学院80华诞——回忆录》，中国美术学院出版社，2008年

版画系建系时的恩师

张奠宇

中国是版画的故乡，有着深远优秀的传统。20世纪30年代，鲁迅倡导的新兴版画运动，在以后的革命时期，起着重要的作用，涌现了许多优秀的版画作品和版画家。因此，当1954年中央美术学院及其在杭州的分院（即我院）要拆分绘画系时，为使我国版画事业后继有人，两个学校同时创办了版画系、国画系、油画系，鼎足三分。半个世纪来，在几代人的努力下，现在我院的版画系已成为一个设备完善、人才荟萃、教学经验沉淀深厚，为许多艺术学子向往的当家大系。

古人云“创业维艰”。当时负责建系的都是我上学时的老师，他们要将版画作为一门艺术学科纳入大学教学，在国内没有任何经验可供借鉴，全凭自己的智慧和对版画的实践经验，再根据艺术教学的规律和社会需要来设置课程。添置设备，摸索教学方法，从草创到成熟，浸透着他们的心血。我在建系初期进系任教，那些曾给我艺术启蒙的老师，又成了我工作上的领路人，给我教育与呵护，到现在五十多年过去了，但往事历历在目。

记得1955年，我毕业后留校，选择了去版画系工作。并非我对版画有特殊爱好，只是因为在做学生时所爱戴的张漾兮、张怀江两位老师在版画系之故。系主任张漾兮先生是四川成都人，1949年前参加进步活动，画过许多抨击反动政权、反映劳动人民生活的美术作品，如木刻《人市》《饥饿的愤慨》等，影响很大，从而受到特务的迫害，夫人也因受惊吓而精神失常。1949年后，他入我院任教，是一位多面手画家。他的版画代表作《我们的队伍来了》《送饭到田间》《匈牙利陶器工人》《西泠桥》《送公粮》等，造型简练生动，用刀刚劲浑厚，在当时的画坛上颇具影响。

在创建版画系，他是主要的设计师和组织者。无论是教师的聘请、设备的添置、青年教师的培训、课程的安排等等，他无不殚精竭虑。由于他的远见卓识和超强的工作能力，使版画系在很短的时间内就以成熟的系科，展现在全国艺术教育圈内，吸引许多兄弟院校教师来校进修。由于吸烟过度，他患有严重的肺气肿病。记得1958年夏，他带领全系师生到绍兴农村，住在农家简陋的厅堂里。他不顾病弱的身体，顶着烈日，喘着气到各学生教学点去指导教学。回校后夤夜在闷热的教室里，就着昏黄的灯光，流着汗，大口地喘着粗气，用木槌砰砰地敲着大凿子，创作大幅木刻《送公粮》。其对艺术之执着，见者无不动容。

漾兮先生为人方正，待人和蔼，尤其是对待青年师生，不仅在工作学习上关心，在生活上也与他们毫无隔阂。每当外地有好剧团来杭演出时，他就买票请大家去看。在上海看画展时，他会带几个青年教师到广西中路一家四川菜馆去吃饭，当我被辣得张口结舌时，他却连呼“舒服”。他还说办公室里空气太严肃了，就常邀请教师们到当时杭州唯一的一家西餐馆“海丰”去喝茶聊天，谈艺术谈生活。

1955 年，张漾兮先生在创作教室授课

漾兮先生是我大学毕业时的指导老师。记得1955年春，他带我们全部同学去新登深入生活，十分强调对生活要有真情实感，不要虚伪造作。每隔几天他就到学生住处来，让大家席地围坐在地铺上，无拘无束地谈各自的感受。他静静地听着，然后帮你分析在现有的生活感受中，哪些可以继续深入下去。这样反复多次，每个同学内心都形成了一些植根于生活真实感情的题材。那时正值初级农业合作社发展时期，我们去的又是一个先进的合作社，好多同学自然提出一些表现合作化的构思，但大多数是出于政治口号和空洞的概念，且有些无法用具象来表现，如挣工分、算账、分红等等，大多数被张先生一一说明理由加以否定。他谆谆善诱下，让我们真正学到了正确的创作方法，毕业创作也取得了好成绩。1960年以后，张先生的病日渐沉重，于1964年终于不治去世，享年仅52岁。

……

这些可敬的拓荒者都已离去，他们披荆斩棘开创的事业正值辉煌，而我们这些曾亲聆教诲的一代，也已皓首苍颜，步入耄耋之年。岁月似水，逝者如斯，抚今思昔，恍如隔世。但“零落成泥碾作尘，只有香如故”，唯师恩难忘！

张奠宇，2008年

原载《漫歌怀忆——中国美术学院80华诞——回忆录》，中国美术学院出版社，2008年

一锤定终生

曹剑峰

一、创办版画系和我的起步

1953年我毕业于中央美术学院华东分院（现中国美术学院），当时学校在外西湖平湖秋月对面。40多个同学毕业，13人留下任教。我所在的绘画系准备分成三个科，版画科、彩墨画科和油画科。我一人分到版画科，同学周昌谷、方增先、宋忠元等分到彩墨画科，余长拱、周诗成、全山石分到油画科，那时全山石已到苏联留学。金浪宣布版画科由张漾兮老师负责，彩墨画科由朱金楼老师负责，油画科由王流秋老师负责，从9月开始分科教学。并宣布1954年将分别建以上三个系，撤销绘画系。叫我到张漾兮老师处报到，并宣布下届毕业的洪世清也将去版画科，所以暂时是我一人去版画科报到。

张先生教本科二、三年级，我是预科班的，由丁正献、宋忠元二位老师教，毕业时由庄子曼、金浪二位老师教。张先生没教过我，但我早就知道他，他和学生关系非常亲密，他拿到稿费，同学们就会吵着要他请客，吃花生糖果。我来到张先生办公室，也就是他的宿舍，张先生生操着重重的四川话热情地说："好！好！好！以后我就和你一起筹办版画系，你是第一个助教。我们版画系要搞三种版画，木刻、铜版和石版，我搞木刻，你搞铜版，洪世清来了后搞石版。"我问："什么是铜版？"他说："铜版就是在铜板上刻，柯勒惠支那个版画就是铜版，你去看看。外国的一些大画家，都是搞过铜版的……北京的李桦先生有本搞铜版画的书你去把它搞来。"并说："铜版画的特点是用线，用线在铜板上刻画，钢笔素描是铜版画的基础。"叫我首先多看有关的书，去图书馆查阅西方铜版画的资料，同时认真练习钢笔素描，学好钢笔画。他说：“你作好开铜版课的准备，至于材料、机器，以后由洪世清跑上海去筹备。”

于是我开始天天泡图书馆，图书馆负责人是金冶老师的夫人董老师，我对她说我要看所有的外国书，她让我直接到书库里去读书查阅。我逐步翻阅了当时全部馆藏的外国图书，伦勃朗的、戈雅的、丢勒的……我凡找到铜版画都如获珍宝。那时候没有照相机，张先生叫我把找到的铜版画在哪一本书、哪一页，统统抄下来，汇编成目录，我照着张先生的意思做了。我在图书馆泡了一两个学期，同时练习钢笔画。

那时教授们经常下午在二十三教室对着模特人体画油画或素描，张先生叫我进去专画钢笔画，画钢笔素描，里面的老师都知道我的任务。当时我有一张钢笔画的人体，后来由上海人民美术出版社出版，退休后还展出过。我练了两三年的钢笔画。

洪世清来了后，张先生叫我们先因陋就简地试制铜版画，说：“不要讲条件，我们现在没有条件。”于是洪世清买了个煤球炉（比后来的煤饼炉还要简陋），放在当时大礼堂后面的一个小房间里，点着火之后，先烤热铜板，在铜板上涂蜡，就刻起画来，那就是我搞铜版画的开始。

后来张先生叫我走出去画钢笔速写，画外景写生。张先生说：“铜版画来自于西方，我们中国人搞的铜版画，要看得出是中国人搞的，你要在外景写生中去感受中国画的意境，琢磨中国民族形式的表现手法。”我来到山上，从初阳台那头看西湖，有宝石山，有孤山的一部分，有外西湖、里西湖，有远眺的湖滨，觉得这个景好，就用钢笔画了下来。两张十六开的纸，回来钉在墙上。后来学校要我们交创作，我问：“张先生，我搞什么创作好？”张先生指着墙上说：“就搞这张西湖风景吧！”我说：“行吗？”张先生说：“这张很好嘛！”于是，我再画了两张样稿，张先生看后说：“可以，就用这一张上版吧。”

那是1955年了，我和洪世清、赵宗藻三个青年教师各搞了一张创作，拿到第六届世界青年联欢节上去。当时，文化部有规定：国画参赛，油画、版画因为西方有，我们只参展。结果，周昌谷的国画《两个羊羔》得了金奖，那是我国唯一的得奖作品。而那张铜版画《西湖》，也就是我的第一张创作。

二、张漾兮对版画创作的指导思想和实践

张先生十分强调艺术与生活的密切联系，他对自己、对教师、对学生都是这样要求，并贯穿在整个教学大纲和教学计划中，他的前半辈子的艺术实践正是这样走过来的；他从拿起木刻刀刻木刻起，就是这样从生活中来的。他对鲁迅提倡的《新兴木刻运动》，对毛泽东的文艺思想，对《在延安文艺座谈会上的讲话》一文领会深刻，他对这条文艺思想是非常忠实的。

学生从二年级进系，就每年安排下乡，到了三、四年级，一次要安排三四个月，要求学生从大量的写生、速写中选择创作题材，以创作带动教学。张先生说："搞艺术必须要深入生活，只有生活中某一事物感动了你，你由此而创作出来的作品才能感动别人。"张先生这一点对我一生的影响都很大。我当时20来岁，很容易接受新东西。一旦定下型来，就改不掉了。我至今都是这样来要求自己和要求学生的。

张先生又十分重视民族民间艺术。张先生自己对民族形式表现手法和民间艺术是十分重视，十分喜爱的。他去山东潍坊杨家埠考查收集民间木版年画，他爱得不行，不停地称赞"好哇！好哇！"他收集福建的民间粉印，有一种当地办丧事挂的神马，是以粉印在一种很轻的纸上的民俗画；他收集民间装饰性很强的小玩意……那批东西现在还在系里。他认为：我们必须从民间艺术中去吸取丰富的营养，研究人民群众传统的、喜闻乐见的东西，要把民族形式的、民间喜爱的艺术形式融入我们的版画创作中。

我们学校怎么会有水印木刻的呢？是张先生当了系主任以后，委托夏子颐先生去北京的荣宝斋学习水印木刻，然后引进荣宝斋的全套技术，建立了版画系的"水印木刻研究室"。1956年，江丰在北京办油画学习班，请马克西莫夫上课，其中要聘一位法国的铜版画家来上课，张先生就派我去学习了。结果那画家因病未到北京，我正好和夏子颐一起去了北京荣宝斋，我

帮助夏先生量荣宝斋水印木刻的专用台子的大小尺寸、结构特点，哪里要绑一根木头都通通记下来。回来后，张先生安排系里照图制作了二十多张水印木刻台子，成立了“水印木刻研究室”，由夏子颐教课。后又派张玉忠去学习，学回来也教水印木刻；还请荣宝斋的师傅来现场传授。这是全国美术学院的首创。

张先生的第一张水印木刻是《新到的画报》，那是为学生示范的第一张水印木刻作品。夏子颐先生的成名作《闻一多像》也是水印木刻。

全国美术学院中，仅我院有这个研究室。几经周折，现还保留着，称“紫竹苑”，在国内外都有名。

在张先生的主持下，版画系开国画课，这都是为了把民族传统的绘画融入版画，这里有深奥的哲学思想，是一般人想不出的。学校没给版画系排这课，所以教师要系里自己去聘，聘来几位国画大师上课，这种独创性的做法，对学生来说，是受益匪浅的。

张先生在自己的创作中，对吸收民族形式，表现民族传统艺术作了深入的多方面的探索。他带学生到兰溪农村深入生活当中，创作《牧歌》，进行了反复的研究。那时我们在一起。

对于《送饭到田间》这幅创作，张先生酝酿了很长时间，他把见到的各种送饭的情景合成一组集体送饭的情景，来反映农业合作化初期的特点，从人物形象、构图各方面作了多次的修改处理，吸收了古代汉砖图画的简练手法，完美地表现了那个时代农民的精神面貌、劳动特点和文娱生活，是一幅十分成功的创作，既有思想性，又有民族传统的装饰性。后来力群写文章批评，说这幅作品会误导学生。张先生说：“是为了启发学生探讨民族民间艺术，当然不是叫青年人学习传统仅限于此。”

我是张先生的第一个助教，我喜欢唱京戏，张先生曾几次带我一起去看戏，实际上是对我潜移默化地进行启发，看了戏一起沿白堤走回来。有时也坐三轮车，有时和其他老师一起走回来，边走边讨论，研究京剧的服装、脸谱。京戏的红红绿绿都是有调子的，张先生说：“你看，多有色彩呀！”是的，关公是红脸，衣服是绿的，一大块黑胡子压着，使红色和绿色在一个人身上，不感到“跳”，不显得“骚”；张飞是以黑色为主的，当中有白色穿插其中，衣服也是有黑有白搭配合理；赵子龙的基调是白的。张先生总结说：“这就是基调与色彩的对比关系，我们的民族民间艺术中有很多深奥的色彩关系。”张先生还谈到川戏的众多特点，说王朝闻很称赞川戏，可惜我没看过川戏。

张先生说：“铜版画来自西方，我们中国人搞的铜版画，要看得出是中国人搞的。你曹剑峰搞的铜版画，要看得出是你曹剑峰搞的。要有民族特色，要有个性。”叫我把铜版画搞成功了，就要用终身的精力去搞。事实上我也正是按张先生指引的路，搞了一辈子。

有一次我在北京遇到黄永玉，黄问：“那张《西湖》是谁刻的？”我说：“是我。”黄说：“这张画看得出来是中国人搞的铜版画，看得出来你是在向这个方向努力。”当时黄永玉用他创作的《阿诗玛》来和我交换这张《西湖》，我这个人从不向别人要画，只有这张《阿诗玛》是换得来的。

我的一张《探宝图》运用了毛笔画的技法，1958年的《版画》杂志上，这幅画和张先生的《运粮入社》印在一起，并同时送苏联参加展出。《探宝图》可以说是在张先生的熏陶下创作出来的。

“创作应取材于生活的典型，表现手法要把中国的传统艺术与西洋技法融合起来”，这就是张先生对版画创作的指导思想。这些论述是他第一个提出来的，后来赵宗藻等再继续研究下去。

1955年张先生访问罗马尼亚和匈牙利回国后，在全系掀起了研究版画民族化的热潮，以后我系出现了很多具有民族特色的成功作品。1957年，我系第55届学生吴光华的《舞狮图》在第七届世界青年联欢节上获得银奖，是水印木刻，当时成为振奋人心的一件大事。后来我系与国外有多次的艺术交流，外国专家或留学生也多次来访或进修。我们的版画大阔步地走向了世界。

三、张漾兮非常重视对青年一代的培养

张先生十分清楚建设一支优良师资队伍的重要性。他在建系初期，对

挑选和建设一支专业教师队伍非常严格，他选留了我和洪世清两个毕业生，后又从校内外精心挑选和聘任了几位有一定经验的版画家，如张怀江、赵延年、夏子颐等先生来壮大版画系的实力；他从一幅画发现了赵宗藻（《婺江边上》），也将他从金华聘来做助教。

张先生对我们青年教师，不但从专业上关心，学习上关心，严格要求，而且从思想上关心，对生活上也很关心。他提出每一个青年教师要既能教专业课，又能教基础课（包括素描、色彩等），还能教创作课；必须能带学生下乡、下厂去体验生活，要学会做学生的思想工作；同时自己都必须搞创作。这样才能算是一个合格的版画系教师，这样的要求才能建立起一支精悍的师资队伍。当时我开的铜版技法课，除了给二年级上，还给三、四年级上，我一个学期没课的时间最多只有四周。张先生曾希望赵宗藻也搞铜版画，后来赵曾参与了一部分工作；洪世清主教石版画，张玉忠主教水印课。他给我们每个人都分工分好的，对我们每一个青年教师都有个特定的培养计划。那时我们很听话，很努力。只有张先生能指挥动这盘棋，大家都很尊重他，他是我们的绝对权威。

张先生教学生是根据他们的特点一个一个地关心，一个一个地提要求，因材施教；并用自己创作的不同表现形式的作品来进行示教。他教出来的优秀学生如朱琴葆、张新宇，后来成为江苏省水印木刻的台柱，是我国重要的水印木刻家；吴光华的《舞狮图》在世界青年联欢节上得了银奖。对于专业基础较差的同学，他更是耐心启发，手把手地教，效果很好。在张先生启发式的教育下，出人才出成果，那几届毕业生的作品在民族化风格上都很有特色。这些同学毕业后回到版画系，谈起张先生来都万分感慨，都说是终身受益。

张先生待人亲切和善，亲切和善不是没有原则；张先生对人又很严格，严格本身就是关心。他如果批评你，不是空洞的说教，而是耐心诱导，最后总叫你心服口服的。张先生对我们是既严格又亲切。

版画系同学都很愿意跟他谈心，初进版画系时，总有一部分学生专业思想不稳定。记得有两个学生要求转油画系，张先生认为，已经定下来了，如一个人转系，就可能会起连锁反应。于是他就苦口婆心地对他们劝说，张先生以鲁迅如何提倡版画，版画的战斗作用，版画如何联系群众，延安木刻、民间木版年画的特点等等这些道理来启发学生。这个曾要求转系的学生后来碰到我，口口声声称赞张先生做他们的工作如何深入。

张先生做事处处以身作则，虽然身体不好，但事事走在前面，自己做表率。1958年“大跃进”时，他和学生在绍兴农村（当时我和张先生不在一起），当地人要求美院在农船上画画，张先生不顾自己气管炎严重，首先跳下冰冻的河里给船画画，同学们无不感动，就和他一起站在冰水里画。他气喘发作时，不能躺下睡觉，睡下就喘得更厉害，他经常在床上坐到天亮。我患过气管炎，这一点我很有体会，那是极其难熬的。

有一段时间，学校陈列馆前的大操场上垒起很多土高炉“大办钢铁”，通宵达旦“炼钢”，说什么梅家坞山顶上有铁，每个系成立一个运输队，我担任运输大队长。我见张先生搬个凳子坐在土高炉旁，看着大家炼钢铁，我劝他回去，他很激动，说：“我要和大家在一起。”我们都很担心他的身体。张先生常对我们讲：“科学是以理服人，艺术是以情感人。”他在思想上是以理服人，在情感上是以情服人的。他说：“我们老师教学生，要言教身教，言教不如身教；师生关系、长幼关系是潜移默化的。”

张先生的教学思想、艺术理论、工作作风直接影响到教学，影响到青年教师和青年学生。一个系的领导，一个有成就的艺术家，他的影响是深远的。我们五十年代的教师，系里的平均年龄才二十多岁，加上几个老先生，平均也只有27岁，张先生也才40岁出头。我们全系教师，行动一致，团结合作，人人敬业，学校开会时，几次表彰版画系对青年教师和学生的培养工作做得好，成绩突出。

我感觉张先生和李桦先生非常像，有时候就像是一个人，他们都是受鲁迅提倡的“新兴木刻运动”的影响刻苦自学和战斗过来的，他俩早就是好朋友。李桦接触过鲁迅，他直接把鲁迅关于版画的指导思想传输给版画界。大约1956年，李桦到杭州来过一次，张先生带我们几个青年教师和李桦一起吃饭，那时我们就认识了李桦。后来张先生要我去北京学习，我带了张先生的信去，李桦先生见了信，立即把留学生宿舍一套他专用的休息室让出来给我住，当时天气很冷，中央美术学院只有那座楼有暖气，他把房门钥匙交给我说："你可以在里面洗个澡，你可以睡我的床，书房里有很多书你可以看。"若不是张先生与李桦有那种亲密关系，我这个远方来的青年，一个小毛孩，如何会得到那种待遇？我住了两个晚上后，我在北京的哥哥来接我住到他那里去，说"别把李先生的床搞脏了"……

李桦与张先生在待人接物上是多么相像！我校与中央美院版画系的关系正是从张先生与李桦的友谊开始的。他们两位老版画家一样认真地办教学，和鲁迅先生一样热情真挚地教育年轻人，他们两位关系如兄弟。他们这一辈人，从不考虑个人名和利，把国家交给的任务，全身心投入。他们在版画界形成的传统应该延续下去，我校版画系和中央美院版画系是国内最强的。

遗憾的是张先生多年积劳成疾，身体不好，经常发病，去世得太早。他逝世后的很长一段时间里，版画系师生确实非常沉痛，因为失去了一个导航的舵手。

五十年来，版画系都是张先生所创办的木刻、铜版、石版这三个专业，近来才增加了丝网版画。我一直在版画系教铜版画，铜版画也始终只有我一个人教。我最后一张作品是1993年完成的，1994年去巴黎，回来后房子也拆了，工作室也没有了，我就没有再搞过铜版画。我这个人闲不住，就受聘到树人大学去搞工作，任艺术学院院长。我这个人是单打惯了，一旦插进去，就拔不出来了，一直在那里干。我的一整套教学思想、教学方法和艺术理论，仍旧是遵循着张先生教导的路在走下去，尤其是特别强调艺术与生活的密切联系……近几年我已开刀过两次，患癌症，但我不怕死。回顾我这一辈子，我的艺术道路深受张先生的影响，是张先生给我一锤定终身。

张芦宛、陈焰 2006年5月根据曹剑锋录音与笔录整理

原载《刀锋民魂——张漾兮艺术研究文献集》，中国美术出版社，2012年

播种者·耕耘者

——怀念张漾兮先生

楼召炎

1954年夏，我参加全国统考，入中央美术学院华东分院（本科五年）。适逢版画系初创，我们经普修一年的素描、色彩、速写等基础课后，自选进版画系就读。

版画系坐落在外西湖18号，紧靠孤山脚下，环境优美而静谧。两层楼上下为教室，我班10人占向南一间，窗明几净，设备除专业画架是新设计的外，桌椅老旧但齐全。翳郁的老树伸攀到窗边，鸟雀啁啾，松鼠嬉戏，令人陶醉。一层东首是系办公室兼作品陈列，轮番展示教师新作。课间我们常留连于此，切磋技艺。教师有张漾兮、张怀江、丁正献、夏子颐、邓野等；年轻的教师有洪世清、曹剑锋、林康华、张玉忠、张奠宇、殷光宇等；后又调入赵宗藻、赵延年先生；其他有刘苇、潘思同先生；匈牙利、罗马尼亚、瑞典版画家也来客串讲座，为版画民族化献计，系里顶住国画“封建”“不科学”的压力，毅然邀请潘天寿、吴茀之、诸乐三、顾坤伯先生前来授课。正是人才济济、强手如林，作品风格迥异、琳琅满目。全系师生意气风发，有一股为版画事业献身的精神；有以追求民族民间风格为己任，不断探索新路的热忱。尊师爱生，温馨和谐，其乐融融。

版画系的创始人，系主任张漾兮先生，一位国内声誉卓著的版画家。时四十余岁，正值盛年，坎坷的岁月磨砺使他已满脸沧桑。他仪态沉稳，明眸传神，嘴角流情；能言辞而出口谨慎，有幽默感而不失去分寸。他住在临湖的办公楼上，房舍简朴，仅一床一几，周壁挂创作稿和色彩画。闲来教室转悠，轻轻地来，又轻轻地去。潜心于教学、创作事业，在师生中他有很高的威望。

1957年春暮，张漾兮先生带我班去江苏戚墅堰车辆厂深入生活，曹剑锋、潘思同先生同行。机车厂规模宏大，除参加劳动外，就画速写、色彩画。晚上集中观摩，谈构思、交流心得。曹先生负责教学工作，潘先生教色彩等。时间排得满满的，收获很大。张先生还抓紧时间搞木刻插图《朱总司令的故事》。

1958年初夏，张先生带我班同学去绍兴南池、秦望等地深入生活，同去的有刘苇、刘伯英、殷光宇、丁正献、夏子颐、邓野等。绍兴南门外河水清澈，我们坐脚划船出发，水路逶迤，长天寥廓，桨声伴随欢歌声，小船在水面滑行。到农村后，大家吃住在农家，参加耘田、积肥……丁正献先生指挥写标语、画壁画；洪世清先生带大家去"车头"下乡，你追我赶，还办"通讯"交流实习经验；殷光宇先生做通联工作；张先生在南池坐镇指挥，他的水印《运粮入社》就是那时构思而成。

张漾兮先生1955年出访匈牙利、波兰、罗马尼亚等国后，心灵震动很大，感慨良多，给教学、创作思想带来很多新气象。他要求学生在生活实践中，应以画家的眼睛去观察、思索，去获取有意义的片断，也强调艺术美感的重要。我在下乡时画过妇女划着小舟归来的速写，抓住了一些特有的场景和人物动态，张先生就给予表扬。他认为艺术形式有相对的独立性，构图是创作的基础，不要求重大的主题思想，要以艺术形象去感染人。

1962年间，张先生经住院治疗，病情有好转后，就去广州深入生活，搞创作，由潘长臻先生陪同先行。我上完课后也去广东深入生活，在广州美院汇合。张先生住在院长胡一川家（杭州艺专毕业的版画、油画家），我住学生宿舍，彼此见面机会较多。一次应邀去广美图书馆阅览，他们从境外购进大批画册，单张画页有原作大小，印刷精良，色彩、线条有凹凸感，弥足珍贵，看后眼界大开。自"反右"等政治运动以来，我们对西方现代流派知之甚少，而张先生对诸流派比较稔熟，尤其对凡·高、塞尚、高更等颇有兴趣，为他们画中强烈的个性所感动。高更在塔希提岛追求艺术的淳朴、厚重的造型，色彩强烈的感召力，能改变造型空间，赋予它新的生命，令人赞叹不已。

广州美院油画系教授王肇民，原在杭州艺专就读，是张先生的同龄人。一天，他拿了素描色彩作品前来请教，态度虔诚。张先生对他在绘画中重结构、局部深入等表现方法，表现出兴趣。随后数年里，王老师独辟蹊径，做出瞩目的成绩。

在广州待了些日子以后，张先生决定去“侨乡”新会深入生活，潘长臻先生打前站先行，他工作卖力，点子多。过数日我偕张先生同行，黄昏时分在广州船码头坐小轮船出发。经一宿，次日凌晨才到达。船极简陋而旅客甚众，大家席地而坐在甲板上一个大统间里。声音十分嘈杂，晚上无法入睡，张先生在我身边，静静地观察、记忆。我对南国人们的种种打扮很感新奇，手不离笔，激动地不停速写，画得较零散又局部。张先生告诉我：人与人、人与环境都要联系着画。一边要进行构思，才能为小构图创作打基础。

张漾兮先生有扎实的造型功底，速写也画得很好。平日散步路上，他很注意捕捉一些有趣的新鲜形象，录入速写本里。一次，带我们去“新会葵厂”画速写，他能把很精彩而零散的人物、场景集中起来，组织画面，令人耳目一新。他用笔遒劲有力，富有变化。当地有种手扶拖拉机，尚属首见，他认真收集后成为他创作《开镰图》等创作素材。张先生在新会逗留较长，当地政府很重视，文化局长陈柏坚（版画家）和当地干部李鸿业等非常好客，常常全程陪伴，到圭峰、“小鸟天堂”等地参观，生活上也无微不至地照顾。在他们的鼎力协助下，深入生活得以顺利进行。

新会虽属“春城”，但冷空气一侵袭，也寒气逼人，考虑到张漾兮先生虚弱的身体，特安排到从化温泉疗养院接受治疗，我们就分散活动。潘长臻先生去海南一带写生，我随广州美院师生在当地城南深入生活。那是一个水乡，村周密布龙眼、荔枝、甘蔗、香蕉，间有小舟穿梭，景色十分迷人，我画了很多素材。岁末，我特地转道去从化探望张先生，他看见我后十分高兴，仔细看我所带的素描、色彩，都给予一一指点，并热情地鼓励。我吃住在他处，还洗了温泉。疗养院周围风景很美，我们徜徉其中，聆听他的谆谆教诲，使我永志不忘。

张漾兮先生后期靠医疗喷雾麻醉生活，靠自己的勇气同毅力与疾病作斗争，这是常人无法想象和忍受的。然而他仍笔耕不辍，刀不离手，还不断创新求变，真是令人敬佩。虽在他学习木刻起始，也是学习柯勒惠之、麦绥莱勒和苏联版画，然而他很快摆脱羁绊，在学习吸收民族民间和现代绘画的交汇点上找到自我。有段时间他还勤奋地练习国画，积稿丰厚。当时他得知我借到一幅名画时，还特地跑到我宿舍来鉴赏，对画的笔墨、黑白体积很是欣赏。他的许多创作如《牧歌》《西湖风光》《送饭到田间》《匈牙利陶瓷工人》等都是时代的佳作。特别是《西泠桥》，构图黑白处理、色彩、刻印，高雅而厚重，删去细枝末节，用简洁的语言表达最丰富的内容，长短有致、巧拙互补、黑白相映，既表现形体结构，又有很强的韵味和装饰效果，是传统和现代结合的经典之作。

一般作者对自己的画作都十分珍惜，这是非常自然的事。张漾兮先生为满足同学对他作品的爱慕之情，奖掖后学，慷慨地将他的代表作《送饭到田间》《匈牙利陶瓷工人》交给我们拓印后收藏，同学们轮流印了数天，偶有损伤弄脏，他也在所不惜。有一次，张先生还应我班同学之邀，为肖像画做模特。这对他来讲是谈何容易，然而他慨然允诺，坐在教室里给我们画。他正襟危坐，笑容可掬，毫无倦容，这在版画系是绝无仅有的。记得我毕业创作时，他对我画面的黑白处理，拿挖泥具的姑娘的手的结构提过具体的意见。甚至画给我看，态度耐心诚恳而无保留。在与他零距离的接触中，同学们深感他是一位可亲可敬的长者。同窗李宗杰画过一幅《版画系远景规划》的漫画，将张先生画成正在举重，身材伟岸，肢体硕壮的大力士。这虽是调侃之作，然而也不失是大家对张先生的健康长寿的真心祝愿。

60年代以来，他哮喘频频发作，病情很重，用药物才得到一息安宁，是版画事业支撑着他。他热爱生活、乐观豁达，从不灰心丧气，还不断为版画教学创作事业而操劳，他是版画系的顶梁柱，桃李满天下。若天假以年，定能创作更多又新又美的作品。他有高尚的思想造诣，深厚的艺术修养，是真知灼见的真正艺术家，是顶尖级大师，是美院版画系的播种者、耕耘者。张漾兮先生，他虽然离开我们已快四十余年了，可他崇高的师德、艺德，他那坚毅而和蔼可亲的面容，一直在我们心中萦回，宛如眼前。

漾兮先生！我们深深地怀念您！

2006年清明节

原载《漫歌怀忆——中国美术学院80华诞——回忆录》，中国美术学院出版社，2008年

深切怀念老友漾兮

王琦

1948年秋天，我在九龙居住的一段时期，常常到友人余所亚那里去聊天，他住在一个极为简陋的木工房，木工房在白天有几个木工在干活，晚上这个工房便可搭几张木板供人住宿。当时与所亚认识的朋友从内地来九龙，没有住处就暂时在这里下榻。有一天我去找所亚时，见到两位新来的不相识的人。经所亚与我介绍，才知是神交已久的张漾兮，另一位是作家巴波，他两人都是逃避国民党反动派的迫害，从成都跑来香港的。

漾兮和我虽是初次见面，却像老朋友一样熟识，因为我们早在抗战初期就开始书信往还，而且互相寄赠木刻作品。1942年，中国木刻研究会成立后，每逢有重要的木刻展览，漾兮都从成都寄来他的木刻作品，我先后收到的就有《遗嘱》《薅秧归来》《瓦窑工人的孩子》《厨娘》《赶场去》《两种孩子（擦皮鞋的孩子）》《饥饿的愤慨》《成都车码头》《义民（告地状）》《抢米》《前方不来信，算命问征人（民间琴师）》等。他的作风古拙朴实、苍劲有力，人物形象生动、深刻；画面有独特的艺术魅惑力。当时在国统区的作品，能像他这样保持独特的个性特征的颇为鲜见。漫画家廖冰兄对他的作品更是不胜赞赏。1946年在上海举办的“抗战八年木刻展”和1947年的“全国木刻作品展览”都有漾兮的作品。他的新作《人市》大幅木刻，更以成功地刻画群体人物而受到各方面的好评。可是，据我所知，他的这些出色的作品都是在生活担子重压下以坚韧不拔的顽强意志刻出来的。我从友人车辐、谢趣生那里得知漾兮家庭人口多，经济十分窘迫，常常为生计而到处奔走。在“全国木刻作品展”介绍每一位作者时，对张漾兮的介绍便这样写着：“深深地受着家累的人常常会意志消沉，但是具有四川人的奋斗特性的他，却像骆驼似的背着重荷慢慢地在艺坛的沙漠上前进着……”这是对张漾兮的真实形象的写照。

当时在香港的朋友许多都没有固定的工作。漾兮住在“港粤文协”楼上，每天不停地创作木刻和为作家的书籍或文章作插图。他当时刻出了《吃大户（饥民）》《拾荒者》……这时我的一幅木刻《石工》，通过美国《生活画报》的女记者贾安娜女士推荐，给华莱士主编的《新共和》杂志刊出，拿到稿费二十五美元（当时我们的木刻原作每幅售价才三美元）。我们便向漾兮建议把他的木刻寄去《新共和》杂志投稿。结果三幅木刻在该刊发表，大约给他寄来一百美元的稿酬，解决了他几个月的生活急需。

漾兮和巴波经常来我家谈天。他谈起在成都的《自由画报》的情况，这是1945年民主运动高涨时期出现的一个进步舆论阵地，主要刊登漫画木刻，作品都充满强烈的政治色彩，揭露国民党的黑暗统治和腐败，为受压迫的广大人民群众的正义斗争呐喊助威。无论是漫画或是木刻作品，都是由技术高超的刻工用木板依据画稿复刻出来的。我当时取材于“一二·一昆明血案”的六幅构成的木刻组画《民主血》便是我寄给漾兮同志后，由他请成都著名的刻工依据木刻原作复制出来的。这六幅作品刊印在《自由画报》整个一页版面上。重庆《新华日报》门市部把它陈列在橱窗里，吸引了许多街上的观众在那里驻足观赏，获得了很大的社会效应。漾兮是《自由画报》的主要负责人，后来画报被迫停刊，漾兮也受到国民党反动派的监视跟踪，才不得不逃离成都来到香港。漾兮参加了“人间画会”后，积极参加画会和香港文化界的一些进步活动。他平时沉默寡言，待人诚恳，从不计较得失，也从不惹起争端。他常常对我表示他的做人和处事准则，就是：站稳政治立场，多拿作品说话。他是这样说，也是这样做的。在香港的一些木刻家中，我认为漾兮是搞出作品最多的一位作家。我常常去“港粤文协”楼上，都看见他一人埋头在刻木刻。新中国成立前夕，他刻出了《我们自己的队伍来了！》，表现老百姓欢迎人民解放军的热烈情景，这是一幅相当成功的作品，也算是他离港回到祖国的一份献礼。

漾兮比我早些时候离开香港回到内地，我记得是在1949年北平解放后，第一届“全国文学艺术工作者代表大会”召开前夕，北平正在筹办盛大规模的全国美展，香港“人间画会”也有作品参加。香港文艺界的领导邵荃麟同志请漾兮同志带着香港的作品前往北平，漾兮本人也作为“文代会”代表参加大会。他在临行前，我托他带了我在重庆和南京所作的素描写生约二十幅作品去参加全国美展，不负所托，这些作品都在全国美展中展出。漾兮并未留在北京工作，而是由江丰延聘到中央美院华东分院任教去了。

1949年后，我们便很少联系，但我在北京有时从报刊上或是展览会上看到他的新作。见画如见人，他的木刻仍然是那样老成持重、敦厚朴实，像《送饭到田间》《西湖风光》，都给人以深刻难忘的印象。1964年秋天，从杭州来北京的“行知艺校”同学周荷生到我家来的时候，突然告诉我一个令人感到震惊的讯息：张漾兮因患肺气肿不幸去世！非常令人感到遗憾的是他正值知命之年，在生活、艺术、文化、修养各方面都更加充实丰满，正可以在创作上大展宏图的时候，却天不与寿，撒手人寰，留给我们大家的是对他的无限惋惜与无尽思念！

2006年8月

原载《刀锋民魂——张漾兮艺术研究文献集》，中国美术学院出版社，2012年

艺术追求无止境

——论张漾兮的创作态度

张鼓峰

今年是张漾兮先生诞辰百年，也是他逝世四十八周年。为了将张漾兮的遗作捐赠国家，我对他的遗作进行了全面的整理。在清理张先生遗作的过程中，我惊奇地发现，张先生对同一题材、同一主题、同一构图的画，会反复地画好多次，而且每一次都较前一张有所不同，有的是人物的增加，有的是动作的变化，有的是疏密的调整，有的是环境的取舍，等等。还有同一题材的作品，除了素描稿以外还画了几张水墨画，以后又画成油画，再画成水彩，然后又刻成木刻，而同一张木刻反复刻好几遍是常有的事。1949年前，张漾兮在成都的一些报社从事美术工作，经常在报纸上发表木刻作品，这些作品表现的都是批评社会现实、暴露社会黑暗的内容。其中有一幅《告地状》，反映的就是他在成都街头亲眼所见的情形：一个妇女带着一个孩子因为有冤无处申，只好将冤情写在纸上，向社会呼吁，以求同情。他很快刻出第一幅，画面上：妇女和孩子都是平静地站在那里，脚前摊着一张状纸。此画很快在报纸上登出来，颇有影响，但张漾兮并不满意。一年之后，他毫不犹豫地另起炉灶，重新起稿，另刻一张。这第二稿，画的同样是妇女和孩子两人，但画面却有了多处的改变：首先是两个人的动态有了微妙的改变，妇女的双手仍扶在孩子的肩上，而脸却伸出去转向一边，露出一副焦灼的表情，孩子则疲倦地靠在母亲的身上，一副孤苦伶仃的样子；其次是人物的服饰有了改变，第一稿上的女人衣服像一般的家庭妇女，第二稿的女人穿的是旗袍和皮鞋，显然，这是一个知识妇女。孩子的服装也有了区别，一稿是小孩穿大人的衣服，第二稿孩子穿着过于短小的衣服，这服装的改变意味着人物身份的改变；最后是画面中人物的背景起了变化，一稿的背景是大块的黑，第二稿则改成了断续的黑框，这更有助于突出人物形象。就这样，这幅画的前后两稿，初看似乎改变不大，但细细赏析后，就会感到前后两稿的艺术感染力是大不一样的。相比之下，第二稿更能引起人们的关注与同情。

另一幅木刻《擦皮鞋的孩子》，画的是一个穷人的孩子正弯腰弓背用力地为一个靠在肥胖的贵妇人身上的富家子弟擦皮鞋，贵妇人还戴着麂皮手套、夹着香烟。该作品在当时也很快见报了，但张漾兮并不满意。几年以后，他仍决心重刻。首先，他将画面放大了四倍，接着对人物的动态、画面的黑白处理作了较大的改动，环境也从家庭室内改成了茶馆，特别是去掉了妇人原先戴在手上的手套，改为在肥胖的手指上戴着三枚戒指，手腕上戴着一个明晃晃的手镯，耳朵上还戴着宝石耳坠。妇人原来手夹香烟的动作改成了手扶在孩子的胸前，这就使妇人的戒指和手镯更醒目地展示在观众的面前。这一切的改动，都是为了进一步暴露贵妇人的俗气。那擦皮鞋的穷人孩子的黑裤子则改成了打补丁的白裤子，原来的光脚丫改成了穿着大人的破鞋袜，这显然是别人丢弃的，白裤和白袜之间露出一段骨瘦如柴的黑小腿，脸也处理成全黑，这样与又白又胖的富家子弟形成了鲜明的对比，这就使作品的主题思想更加突出。1946年，由于奸商的囤积居奇，故意不卖粮食，人为制造饥荒，国统区出现饥民冲到富人家里抢饭吃的事件，当时人们称之为“吃大户”，成都也不例外。张漾兮很快也刻了一幅《吃大户》的木刻，画的是一群饥民冲到富人家里，客厅当中大方桌上摆满美味佳肴，女主人吓得躲到内室，胖子男人也惊慌失措。这幅木刻很快就见报了。但张漾兮对这幅画同样并不满意。尽管在第二年，张漾兮在成都亲眼目睹了因奸商人为制造饥荒，弄得穷苦百姓忍无可忍而爆发的抢米风潮后，成功创作了一幅他的代表作——《抢米》，但他仍念念不忘要重新起稿刻制《吃大户》这幅自己还不满意的木刻作品。即便是在受到国民党的白色恐怖迫害下，流亡香港时，他仍没有放弃。

这幅张漾兮1948年在香港刻制的《吃大户》第二稿，初看与一稿似乎差不多，但只要仔细看后，就会发现许多修改之处：首先，画面上堵在门口的饥民更多，他们的眼睛几乎都瞪着餐桌上的美味佳肴，还增加了一个拿着破碗的少年，这说明他们是冲着食物来的；其次，那个胖男人的服装也改了，一稿是中山装，胸前还别有徽章，说明他的身份是官员。二稿改成了黑绸大褂，这身份就是商人；其他，诸如女人从里面伸出一只手拉男人进去，他们的手上都各戴着两只戒指，方桌上摆着五个人的筷子，说明他们的家庭人口，墙上挂的字画和下面的红木家具，这一切说明他们是富有的商人。方桌下的大狼狗更显示了他们的霸气。由于饥民的众多、混乱和拥挤，门都被挤破了，歪在一边。翻倒的凳子和倒翻的酒杯更增加了紧张的气氛。总之，所做的这些修改都进一步揭示了事件的性质——是饥饿，而不是暴动；是冲着不法商人来的，而并非冲着统治者。这幅画经朋友推荐后，曾与另两幅《煤矿工人》《人市》一起刊登在美国的《新共和》杂志（1948年）上。

1949年后张漾兮的大多数作品，都是在带学生深入生活以后，通过搜集一些创作素材并画了大量速写后，再进行构思、构图创作的。搞艺术的人都知道，进行艺术创作是一个严肃、认真、艰苦的过程。美术创作更是这样。其中，题材的选择、主题的确定是第一位的，题材一定要有意义，要能反映生活的主流。接着，便要考虑通过什么事件、什么人物来体现主题。接下去的构图阶段则更是要反复推敲，往往要画很多小构图，才能选出初稿，然后又要经多次修改才最后定稿。稿子定了以后，还要深入研究如何进行艺术处理，用什么艺术手段来表现。例如画面上要出现多少人物，这些人物怎么组合，谁是主角谁是配角，他们的形象、身份如何，他们的动态、身材、表情怎样，木刻作品还得考虑用套色还是黑白来表现……这一切都得反复斟酌。张漾兮的木刻代表作《送饭到田间》，就是他在50年代，经历了这样一个艰苦而漫长的创作过程后才搞出来的成功作品。

记得那是1955年，中国农村正经历全面实现“合作化”的过程。农村办起了合作社，农民由原来的个体生产变成了集体生产，这是当时农村出现的新事物、新气象，是一个值得表现的“有意义”的题材。但如何表现这一题材呢？ 人们最容易想到的是表现农民集体出工、集体劳动、集体收工的场面，而张漾兮却另辟蹊径。他在带学生深入生活的过程中，发现了各家的妇女们三五成群地结伙送饭到田间的新现象，他感到这一现象能侧面反映“合作化”以后的农村新面貌。就这样，在选题上，他首先做到了“不一般”。起草画稿时，他开始只画了三个人物：两个青年妇女，一个小女孩。她们提着饭篮走在田野上，路边有野花，春风拂面，杨柳飘荡，燕子翻飞。这是第一稿，反映了春耕时节农村妇女送饭的情景。面对初稿，张漾兮感到有些繁琐，他先后去掉了画面上的野花和杨柳，这便是该画的第二稿。面对着修改后的画稿，张漾兮总觉得画面处理过于简单化，不耐看，使整幅画缺少了内涵。于是他又加了一个提水壶的少年，正在穿衣服，腰部还别了一把弹弓，意味着这是一位“除四害”的能手。看着这几经修改后的第三稿，张漾兮总觉得还缺少点什么。经过长时间的思索，他终于想明白了，必须增加表现新社会农民精神生活的内容，才能丰富这幅画的内涵。于是他又在画面上增加了三个人物：一个老奶奶让小孙子拿了报纸和胡琴追上来，一位大姐姐回身来接。这样一处理，不但能反映出“在集体生产大背景下，新中国农民丰富的精神生活” 这一内涵，而且使画面上的人物也能承前启后，整个构图也更疏密有致。

正如张漾兮在1959年出版的《漾兮木刻选集》序言里所说：《送饭到回间》这幅木刻，我是想学习民族传统的石刻艺术的简练手法，不论在人物刻画方面或有关的环境和气候特征方面，都想力求简练而又能表现内容。我把初稿中作为背景的田野里、表现春天的随风飘荡的垂柳和路边的嫩草野花，经过若干次考虑后，大胆去掉了，而用燕子给人带来春意，使人想到这是春季。通过集体送饭而分别提着小饭篮的特点，来表现他们不是“单干户”，又不同于建设工地集体办伙食的情况，而是农业生产合作社的形式，以轻松愉快的神态而又是稳重的脚步，来表现她们怕把饭菜倒翻的谨慎心情，以及老太婆和孙儿送来她们忘记带上的胡琴和报纸，体现农民在合作化后的新生活。

在艺术处理上，作者十分讲究，人物疏中有密、密中有疏，高低排列形成一个波浪形，七个人的十四只脚，也是既统一又有变化。特地将人物的外形轮廓刻得毛糙，以产生金石味。人物身上的浅灰效果，是印制时的特技，追求石刻拓印的特色，男孩与挑担女子之间的那少量的一点灰底，是为了增加那“疏”中的“密”，那一闪而过的两只春燕，一只是背部，一只是腹部，这是在追求变化，它们的位置也正好填补了波浪形的浪底空间。纸质色彩的挑选，张漾兮也是煞费苦心，他试过米黄、粉红、浅灰、绿灰、青灰，最终选定的是浅青灰的安徽仿古宣纸。他觉得这样才有素雅、稳重的效果。最后盖的那枚印章“漾兮木刻”的位置也非常严格，必定是在左边女孩脚前六厘米处下方，印章上缘与女孩的脚线齐平。有行家评议说：这幅画没有缺点。

张漾兮体弱多病，五十岁的他已到暮年，他深知自己来日无多，只想抓紧时间多留下几幅创作。因此，他一旦自己感到疾病稍有好转，便立刻去深入生活。1960年，他在青年教师的陪同下，到广东农村画速写，收集创作素材，历时半年。回杭后他立刻整理素材画草稿：初夏时节南国农村准备夏收的忙碌情景跃然纸上。在这幅画上，张漾兮选择了人物众多的大场面。十多个人物的动态、服装、形象全部靠默写。初稿一画出，他抓紧时间刻出了第一幅，但自己看了不满意，他又立即重新起稿，在对很多人物做了改动后，又刻了第二稿，画面也放大了一些。当第二稿刻出来时，他已筋疲力尽。为了印这张画，有一次他竟昏了过去。这就是他的《开镰图》的创作过程。《开镰图》的一稿和二稿粗看好像差不多，但只要仔细观察，就会发现明显的改动居然有十五处之多，作者的匠心由此可见一斑。经过这样反复改动以后，第二稿明显比第一稿构图更完整，人物更生动，内容更丰富，也更耐看。

张漾兮在住院治疗期间，根据当时的新闻报道《为了六十一个阶级兄弟》的内容，他创作了一幅黑白木刻《抢救》，第一稿是黑底衬托白色的医务人员，第二稿则该成了白色的底、白色的医务人员、黑衣的领导者，这样主题就更加突出了。张漾兮生命中的最后一件作品《建筑工地》居然刻了三次，第三版还没有刻完，便与世长辞了。

张漾兮先生真正做到了为了艺术事业，鞠躬尽瘁，死而后已！

张漾兮先生这种孜孜不倦地对艺术完美的永无止境的追求精神，将永远成为激励我们后辈进行艺术探求的精神动力！

原载《刀锋民魂——张漾兮艺术研究文集》，中国美术学院出版社，2012年

张漾兮先生的影响

严波（口述）

我是1950年考入美院的，中学时期在上海，看过很多美术展览，看到张漾兮老师的很多木刻作品，张老师去世时，也在最后送了张老师一程，是我唯一送过的老师。

张老师的作品极富民族特色，线条感强烈。张老师育人树才，是杰出的教育家和美术家。他重技术和思想，因材施教，能教更能动手。

我是张老师的第一批学生，记得当时他还组织我们去农村和农民一起同吃住、同劳动，感受生活，从丰富的人民生活中提炼创作，在民间美术中吸取营养，探索民族风格和新的主题思想，虽然当时条件很艰苦，但是我们仍然觉得学生时代的生活很美好，很值得回忆。张老师还带我们去了杭州第一纱厂深入生活。张老师对我们极好，时常为学生考虑，我们都称他为“慈祥的爸爸”。他在生活上、学习上和思想上都很关心我们，人品很好。张老师是四川人，满口成都话，性格很直爽。张老师教我们创作课和速写课，他强调我们一定要多画速写，因为这是基本功，速写可以锻炼我们的眼光、观察能力和寻找中心看点，比如说这一伙人是怎么相互联系的，通过分组比较个体和集体的相关性，以及创作构思和画面构图，让我们注意神态的刻画。他时常告诫我们要选择最值得我们表现的地方，并把它记录下来。

他以极认真的态度对待教学，若是学生画得不好，张老师会坐在学生旁边一起画画，辅导学生，耐心指导，问题不解决，是决不走开的。张老师处处以身作则，树立榜样。

张老师还会在课后亲手帮助学生修改画作并拿去发表。有一次，张老师告诉我说报上发表了我的一幅画，我当时很惊讶，因为我觉得我的能力还不够，不可能会被报社录取。我赶紧找来报纸一看，原来是张老师帮我修改过了，也是他帮我拿去投稿的。张老师还给过我一枚图章，要我为他刻，但是很遗憾，在张老师去世之前我并没有刻好它。

张老师因材施教，对待不同地区来的学生有着不同的教学方法，对于大城市来的学生，他会放手教育，对于中小城市来的学生，他觉得他们的信息吸收得少，就会很认真仔细地教导，还会帮助不同水平不同阶段的学生选择绘画的对象。我入党入团的事情还是张老师鼓励的，因为他觉得我具有可培养性，还找我来谈过话，后来我入了共青团，当了多年的院团委书记。

张老师讲究现实主义创作方法，以描写现实生活为主。我觉得张老师是现实主义的先锋，实实在在地用心于创作主题、人文的处理和题材的选择。他独特的风格和强烈的战斗性可以和古元、李桦并驾齐驱。外界曾评论在木刻界是“北古元，南漾兮”，是恰当的。

很可惜，有一本《八年抗战木刻》的书被我遗失了，里面有张老师不少的作品。解放区的木刻运动对于我们曾经生活在国统区的年轻人来说，在思想和教育上是影响很大的。张老师的作品意义深刻，多是宣传抗日救亡与反映旧社会之黑暗痛苦。他告诉我们年轻学生们要起来投入抗日和反压迫的斗争，这个运动蔓延到了全国。张老师的木刻艺术告诉了我们年轻学生要奋斗，追求理想，并且帮助我们认清了现实社会的黑暗，告诉我们要奔向光明、向往共产党。它突破了年轻人的思想，给予了我们极大的启示，去追求进步、解放、民主、自由。

张老师的作品对新兴木刻运动的影响是深远的，可以说比他在教育事业上的影响更大。

张芦宛、薛佳文根据访谈笔录和录音整理

2012年10月

原载《刀锋民魂——张漾兮艺术研究文献集》，中国美术学院出版社，2012年

忆张漾兮先生

甘正伦

我第一次见到张漾兮先生是在上海戏剧学院剧场的口试教室，印象中几位教官中作主要提问的便是张先生。先生带有明显的川音，语速很慢，深沉有力；是一位外貌清秀，和蔼可亲，朴素、严肃、慈祥的长者。因此，我当时没有一点紧张。

我是1957年暑期后入学的。入学以后，先生负责教高年级创作，而我们班主要是上基础课，由宋秉恒、潘长臻两先生执教，双方接触的机会并不会多，但1958年的整整半年的下乡却打破了教学秩序，为我们与先生的交往提供了机会。记得当年全系下乡到绍兴，虽然后来分成几个点，开始却是整天在一起的。那时的绍兴河道纵横，小桥林立，白墙黛瓦，上书一个大大的福字； 男人们头上乌毡帽，妇女则梳着发髻，正如鲁迅先生笔下描写的一般，充满乡土气息。我们除了参加劳动以外，便是在沿河的白墙上画歌颂“大跃进”的壁画，如亩产千斤粮，叫山河让路之类。河岸两旁的小道十分狭窄，仅可通人。我们站在高高的脚手架上，回首便可见河中的航船缓缓驶过，尤其是那些十分特别的脚划船，更是初次见面，景象十分动人。在脚手架上作画对我们年轻人来说并非难事，但大家却为张漾兮、丁正献、宋秉恒等老先生们担心，而先生们坚持与我们一起画。我至今还对张先生画的“武松打虎”留有深刻印象，构图完整，造型奇特，粗犷有力，与众不同。先生是将它作为艺术创作来对待的，几经构图，一丝不苟。此画后来还刻成木刻，印在红纸上分发给公社大队。而此后先生根据此时生活创作的《运粮入社》，画中描绘的就是大家在脚手架上常见的景象。看似平常的场面到了先生手中，却化作了一幅富有民族气派，融民间木板年画、汉代石刻于一体的艺术佳作，被选送至国外展出。这样，我们不仅看到了先生的构思、构图经过，也看到了先生运刀入木直至拓印完成的全过程。先生这种对于民族风格执着追求的艺术走向，是经典作品《送饭到田间》的延续，此种追求也影响了版画系全系师生的创作走向。五三、五四入学的两届是先生教的最多的两个班，也是成熟最早、成果最丰的两个班。学长楼召炎曾对我说，张漾兮先生的教学与其他老师不一样。怎么不一样？我当时不甚理解，仔细琢磨，才知道是先生待人诚恳，特别容易接近，用今天的话来说就是师生之间零距离。上世纪五十年代，学校整栋大楼是油、版两家的教学领地。可能是由于先生家庭人口众多，为有利先生的工作生活，学校在大楼后侧给先生一间十余平方米的小屋，供先生创作和休息之用，兼作卧室。当时多位老师均住在校外，唯张先生近在咫尺，高年级学长们懂得要少去打扰，我班初入学不懂事而经常去集体拜访。这是一间简朴的小屋，水泥地，家具不多，书画不少，同时有足够的椅子供我们坐。在这里，师生间谈话没有主题，思想、生活、学习无所不谈。先生问我们的学习近况，征求对系里教学的意见；我们则饱览先生的画作和创作稿，聆听先生的艺术见解。印象较深的当时曾看到先生许多画在土纸上的水墨写生，画的是抗战时期朴实的四川农民，十分精彩。还有一次先生高兴地将张鼓峰小弟弟创作的小雕塑拿给我们看，先生满意，我们欣赏。记得先生当时脸上露出不常见的笑意，可以看出先生对子女的关爱，也是对中青一代的关爱之心。

五十余年过去，很后悔当时未能将先生的谈话及时记录下来，这些涉及艺术规律、教学思想的宝贵经验，如今存于脑中的只剩下笼统的片段了。先生曾对我们讲起旧社会的苦难和不平，强调新旧社会对比，告诫我们要珍惜今天的美好学习条件，刻苦学习，努力提高。参照先生创作的《人市》《咱们的队伍来了》《牧歌》《送饭到田间》等一系列作品，我们很容易体会到先生的思想和心情，明白作为一代新中国的美院学生，首要的是必须树立热爱社会主义、热爱祖国的思想。谈话中涉及最多的是艺术离不开生活。

先生教导我们要尊重生活，要学会从生活中发现美、表现美，从而创造美。在翻阅我们的速写时，先生常提醒大家要注意人物的特有动态、手势和表情； 同时要注意细节，包括周围环境的细节，去留意一些为常人所忽视而画家却能捕提到的独特细节。小小的细节，在于画家对生活的发掘，关乎艺术的成败。画画要重于感受，画风景也一样。先生对美的识别力和鉴赏力极为敏锐，记得曹剑锋先生曾谈起一件往事，一次他从宝石山上画了一幅钢笔写生回来，原是作为钢笔画练习而作的，张先生一看即指出它可以发展成一副铜版创作。曹先生按照张先生的话去做了，铜版画《西湖》问世以后，立即引起了画坛的注意，成为他的成名作。先生多次强调对传统民族文化的学习和继承，曾给我们看过许多此方面的范例并加以分析评论，以激起我们对传统木版水印、民间木版年画的浓厚兴趣。记得五三、五四这两届学生特别幸运，先生特请来潘天寿、吴茀之、诸乐三先生亲自授课； 而我们班是由李震望、朱恒先生来授课的，先生是辅导我们临摹了李公麟的《维摩诘》白描像，虽为起步，受益匪浅。谈话的又一内容是培养我们对版画专业的兴趣。先生除了讲到鲁迅先生倡导的中国新兴木刻运动的光荣传统，叙及一些往事外，鼓励我们平时课外多刻些小品和插图，特别指出书刊插图是版画的重要组成部分。而从广义上讲版画还包括了宣传画、连环画、年画等在内。版画系的学生最好是一专多能，什么都拿得起来才行。因此从低年级开始我们便与浙报的邓泳涛先生，杭报的包辰初先生建立了联系，常常为报刊提供一些速写和赶制一些报头插图，在实践中获得提高。

小屋里的谈话是一种课堂以外的授课，有如古代师徒式的教育方式，先生的教诲，润物无声，进我心田，令人难忘。以上种种，是我至今还能坚持版画创作的原因之一。在这间小屋里还有一件令人铭记在心的往事：我们全班曾经在此为先生画过肖像。先生体弱多病，清癯的外貌、沉稳的个性里深藏着力量和韧劲，透露出学者的睿智和自信。与先生相处久了，我们渐渐忘乎所以，一次竟然提出为他画像的请求，不料竟得到先生应允。于是，五名学生围着正襟端坐在我们中间的老系主任画起像来，顺利实现了自己的心愿。此情此景，试问今日是否还有可能！

张先生对学生的关爱一直延续到我们毕业。临毕业前先生特拿来代表作《匈牙利陶瓷女工》原板，由黄泰来同学为每人拓印一幅，并亲自签名留念，给了全班一个惊喜。离校前，我们与张漾兮先生一起在版画系教学大楼前留下了一幅合影。限于篇幅，以上只言片语仅谈了先生教书育人、为人师表的一面；而作为我院版画系的创建者奠基人，我们更应看到的还是先生前瞻性的战略思维。

试想，如果没有先生慧眼识英才，主动去上海、金华请来年轻有为、才华过人的赵延年、赵宗藻两先生，我系怎能拥有今日两张两赵四位名师领衔的师资阵容？又如果没有先生决策由洪世清、曹剑锋梁先生创建石、铜版事业教学，同时派夏子顾、张玉忠两先生去北京荣宝斋学习传统水印木刻，回来创建传统水印木刻工作室的举措，版画系能否发展到今日多工作室，软、硬件设施齐全，教学成果累累的繁荣局面？高屋建瓴，招招到位，这正是先生的最大高明之处。

总之，人格的力量、思想的深度、战略的眼光、无私的奉献，这就是我心目中的张漾兮先生。

2012年杭州

原载《刀锋民魂——张漾兮先生艺术文献集》，中国美术学院出版社，2012年

敬慕—受业—追随

——纪念中国美术学院版画系创建者张漾兮先生百年诞辰

陈聿强

光阴荏苒，岁月如梭。每当走访杭州西湖锦带桥畔中央美术学院华东分院（现中国美术学院）旧址时，在脑海中就会浮现，当年每每往来这门径的张漾兮先生的轩昂身影。至今，古樟旁校门宅基犹存，但室迩人远，不禁触景生情，感慨万千。

作为一个上海中学生的我，因在童年时也曾经历过日寇侵占者的肆意横行及遍野凄凉，也知道些旧社会四大寡头治下的国情凋敝以及满目疮痍，于是青少年时的心底蕴藏着追求光明和希望的心愿。在自己喜爱的美术科目中，刊印在报纸杂志上的木刻画就特别吸引着我，对张漾兮先生等名家的木刻作品，已深深地印入脑海，万幸的是在1956年，我被新建立的，并向社会第一次招生的中央美术学院华东分院版画系录取，成了敬慕已久的著名木刻家张漾兮先生足下的一名新生，跨进了锦带桥畔的校门。

能零距离地与版画艺术大师张漾兮先生及其新建的版画系教师团队相处学道受业，是对我人生铸造的一个关节点。学子们不仅可以从老师们耳提面命中学得各项课程的学识和技能，同时，也因有高品位的精神氛围萦绕潜移默化地浸润各种学养，真是探骊得珠，为人生最大的幸事。

张漾兮先生特别重视培养学生的创作能力。他经常在学生看画册，看展览，谈论美术方面话题等不经意间接过话题，来引导学生关注美术作品中如何创作立意和如何表达情感的。学生们则通过聆听他对各类作品的分析和理解，积累起认真地观察生活，艺术地表现生活的创作本领。

一次在与张漾兮先生同时观赏他新出版的木刻集时，他详情地介绍了创作《人市》《煤矿工人》的细节。当他谈到《人市》中被迫坦露乳房，让人选聘为奶妈这一受辱农妇和《煤矿工人》中已被盘剥得只剩一条布巾遮身，晚上在放煤的箩筐里蜷缩着过夜的工人情景时，张先生的情绪非常激动，连说："不能容忍！不能容忍！"并介绍当时他是如何立马着手搞了这些作品并发表于报刊，以控诉、抨击旧社会的腐败，张扬变革这不公正社会的舆论。

尽管我们学生都已拜读过上述作品，也知道点旧社会底层民众的苦难；尽管我们学生也初步懂得艺术家必须倾其全部情感才能入手创作的道理……但当学生们听到张先生情绪激昂的讲解，和看到他平时很少出现的发指眦裂的表情时，我们更深刻地认识到作为一个美术工作者，必须怀有强烈爱憎的社会责任感，才能创作出震撼人心的好作品。在这方面张先生为我们树立了最好的典范实例。

张漾兮先生并未担任过我们班的创作教学课程，但却对我们的创作思想影响最大。例如，初入学的学生一般都偏重于对美术技艺和技法方面的探求，一次在上海参观"罗马尼亚美术作品展"时，几位同学正在议论作品的技法是钢笔画还是淡彩勾线技法时，不想张先生从背后插进来，引导我们去关注作者在表现作品中人物和情节的一番匠心。罗马尼亚插图画家的作品中，表现的是农村服饰打扮的父女俩席坐在显贵家庭厨房外的台阶上，老汉无奈木讷地扭头倾听女儿诉说，而当女佣的十来岁的女孩委屈地挽起围裙一角抹擦眼角泪水……作者让所有不懂罗马尼亚文字的观众都能读懂理解这插图，并对父女俩处境产生同情，这正是艺术家在平时精于观察生活，富于博爱情怀并在绘画中抒发出来的结果……回想起来，正是在张先生这样深入浅出的谆谆诱导、点滴诤言的不断教诲下，才使我们这些初涉艺坛的学子后生，在从艺道路上逐渐摆脱浅显，后而随步走向成熟的。

跟随张漾兮先生一起下乡去体验生活、收集创作素材，是最有收获和难以忘怀的课程和经历。记得一次在去绍兴柯桥的下乡实践过程中，我系师生各自带被褥及生活用品，用军队战士捆绑背包的办法，肩背着去"宿营地”——一间农村生产队仓库楼层的空楼板上，身为系主任并已上年岁的张老师，也不无例外地与我们学生一样，背着铺盖登上这楼板，在这“课堂”里与我们一起生活学习了一二个月。

开始，为减轻路途的劳顿，下乡的师生每人都尽量设法减少携带行装，而唯独张漾兮先生却一反其他师生只在乡下画稿，回杭后，才上木版刻印的习惯，还带了几块沉重的木刻用的梨木板和版画用具。对此，我很不理解，直到后来才弄明白：原来，张老师早已胸有成竹，他向当地农户借来小方桌和矮凳，请来一位能耕善渔，性格开朗的农夫作模特儿，他一边与之攀谈，一边为该农民画肖像，随后便起木刻黑白稿、刻制、印刷，完成了黑白木刻《快乐的农民》的肖像画。这使我们学生除了各自完成自己的劳动和速写任务外，能在这每天24小时全开放的“课堂”里，观摩到一件作品的创作全过程。

在创作这幅作品的过程中，张漾兮先生还与我们谈论起新旧社会农民的不同社会地位与命运。他说，鲁迅先生笔下旧社会的农民如“闰土”，原先在童年时也异常活跃、开朗、聪明、伶俐，后因长期受封建旧社会旧势力的压抑、胁迫，被摧残得在中年见到鲁迅时成了怯生生叫声“老爷”的陌路人。而新社会的农民因社会地位的变更，使现今的农民“闰土”，已成为依然是像童年时那样对应得体、妙语连珠的新绍兴“快乐的农民”。

其中，我们还注意到张先生对第一次刻作的《快乐的农民》稿还有不满意的地方，然后，进行了修改、调整，并在第二次刻制这肖像画时，在农民耳朵的耳轮上，添画了一支夹着的香烟，这就强化了这位农民在与他人应酬周旋中呈现出的善于交往的乐观形象。虽然，这只是一幅“肖像画”，但也可让人感觉到周围一群人在揶揄嬉笑的气氛。那支香烟的白颜色小色块，还与脑侧大块暗部形成黑白节奏的对比，增加了艺术形式的感染力。

这一整套的全程创作步骤，给学生们作了最生动的演示：由与被塑像的人物交谈沟通起，用速写记录了生活中的形象，经过黑白两色精简素描中的多层次，使之成为木刻稿，然后用犀利、明快、肯定的刀刃在木板上镌刻；

最后审慎地修改、调整，乃至重刻一遍……

这样的创作全程，体现了张先生一贯主张的创作意图："只有真正深入生活中去体验、观察，了解一切人，各种事件和事物，有了亲身体会和感受，再经过自己的分析、去粗取精，才能发现有意义，有典型性的题材。"也展示了他这样一位已有成就的艺术家，对自己作品精益求精，对缺陷和瑕疵毫不隐忍的敬业品格。

"直观教学"无疑是引导弟子登门入室的最佳方式，它使初涉创作版画难题的学生们茅塞顿开，克服了刚上手时的苦涩感和距离感。但对组织安排这教程的老师，却是加重了负担，而这肯定不仅是多携带行装的负担。让学生们感恩并为之折服的是：张先生处心积虑、良苦用心的安排是他的对版画教学的赤诚之心和献身精神。

为鼓励学生们熟悉版画，热爱专业，张漾兮先生常将自己刻过的木刻板放在系里的公众场所，供学生们去拓印、观摩、欣赏、学习。张先生还关照：印那张最具有汉砖拓印味的《送饭到田间》要用特殊的拓印方法，并在主要人物组合中的空隙处故意地抹些板底所呈现的自然灰色，使几组人物组合间形成优美的节律。从1957年版画系第一届毕业生们起就都拓有这木刻外，直到1963年历届毕业生几乎也都有去拓印的。而且张先生从来不会为毛糙的学生拓印后未洗净版面油墨等细琐碎事说事或色难。他为了使幼雏们羽翼丰满，以最宏大的气度包容着一切，这股强大的气场也凝聚起了版画系教师队伍的敦厚务实的系风。这正如张先生一贯倡导的："教员教学生，不仅是教业务知识，还要政治上教他们成为现实主义画家，要以自己的道德、品版、政治素养做榜样来教。"所以在版画系的各届学生，除了在学业上大有长进，同时也沐浴着张先生如同家长般的关怀和呵护。

我刚入学时，正值上海博物馆筹建，博物馆邀请了苏州桃花坞技师，带着木刻原版，为馆里印一批民间木版年画为藏品。张漾兮先生得知该消息后，就延聘这位袁阿毛技师在印毕上海任务后，来我院版画系印一批作系藏品的画。这位袁师傅被安排在系走廊尽头印刷，也给全系师生一个观摩的机会，同时袁师傅还会在有兴致时用伊侬吴音讲述木刻年画的各种典故，使学生对民间木刻年画的历史、社会面貌有所了解，也从他那特殊的调墨印刷技艺中汲取一些有用的经验。由于张先生早已有为新建版画系夯实民族、民间艺术根基的想法，除了请国画老师来系上课示范外，还派青年教师去北京荣宝斋学习复制中国传统水印木刻技法和经验，筹建传统水印木刻工作室；又请李平凡先生来介绍日本风格的水印木刻的艺术技巧；派老师去收集杨柳青、朱仙镇、杨家埠等地的民间木版年画，以及浙江杭嘉湖一带的“灰缬”（漏孔印模版——丝网版画的前身）即蓝印花布图案，无锡地区木刻冥纸“神马”，福建地区黑纸粉彩印木刻，以及浙南红白剪纸等，使当时去版画系观摩，学习民族艺术蔚然成风，但是，张先生似乎已预感到某些不利气氛。果然，不出所料，在数年后我再去苏州找袁阿毛师傅时，从他也在桃花坞工作的弟弟处得知：原先为我系印制的那批木刻原板大多已荡然无存。幸好张先生果断抢救，组建仓储和收藏入库，才使我系拥有全国各版画教学单位里最丰硕的民族、民间艺术的教学资源。这对我们版画系的后续发展也起到了很大的作用。

记得改革开放后，我们从刚进口的英、美等西方国家美术书籍中了解到一些“丝网版画”知识，这在国内还呈空白状的新版画版种需要加以引进。开始，我们尝试着按图索骥地仿作出了“丝网版画”，但一方面由于我国当时还没有配套的辅助器材、耗性墨料，及承印纸的供应链；另一方面作为中国的版画工作者，我想不妨试着按照张漾兮先生倡导的“我们引进西方版画并非目的，而是要创造出有中国气派的版画来……”以及“我们掌握彩墨画的方法，目的不在画彩墨画，而是想将加以改变，发展地运用到版画中”等教导，走出一条中国自己的“丝网版画”之路。故而，我下决心，摒弃西方丝网版画器材供应链的格局对我国的丝网版画发展带来的束缚，选用中国墨为印墨、宣纸为承印纸，并将我国传统水印木版画中“印前上水”及“饾板”印大幅的办法尝试创作了“水印丝网版画”《西湖之夜》（发表于“版画艺术”1984年第四期）。企望遵循张漾兮先生一贯的思想指导，努力把我国传统绘画中的挥洒淋漓效果和我国传统木版水印中滋润墨韵的特色移植到“丝网版画”中去，以自己的追随行动来报答张漾兮先生对后辈的期盼。

在张漾兮先生百年诞辰之际，我等学子们再度深读先生的传世名作、艺术理论、教学思想和言传身教，重温先生敦厚表率、坚韧毅力和谆谆教导，为再次激励自己在他洒尽心血和精心耕耘过的中国版画创作和教学园地里，作出更多的奉献，以作纪念。

原载《刀锋民魂——张漾兮艺术研究文献集》，中国美术学院出版社，2012年

让烛光永远照亮我们

——追忆恩师张漾兮先生

朱琴葆

在纪念鲁迅先生倡导的中国新兴版画运动80周年之际，也是张漾兮先生诞辰百周年，在这一时刻，我们特别怀念德高望重的恩师张漾兮先生。

1955年美院分系科，只有中央美院和我们华东分院开设该专业，很多同学对版画专业缺乏了解。张先生根据自己的亲身经历和几十年来的创作实践，沿着鲁迅指引的中国新兴版画之路，创办版画系。我们就选择了这个专业。当时版画艺术具有强烈的群众性，深受人民群众的喜爱。特别是著名版画家珂勒惠支、麦绥莱勒那些激动人心，有着震撼魅力的艺术作品，激励着我们，让我们对这艺术从基本不了解到产生兴趣和热爱。在大学学习的几年里，我们在张漾兮先生、张怀江先生、赵宗藻先生以及一批有实力的青年教师的带领下，不断走过新的历程。如今回想起来，历历在目。其中下文中的几点使我印象深刻：

1958 年，版画系教师与第一届毕业生合影。前排左起：洪世清、赵宗藻、宋秉恒、张漾兮、林康华、赵延年

首先坚持从生活中来强调生活是艺术的源泉

从生活中来，将亲身体验的、被感动的用版画表现出来，是张先生一

直倡导的。张先生要求我们善于观察，捕捉生活中的美景与让我们激动的亮点，把它记录下来，通过所学的技能，把它表达出来。在表现人物时，要求我们细致、深刻，比如通过人物的背影，就能够表现出这个人情绪的喜怒哀乐。如我的作品《第一行》《摇绳》，是我在学习期间的习作，在创作过程中注入了张先生的诸多心血，每个人物的动作细节和神态他都一一进行指点，认真地提出意见。

强调版画要走自己民族化的道路

张先生强调要我们走民族化的道路，要求我们努力探索将中国元素融入到版画中，使版画这一西洋画种彰显独特的中国魅力。为此，张先生在向我们介绍我国艺术家作品时，引导我们如何欣赏民族、民间传统作品。如从汉代石像石刻中体会刀的力度、苍劲和浑厚；从我们民间皮影、剪刻，甚至戏剧脸谱中的造型来培养我们对这种生活的夸张、概括的处理；从传统的中国画中汲取精华，他选择国画专业诸乐三先生教我们水墨画，用传统的艺术精华滋养我们。派有影响的版画家夏子颐、张玉忠先生去北京“荣宝斋”去学习传统的水印木刻方法。他的思想影响着我们，同时在他的作品中也体现出这种思想，如《送饭到田间》《匈牙利工人》《水印木刻西湖》等都是那个时候他所获得的很成功的作品，也是我们学习的范本。

坚持基本功和创作实践相结合

在教学上，张先生更是严格要求我们，从基本功抓起，在他的督促下，我们一周需要完成15张速写，提高我们对生活的观察和记忆能力，他带着我们欣赏潘天寿、黄宾虹等大师们的作品，提高了我们对艺术作品的欣赏水平。在狠抓基本功的同时，他还注重培养我们的创作能力，提倡基本功与创作结合，以创作带动教学。这使我们绘画的基本功和创作能力都得到大幅度的提高。我们同学中的很多课堂习作被选入参加全国甚至国际性美展，有的作品还获奖，如吴光华创作的《舞狮图》。

为人师表，爱徒如子

更值得怀念的是版画系当时上至系主任，下至全体学生就像一个大家庭一样亲密无间。在生活中，他像一位慈父，耐心地疏导与排解同学们遇到的问题，严格指出同学们中存在的一些问题和错误，从不留情面。当同学遇到挫折时，与他们交流谈心，耐心疏导，他将所有的同学看作自己的孩子般呵护。在工作上，他严谨治学，言传身教，团结一支坚实精干的师资队伍，培养了一代代版画新秀。他手把手地教我们搞创作，从不留一点私心，常把自己的最新作品出示给学生，并允许我们去拓印，这种教学效果让我们受益匪浅。记得在我的课堂习作《摇绳》创作构思的最后，张先生还为我添加了一个小蝴蝶，使画面增加一些浪漫和生活情趣。这不仅是对我当时作品的肯定和鼓励，还大大地提高了我创作的积极性。在我们毕业前，张先生体弱多病，他还亲手拓印《送饭到田间》《匈牙利陶瓷工人》等作品送给我们每一个同学作为纪念，这种深情使我们感动、难忘。

今年是张漾兮先生诞辰百年，在这一时刻。我特别思念张漾兮先生，他像烛光一样点燃了我们，在他短短的一生中创作了数以千计的作品。在此，我谨以此文纪念张先生，感谢他为推动着我国版画事业的发展做出的贡献，感谢他对我们的谆谆教导，感谢他给我们的鼓励！正是他对我们业务的高要求，对艺术追求的高标准，对人生态度的高境界，鼓励着我们一步步不断攀登，永无止境！

最后让我对张漾兮先生深深的三鞠躬！

2012年7月

原载《刀锋民魂——张漾兮先生艺术文献集》，中国美术学院出版社，2012年

缅怀张漾兮先生

赵延年

张漾兮先生，是在新兴木刻运动中成长起来的版画界前辈，这位著名的版画家也是抗战时期活跃在美术界的著名人物。我最早知道他，就是在1946年中华全国木刻协会编选出版的《抗战八年木刻选》中，看到了他的《两种孩子》和《成都车码头》这两幅作品。自此，我虽未见过他，却已知晓他的大名和作品。

1949年后，1956年我在上海美术家协会工作时，漾兮先生到上海来了几次，找上海美协联系，希望我能到杭州浙江美术学院版画系任教。他也找我谈了，通过与他的接触，留给我很深的印象是：他不仅是位出色的画家，更是一位有理想有抱负的组织者和领导者。漾兮先生的坦诚和热情使我十分感动。经领导批准，我于1957年秋调来杭州。

我到杭州时新学期已经开始。版画系的师生们都全身心地忙于各自教和学的任务，整个教学工作十分正规有序地进行，呈现着勃勃生机。我因晚来，所以没被排课，漾兮先生安排一间空教室供我搞创作用。一切都是安定的。

但不久后，学校里的气氛变了。先是“反右倾运动”，接着“反右斗争”开始。“反右”运动的到来，令教学秩序大乱：全院上下里外随处可见的大字报，还不断地召集会议，学校里不少人被莫名其妙地打成了“右派”，运动最终使教学陷入停顿。漾兮先生是版画系主任，料不到也被卷入漩涡遭受批判。在巨大的心理压力和沉重的精神折磨下，残酷的“反右”斗争彻底毁掉了漾兮先生的健康。他比我年长一轮，可多少次我亲眼目睹他步履维艰，弯腰弓背，一步一步，蹒跚行路。那时的他还没到五十岁啊，却已完全是一个老年人的模样了，这就是“反右”带来的灾难。从此以后他躬着病体，无法再继续正常工作，竟至不起。一位富有才华，艺术成就很高，很有事业心的版画家，就这样被摧残。真是从何说起！从何说起！！

多少年来，每当我看到他照片上的笑貌，总觉得又似回到我们共事过的难忘岁月里；看到他的作品，仍会时时被作品的内涵和艺术技巧深深打动，不禁更扼腕叹息漾兮先生英年早逝。这是一位蕴藏着何等巨大潜能的版画家啊。

我永远缅怀，这位亦师亦友的领导。

我们永远铭记，他为版画系所付出的一切努力、辛劳、贡献！

2012年10月30日写于杭州

原载《刀锋民魂——张漾兮先生艺术文献集》，中国美术学院出版社，2012年

路漫漫

——记画家张漾兮1949年前的艺术生涯

张芦宛

（一）美专学艺 进步思潮引路

1912年12月，张漾兮出生于四川成都一个私塾教师家庭，取名张国士，按堂兄弟排行第四，父亲张履卿清末考科举未中，教小学堂。七岁时父母双亡，靠祖母和叔叔抚养，叔父在城边经营接待运货脚夫的小旅店。张国士11岁时曾被送去当学徒，大人希望他长大后从商，但他自幼酷爱绘画，家中不论桌椅板凳或墙上，处处被他画满。1926年他偷偷当了被褥考上四川美术专门学校初级师范科，由于长他八岁的亲兄三哥张国权支持，才凑足学费使他入学。

张国士勤奋好学，同学们每天起床时，他已从校外带回一张水彩写生画。受他的影响，班上掀起了早起画风景写生的热潮。两年后初师毕业时，因成绩优秀，被学校保送升入艺专西画科免费学习。因三哥已无力再供给经费，不少师生主动资助其衣食用品。

在课外阅读中，张国士接触了《拓荒者》《大众》《萌芽》等书刊，萌生了冲破黑暗、追求光明的思想，同时对书中介绍的苏联和日本的木刻发生了兴趣。他买来刻图章的刻刀，为自己和同学刻人像图章，使班里又形成学木刻的热潮。

1929年，成都发生反政府军阀镇压学生的全市性学潮，张国士走出学校投入运动，参加“反帝大同盟”，并绘制张贴了大批宣传画。1930年夏参加各大学校美术青年组成的“时代画会”，结识了王朝闻、黄南樵等朋友。他们利用报社和油印材料宣传新兴“普罗艺术”，又举办“通俗画展”。他的老朋友回忆说："展览中张国士的大幅水彩《游行示威》气势壮阔，真实反映出人民群众勇敢起来反抗军阀的精神面貌，在当时实属罕见。"这一切引起了政府部门和学校当局的注意，1931年毕业典礼时，校长对这位高材生扣发毕业文凭，并取消了他的留校任助教的资格。因兵灾已使叔父的家业彻底破产，张漾兮进入了失业者的行列，19岁的他，就饱尝了人生道路的艰辛。

美专有位女同学雷兴琮（字朝仪），家境富裕，常把父母给的钱用来帮助同学，为经济困难的同学缴伙食费而不留名，张国士临近毕业才知道资助他最多的是这位女生。雷兴琮比张国士高一年级，她爱他的一手好画，毕业后就不顾家中为她说下的富家子弟的亲事，执意要求婚姻自主。但养母坚决反对她的选择，最后雷兴琮只得和家庭断绝关系，才和张国士成婚，放弃了荣华富贵，无怨无悔地跟张国士一起走上了贫穷艰苦的生活道路。

美专毕业后的张国士到处辗转求职，当过小学代课老师，画过舞台布景和街头商业广告。最困难时，甚至被迫卖掉了自己心爱的油画颜料。

1935年秋，为生活所迫，张国士经原学校老师的介绍去川军某部当艺术干事。在军中，亲眼目睹旧军队欺压百姓、虐待士兵的罪恶暴行，发现这些人才是革命的对象，自己走错了路。半年以后，张国士终于找借口请长假离开了军队，到大千世界中去寻求真理。

（二）民族危亡 刀笔为枪

1936年，日寇继占领我国东北三省后，入侵华北，中华民族到了生死存亡的边缘，张漾兮重新考虑自己的人生道路，从大量的书籍中，接触到鲁迅、果戈里以及版画家珂勒惠支的作品。鲁迅的杂文激励了他，鲁迅倡导的木刻运动启迪了他，他决心把个人的命运和国家的命运紧密联系起来，以刻刀和画笔作武器投入到拯救民族危亡的斗争中去。张国士从此丢掉了画风景和女人题材的兴趣，开始给进步报纸投画稿，以漫画、写生表现社会风情及揭露阴暗面，逐渐引起了新闻界的注意。

抗战初期，蒋介石从南京迁都重庆，兼任四川省主席，力图控制四川军政大权。原在四川混战多年的军阀联合起来，在新闻舆论阵地上也和蒋介石争夺势力范围。共产党也利用这一矛盾做统一战线工作，由地方政府出面办报或支持进步力量办抗日报纸，新闻事业向前推进了一大步。与此同时从沦陷区辗转来到重庆、成都的有大批知名文化人士、进步作家和画家，矛盾、老舍、叶圣陶、郭沫若，沙汀、叶浅予、丁聪……都纷纷为四川进步报纸撰文、作画和题词，给新闻事业带来空前的繁荣，四川成了大后方的抗战文化中心。

1937年2月，面向全国的抗日爱国报纸《新民报》在国共合作开始时于成都创刊，张漾兮被聘任为美术编辑，报纸上每天有他的作品。从3月11日开始，他在作品中使用笔名“漾兮”，逐渐停用“国士”“长弓”等笔名，这是他为自己人生的坎坷经历——路漫漫兮，荡漾兮——感慨而自取的名字。7月4日，他创办了《新民漫画》专栏，创刊词是：“拿起自己所使用的工具——漫画——来参加这一悲壮的挽救民族危亡的斗争！”“七七卢沟桥事变”爆发后，张漾兮立即发起并联合了从上海鲁迅身边学习回来的乐以钧、苗勃然以及谢趣生等其他艺术青年，于8月7日登报公布成立抗日群众美术团体“四漫画社”，自己担任理事。

他们自己掏钱买材料，在成都大街上首次竖起三幅巨幅抗日宣传画《打

1937年，“四川漫画社”同仁张漾兮（后排右三）、苗勃然（前排右一）、乐以钧、谢趣生（前排左二）合影

打倒日帝国主义！　1937 年

倒日帝国主义！》（张漾兮作），朋友们画的《日寇到处无净土》《有力出力，有钱出钱》，在成都引起极大震动。“漫画社”又绘制了一批抗战漫画幻灯片无偿赠送各电影院，在放正片前加映，深受观众和影院欢迎。同时，他们还无偿向各家报纸提供画稿。同年9月，抗战的首次胜仗平型关大捷震动全国，“四川漫画社”成员又立即到闹市区竖起《世界和平的捍卫者》（张漾兮作），《平型关大捷》等大型宣传画，市民迅速传递胜利消息。

次年元月，“四川漫画社”举办了首次规模空前的“抗日救亡漫画展”，展出160多幅作品，并登报公布漫画社的战斗宣言，观众如潮，日场不够再加夜场。漫画展出后又送到川西各地巡展。其中木刻、水彩、水粉、素描作品等均标价出售，以收入购买布匹若干，全部捐赠给从沦陷区入川的难童。此一义举受到多家报纸赞颂，作家沙汀撰文称道，演员白杨感慨留言。观众在留言簿上写满“打倒日本帝国主义！”“中华民族万岁！”“每幅画都是射向敌人的炮弹！”“于无声处听惊雷！”等等语句。这种展览先后举办了三次，极大鼓舞着国人的士气。

事后，“漫画社”选出社员作品10多幅参加在莫斯科举办的“国际反法西斯漫画展”。“漫画社”还联络武汉的“抗日漫画宣传队”，提供画稿出版《抗战漫画》刊物。为了长期组织“四川漫画社”的朋友以漫画投入抗战，张漾兮从1937年8月22日开始，在《新民报》上开辟《四川漫画》专栏。几天后，《国难三日刊》创刊，张漾兮又被聘为漫画记者，其他“漫画社”的社员也先后被有关报纸聘任。

1938年，张漾兮参加“中华全国木刻界抗敌协会”，1939年1月和张凡夫、郭均、王朝闻、王大化等人建立“中华全国木刻界抗敌协会成都分会”，在成都举办了三次抗战木刻展，出版木刻卡片11000张，木刻专页5期，并组织木刻讲习班，向艺术家供应木刻刀等。

同年，“中国青年新闻记者协会”在周恩来领导下于武汉成立，5月4日在成都成立分会。张漾兮作为其中的会员，参加了“记者协会”的各种抗日活动。他们参加和报道各种抗日群众集会，号召和组织为前线将士募集寒衣，去战地采访，与“法新社”“路透社”记者交流，与世界学联密切往来。这一年的10月，由延安去重庆参加国民参议会的中共参议员林祖涵、吴玉章、陈绍禹（王明）三人路过成都，受到“成都记者分会”的大会欢迎和会员代表上访。张漾兮参加欢迎和上访，并听取了中共代表关于国共合作，发展抗日敌后根据地和论持久战的演讲。

妻子雷兴琮为了全力支持丈夫的事业，毅然辞去小学教师的工作，专心照顾爱人和孩子，与从老家接来的生母一起，包揽全部家务。

那时候，张漾兮夜以继日，奋笔挥刀，漫画每天一张，木刻作品每周一幅，都是根据耳闻目睹的确凿新闻创作而来，直接揭露日本法西斯兽行和军国主义者的阴谋，及时反映中国全民抗战的声势，讽刺汉奸卖国贼的丑恶，激励人们为光明未来而抗争到底。他经常工作到深夜，天一亮又唱着义勇军进行曲起床，“起来！不愿做奴隶的人们……”，为了宣传抗战，他始终精神百倍、斗志昂扬。

今天在国家图书馆和四川图书馆馆藏的历史报刊缩微胶卷中，还能见到这些漫画和木刻作品所印证的事实。如反映日寇侵华下场的漫画《出发侵华日对镜自含愁》，讽刺日寇“速战速决”的战略给自身造成困境的漫画《肚子痛》。

出发侵华，日对镜自含愁　1937 年

军役年龄减低以后的预备军　1937年

肚子痛　1938 年

恋爱与义务　1938 年

《恋爱与义务》借用了当年的一部电影名，耐人寻味地揭露日本扶持清末皇帝溥义恢复伪满洲国，以及日、德联手妄图并吞世界的野心。

木刻《又被中国的游击队擒着了！》用线阴刻表现日寇对中国游击队的恐惧。画面简练而生动，是张漾兮早期的漫画木刻之一。

木刻《遗嘱》具有大块黑色的画面十分沉重，受伤临死时战士对年青人说："我奋斗牺牲，是争取你们的光荣生存。我遗留田地，你们要永远地保持完整，不准妥协、投降、卖国偷生，朝鲜、捷克是你们的镜！"（朝鲜和捷克当时已经亡国，该画原作现收藏于中国美术馆。）

又被中国的游击队擒着了！　1937 年

遗嘱　1940 年

除上述报刊外，张漾兮在抗战八年中曾经受聘创办《战时后方画刊》，联合创办《时事新刊》，任《华西日报》美术编辑，给《四川日报》《新新新闻报》《星芒报》《英文日报》《捷报》等报纸投稿。他常常不取报酬，有时冒着生命危险，始终坚守在抗战文化阵地第一线。

1940年，蒋介石在全民抗战正当烽火燎原之时，不忘“攘外必先安内”，为扼杀四川文化新闻界受共产党影响的进步力量，在成都签发查封《实事新刊》密令，由特务组织流氓抢米，随即逮捕、枪杀了《时事新刊》欲去现场采访的记者朱亚凡，却污蔑共产党妄图搞暴动，到报社抓人，活埋不肯认罪的员工，接着逮捕了川康特委书记罗世文、共产党要员车耀先等，事后杀害。并取缔了当时许多抗战进步群众社团，捣毁了“中国青年新闻记者协会成都分会”等组织。1940年的“抢米事件”是镇压国统区进步力量的骇人听闻的典型事例，引起全国舆论界公愤。

《时事新刊》是当时公认的国统区办得最活跃的抗战报纸。当时张漾兮正在该报刊工作，事件发生前半个月前已经受到威胁，《时事新刊》的领导叫他到乡下装病不上班进行回避才免遭一劫，但却从此受到两个特务长达十年的跟踪盯梢（据1950年的特务口供）。

“抢米事件”引起全国舆论界的声讨和抗议，但政府当局却更加强了新闻检查，任何报纸出版前都得通过成都官方新闻检查所检查，并盖上“查讫”和该所图记，方能付印。新闻记者被剥夺了采访和发文的自由。张漾兮为了安全，他的家也在13年中搬迁9次，一直过着艰难困苦的动荡生活。而他所工作的报馆，少则几个月，多则两年都先后被查封。

1940年，日寇对重庆、成都多次狂轰滥炸，因战事需要，张漾兮应四川省政府“战时服务团”之邀，再次组织原“四川漫画社”的骨干谢趣生等朋友一起，于当年7月7日创办了《战时后方画刊》，继续深入宣传全民抗战，并收集了大量四川山歌，编绘成抗敌歌谣，以大众喜闻乐见的形式发表在画刊上，还制作世界反法西斯大事记系列画。至1941年春，我们共找到了20期，内容十分丰富。

（三）反内战反压迫　为民主自由呐喊

1945年8月15日，张漾兮满头大汗地从城里骑车赶回乡下家中，向全家报告日本投降的胜利消息。9月3日，在成都市庆祝抗战胜利的火炬游行队伍的最前面，抬着张漾兮的引人注目的巨大宣传画，作者让大女儿骑在自己脖子上挤在人群中观看自由女神彩车和活报剧，欢笑声、口号声、鞭炮声响彻夜空。

但是胜利并没有给人们带来和平幸福，抗战胜利后，张漾兮作为民盟盟员（1943年加入），同共产党员及其他进步人士李颉人、张天翼、叶圣陶、杨伯凯、刘开渠等248人，于1945年9月29日在《新华日报》上署名发表了《成都文化界对时局的呼吁》，提出“立即结束一党专政，召集各党派与无党派领袖的政治会议，由此产生举国一致的临时政府”。并呼吁“废止一切束缚和剥夺人民基本自由的法令与机构，如特务机构……战时新闻图书审查条例”，“释放一切爱国政治犯”，“严惩一切汉奸……”。

同年10月，趁国共两党举行“重庆谈判”，以及刚争取到的短暂的新闻免检的机会，由张漾兮任主编，和中共地下党员翁耘圃，民盟会员、作家曾巴波，漫画家谢趣生等人共同于《双十协定》签订日创办了《自由画报》，后来中共党员陈子涛加入任主笔。报纸站在反内战、反独裁、反饥饿的爱国民主运动的最前沿，以图文并茂的形式和独裁者进行针锋相对、短兵相接的斗争。创刊词是引用卢梭的话：“不自由，勿宁死！”

《自由画报》每周三出版，每期印5000份，总是刚一出版即被一抢而空，许多人买去看后珍藏作纪念。该报纸还发到外省，传到解放区。当时有60多个进步文人和画家积极为画报投稿，均不收报酬。谢趣生为《自由画报》作画50多幅，外地画家叶浅予、张光宇、庞熏琴、王琦等应约投稿，著名作家萧华清、陈白尘、田汉、丁易、陈翔鹤等均为之撰文。当时漫画还没有条件用铅板进行制版，所有的漫画都是工人一手翻刻，工人胥叔平已达到精确复制漫画原作的水平。工人们尽管很穷，但却只收材料费，不计报酬，给予画报社极大的支持。

在办报的134天中，张漾兮本人的漫画木刻作品达145幅，占绘画总数的一半。为了利于斗争，他的署名除木刻用漾兮名字以外，漫画均用其他笔名，如舟子、江苇、陈朴、程又文、周家礼、周永礼、雷浪、唐玉等等。为了组稿，他骑着破自行车满城，经常一天只吃一个锅盔（烧饼）。

署名舟子的漫画《校长，我缴本期的学费来了》，画的是一个瘦小学生背着一捆比自己高大两倍的钞票来到校长面前缴学费。当时四大家族为了发“国难财”，滥发钞票，对人民敲骨吸髓，使钞票贬值，物价飞涨，此画形象地揭露了这个社会现实。

校长，我缴本期的学费了　1945 年

漫画《小距离》发表于第3期头版头条。蒋介石伸出言和的右手欲与毛泽东握手，而谈判桌下却放出一只恶狗直扑毛泽东，毛泽东正伸出右手希望言和，而左手正持拐杖在桌下防卫。墙上挂着写“和平，民主，团结、统一”口号的横幅，更衬托出所谓“谈判”的欺骗性。该作品一发表就有人说“张漾兮是提着脑壳要哟！”

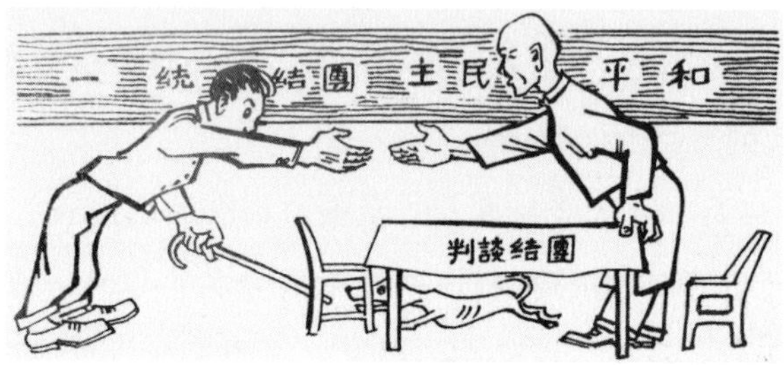

小距离　1945 年

木刻《有利于民族、有碍于市容的抗战将》刻画着抗战归来的荣誉军人，竟遭非人待遇，衣衫褴褛，被绳索捆成串，由宪兵押着走大街。

木刻《抗战军人的子弟》表现几个在饥饿渴望中艰难度日的抗战军人子弟，有的已成半残废。（原名《瓦窑工人的孩子》，创作于1941年）。

有利于民族、有碍于市容的抗战将士　1945 年

漫画《胜利带给中国的命运》以4幅组画——“汉奸的官运”，“大员的财运”“工厂的霉运”“人民的死运”为题全面概括了抗战胜利时国统区的政治经济现状，是人民控诉的心声，也是张漾兮漫画的代表作之一。

抗战军人的子弟　1945 年

漫画《中人民解放的年头到了！》发表在新年的头版头条，写着“人民”二字的牛马般的奴

胜利带给中国的命运　1945 年

中国人民解放的年头到了！　1946 年

隶正要站起来，要摔倒骑在背上正猛挥皮鞭的蒋介石。奴隶怒目含恨，手脚粗壮有力，蒋介石凶恶万分、惊恐万状。《自由画报》大胆地为人民呼唤解放。

“反独裁，反内战，要求建立一个和平、民主、自由的新中国”的呼声如同长江大浪滚滚东流，不可阻挡。

政府当局不能以“检查”来抑制报纸出版，就另施手段扣押邮局发报，禁止报贩卖报，甚至寄来带子弹的匿名信。于是张漾兮等人自己上街卖报，发现此法不妥，又去争取到了以张澜、叶圣陶担任画报正副董事长，茅盾、郭沫若等知名人士十多人组成的“画报”董事会，其名单在第8期公布于众，以此来阻拦特务的进攻。最终，在政治、经济、物资的重重压力下，《自由画报》于1946年2月20日出完17期后被迫停刊。

张漾兮后来任美编的《民众时报》，两个多月即被查封，又任《胜利周刊》《益报》《工商导报》的漫画记者。至1950年，张漾兮共在成都、香港、南京、北京的20种报纸上发表漫画、木刻和速写，据查有1500幅以上。

张漾兮的漫画中以时事漫画最多，他力求以简明生动形象的表现手法及时宣传战区形势和国情，直观明了，使读者一看就懂，其战斗力之强，显示出他不愧为抗战第一线的美术骁将，争取创立民主自由共和国的勇敢斗士。

（四）忧国忧民　刀刻民魂

张漾兮的木刻作品是他艺术作品的重要组成部分，也是艺术生活中最成功的一部分。在那战乱的年代，木刻板丢失很多，张漾兮的夫人雷朝仪历经艰辛才保存下来一小部分，于1956年带到杭州。张漾兮建国前的木刻作品，许多是我们从留存下来的报纸上查得的。

他三十年代的木刻作品，开始是受苏联木刻技法的影响，后又受柯勒惠支等人木刻风格的影响。四十年代开始，他临摹八大山人等中国古代大家的作品，同时搜集汉代画像砖拓片、民间木版年画材料，从中吸收民族传统的营养，使他的木刻作品出现了新的风格：把外来艺术的技法与中国汉砖的特色结合起来，加上中国传统绘画的特点，以对社会底层劳苦大众深切同情的真实情感刻画出众多耐人寻味的木刻作品。其别开生面的风格在当时被一些朋友称为“新的流派”，加之其深刻的思想性，在木刻界受到广泛的好评，有“北古元、南漾兮”之说。

在木刻作品的内容上，1944年以前，主要表现抗战方面、后方支前或人民痛苦生活的现象，缺乏提炼和深化。1944年学习了毛泽东“在延安文艺座谈会上的讲话”以后，很受震动，他又仔细研究了解放区的木刻作品，深受启发。于是他深入山区煤矿、砖瓦窑、城市难民营等地反复体验生活，从现实中追根究底，从有意义的题材中寻找具体的细节和典型，画了大量速写。1945以后的木刻作品有了很大的变化，其创作思想同时也体现到他的漫画作品中。

1946年创作的木刻《饥饿的愤慨》，老妇的形象来自于1944年深入多次的“成都普济堂”。他在《华西日报》1945年1月8日发表的《成都普济堂巡记》速写组画中，第一部分就有这位老妇的头像，旁边有一句十分沉重的话：“看吧，就是这一群穷人，黄帝的子孙！”这是一群来自沦陷区的难民，每个人都有一个悲惨的故事，在他们那布满皱纹的脸上，都有着同样的绝望、愤恨的眼神，流露着民族的悲哀。政府发放的救济粮到了他们手里，只剩下一碗混满泥沙的稀粥，他们有的还拖儿带女，不得不到大街上寻找零活干……

木刻《饥饿的愤慨》中的小庙，正是张漾兮乡下住家旁的路边破庙，庙前常有一缸茶水和一条长凳，供过往的苦力或乞丐停下来歇息。原版中在破庙的香炉后面还有个长舌鬼“吴二爷”，正手握绳子从后面伸手要勒死老妇和小女孩，要带她们下地狱，后来被作者铲去，而集中表现了主题，“饥饿”是老妇和小孩的现象，而“愤慨”是老妇对社会的态度，愤慨的目光中孕育着反抗。那小女孩惊恐地紧抱着她奶奶的手臂望着那吃人的社会。表现手法上，大块黑白的对比，中国画的粗细结合的有力线条，寓阴刻于阳刻之中的技法，面部简练的明暗素描效果和生动的人物表情，使作品思想性和民族艺术性达到了一个新的高度，这是张漾兮木刻艺术的飞跃。

饥饿的愤慨　1946 年

画家作于1945年的《告地状》，可与1942年5月24日发表于《华西日报》上的《哀苦》作一个对比。

两幅木刻同样表现成都大街边司空见惯的现象，被抢夺了土地和房屋，丧了人命的穷人无钱打官司，只得在地上放个状子寻求路人的同情和帮助，帮不了大忙的给点零钱。《哀苦》是作者自己被感动的场景的再现，而《告地状》表现的是告状的妇人伸长脖子张大嘴在呐喊；从《哀苦》到《告地状》，内容相同构图相似，但人物已从诉苦变成了反抗，身前的孩子也从饥饿中的痴呆变成扭动脖子在无力地叫唤，所暴露的矛盾进一步激化。《告地状》中简练的刀迹更显人物的干瘦，构图中不封闭的黑框具有汉砖图案的特点，同时更突出了地上的状子。空白中还有个断了提手缺了框边的破蓝子，那是妇人唯一的财产。这是作者对他重视的题材进行的再创作。

告地状　1945 年

哀苦　1942 年

成都的茶馆比比皆是，是各种人谈新闻或畅谈国事的场所，也是张漾和同事们交换新闻、组织稿件、写文章和画速写的场地。每个茶馆者常有穷孩子来卖花生瓜子或擦皮鞋，也有富贵人家带了孩子来闲坐。

《擦皮鞋的孩子》创作于1945年，曾刻过两版。张漾兮对他常见到的场景，对两种出身截然不同的孩子的境遇，作了讽刺性的揭露。作者十分自然地运用对比手法，刻画了一个正在给被女人抱着的小少爷擦皮鞋的穷苦孩子。从他干瘦的背影和吃力的动作上，人们看到这孩子怎样在苦难中挣扎，无需再看他的面容，便会产生对孩子的深切同情。两个孩子的衣服占据了画面的两个主要黑色色块，更加强了对比强烈的效果。根据漾兮先生回忆，他为了塑造那个女人的形象，曾花了些脑筋。最后，利用生活中他比较讨厌的某个女人形象，借用了这个女人经常流露出的那种愚昧却又鄙视人的神情。在形象上，又有意识地夸张了她的额头和头发，令人一眼望去便不舒服，通过她丑陋的外形，厌恶她更为丑陋的内心世界。这幅作品不仅告诉我们生活中存在着不合理的社会现象，而且透过这日常见惯了的现象鞭挞了那个人压迫人、人剥削人的黑暗社会制度。连天真无邪的孩子们也逃不出那个罪恶社会的魔掌。这件作品的第一版曾于1945年12月19日发表在《自由画报》上，第二版则按作者的意图作了更进一步的修改，并以《两种孩子》为题参加了“全国抗战八年木刻展”。

1945年，张漾兮到川西煤矿了生活了一段时间，那里有许多以原始方式开采的小煤窑。他亲眼看到，几乎全裸着身体的矿工们把一筐筐煤从几里深的矿井里爬着拖出来，然后挥着满头汗水去领计酬的竹签。那里没有任何医药卫生设备，倒有不少鸦片烟馆，抽大烟可以赊账，在每月的工资里扣还，欠了债就更加倍地干活，老板就借此把工人的劳动工资全部剥削干净。多数工人都逐渐染上了烟瘾，也背上了烟债。这些矿工中有贫苦农民，也有从沦陷区来的难民，活不下去了才当“煤黑子”，最后却成了“鸦片鬼”被夺去了生命，《煤矿工人》就是反映这一主题的作品。

煤矿工人　1948年

张漾兮原计划刻一套八至十幅的组画，因政府当局迫害，在避居乡下的艰难日子里只完成了这一幅。可以看出，作者以刻刀对人体结构和精神状态进行了精心的刻画。

在蒋介石发动内战大举进攻解放区的年代里，以“天府之国”著称的四川却闹米荒，成批的饥民铤而走险，“吃大户”的事件时有发生。1946年，正在报社上班的张漾兮听说成都复兴门外发生抢米，立马骑车赶去搜集素材。后来他回忆说：“许多贫苦饥饿的妇女们极度紧张、愤怒、恐惧的悲惨情绪，给我的印象最深。有的妇女来不及拿东西盛米，就当场脱下身穿的长裤当米袋；有的老太婆在抢到了米以后，由于过分紧张，连人带米跌翻在地；有的孩子找不到自己的妈妈，夹在混乱的人群里哭喊嘶叫；有的人被吓呆了……”“米店门前警察已开始踢打人群，而抢的不多的饥民还在相互呼应，决心再抢”。张漾兮被深深地触动，迅速作了形象记录，几乎忘记了自己当时的危险处境。他说：“如果再迟离开一分钟，就要被特务抓住了。”当天下午，军警即枪杀了两个在现场拍照的人，张漾兮听此消息万分愤恨，来回踱步，不停地抽烟。一年以后，张漾兮在1947年避居乡下时，以愤怒的刻刀，创作了木刻《抢米》。途中把几个代表性的场面进行了再创作，重点刻画了几个人物。这沉痛的画面永远记下了一页被压迫者的血泪史。

成都有两个买卖人的秘密场所，专以介绍做佣人做奶妈为名，拐骗良家穷苦妇女，尤其是从农村来寻活路的青年妇女，包括幼女。张漾兮经暗访，决定创作《人市》这张木刻。他前后曾酝酿了半年时间，最后有一个多月，经常去这两个人市观察了解，几经反复，终于定稿。

画面中一个人贩子正解开一个农村妇女的上衣使她乳房裸露，并用手挤奶给一个富贵人家的带枪的狗腿子看，特务模样的狗腿子正以淫亵的表情欣赏那女人的乳房，女人羞愧难当而又无可奈何，她的丈夫背着吃奶的婴儿以愠怒而企求的目光望着那个雇主；背后两个老人可能是他们的父母，虽然只露出半个脸，敢怒而不敢言的表情跃然纸上；左边另一个人贩子正向一个涉世未深的姑娘耳语，向她推荐旁边那个流氓模样的公子，背后有许多人正在讨价还价；远处有男人在吆喝，也许是人市的老板；更远处黑压压的人群还正在等待找工作。破房檐上垂挂着“招财进宝”的灯笼，说明这是一个日夜忙碌的市场。

被拐骗的妇女并不一定真是去做佣人或奶妈，有的被骗到家里侮辱，有的直接卖到妓院，不堪欺辱的只能自杀。图中流氓、特务、手枪和狼狗预示了将要发生的灾祸。《人市》是作者1947年在避居乡下时为揭露这吃人的社会而创作的。它永远记下了那段历史的丑恶。

木刻《丰收果实》，直接暴露国民党军队欺诈百姓、强抢粮食的恶行。他在常年居住的农村里多次见过，也几次在报上发表过这类漫画，一直想用木刻来创作这个题材。1947年，在躲避特务搜捕的日子里，他在乡下居住地选中了几个农民形象做模特儿，画速写、交朋友，经提炼加工，创作了这幅作品。

《丰收果实》刻画了丰收果实刚被反动军队抢走时的场景：一个愤怒得快要爆炸的农民双手紧握一把稻草；另一个农民头顶被打了个大包，握着拳头紧捏着前者的肩膀说话；地上的谷箩被打翻；小男孩眼巴巴地望着被大兵背走的粮食；远处粮车上的官兵正举枪威胁想反抗的农民，老母亲惊恐地祈祷着希望不要发生更严重的事件。从来《丰收果实》一类题材的美术作品都是带给人们美好甜蜜和梦想，而此画却是悲惨现实的写照，在小小木板上把人物和事件表现得如此深刻，谁看了不会动情并引起共鸣呢？

张漾兮除木刻、漫画以外，在他的水墨人物画中，他善用中西结合，以毛笔画出素描效果，在浓淡枯润的墨色之外，更加侧重用笔方面的力与美，人物个性鲜明、生动、传神。如为著名外科医生董秉奇画的肖像画，颇受中外人士好评（董在建国后任第三军医大学校长）；他多次走访成都普济堂难民营，为一个双目失明的落难建筑师画肖像画，画出了一只明亮的愤怒含怨的眼睛，题为《沦为难民的留法学生》；许多受人赞扬的水墨写生，如《母与子》《七十孤老》《街头木匠》《果贩》《有待》《幸运》《试步》《柴门待哺》及《山花》等等，都是他所热爱的劳动人民，画出他们内心的纯洁、美丽和正直、希望和困惑。达官显贵一般是请不动他的，美军军官用美金求他画像他也不屑一顾。他以墨画了一群小叫花子（乞丐）在大桥下吃乞

丰收果实　1947 年

沦为难民的留法学生　1947 年

讨来的残羹剩汤，是叫他的几个瘦弱可怜的孩子做模特的，初稿是一张以破庙作背景的水彩画。

他生活得愈艰苦，战斗精神就愈旺盛，即使他一天只吃一个锅盔（烧饼）在城里办报纸，晚上回家还能教孩子唱“山那边哟好地方”的歌（即解放初普及的歌“解放区哟好地方”）。为了新中国早日到来，他总是屹立着，忍受着痛苦，挺身而战。

1946年他在家中画了一张蒋介石的彩墨漫画像，有半张宣纸大小，画中蒋介石狞笑着，双手沾满鲜血正戴上白手套，左腋下夹着“三民主义”硬书壳，却无书，胸前挂着法西斯勋章，黑马挂、灰长袍，从容不迫又道貌岸然，地上一只小狗正舔食手上滴下的血。这幅画口头取名《屠户》，未提字，只给少数朋友看过，他珍藏着，打算天亮以后公众于世。

他在1946年12月至1947年初，举办个人画展，是朋友帮忙，想解决他经济困境的，展出的只是一般生活内容的画，但却遭到特务流氓打砸，几乎被捣毁。

国民党当局从不放松对张漾兮的盯梢，称他为“奸党分子”。1947年，在国民党加紧进攻解放区的时候，蒋介石发动了“六二”大逮捕，同一天在南京、上海、武汉、成都、重庆、昆明等地逮捕共产党员和进步人士，光成都市的逮捕对象就有200多人，张漾兮是其中之一。他当时在四川省立艺专任教，农村的原住址已被特务找到，他迅速把家搬进城内，6月1日零点半提早抓人，报馆的朋友很多被捕了，他于6月1日清晨得到消息，放下刚端上的饭碗立即化装出走，一路甩掉特务的眼线，最后跑到乡下指定的地方集合后，又接共产党和民盟上级指示，再奔绵阳隐蔽，同时做农民工作迎接解放。但绵阳的接头人和地下党军委派来的人被捕，他们的农民工作也没有成效。又按上级指示回到成都与郫县交界处的一个报社朋友鲁绍先家里，和党员作家张天翼等几个朋友住在一起，被外人注意后又转入岷江一个河心半岛的杉树林子里，住进守林人的草房，穿上农民服装，改名张百安，集体开荒种蔬菜、熬饴糖做小生意，掩人耳目又可生产自救。和农民谈天说地，找机会宣传共产党的土改政策。就是在这样的艰难环境下，张漾兮完成了一系列优秀的木刻创作，如《人市》《抢米》《煤矿工人》《丰收果实》，系列漫画《八老爷行状》等。

“六二”大逮捕时被抓的朋友中，不少人牺牲了，其中有张漾兮的导师和朋友，周恩来亲自派到四川搞统战和新闻工作的老党员杨伯凯烈士。

1948年5月，经地下党和民盟组织安排，进步朋友多方帮助，张漾兮和曾巴波从乡下潜入城里，冒雨坐进黄包车，放下雨棚，从特务的眼皮底下穿过成都闹市区盐市口，然后经重庆、武汉跑到香港，逃脱了特务的追捕。

到港后张漾兮得到一笔“宋庆龄基金”，可暂时维持两个月的最低生活费。经介绍，他加入了“港粤文协”和“人间画会”，和大陆作家、画家蒋牧良、张文元、曾巴波等人住在“港粤文协”的一个小楼上，以一张乒乓球台为公用书桌、餐桌和床，在那里完成了他正在构思的木刻《我们自己的队伍来了！》，以及《上工去》《鲁迅先生——路是人走出来的》等木刻作品。

1949年2月10日，在香港《大公报》上发表时，名为《解放军来了》。

张漾兮把他在四川农村向农民宣传党的土地政策时，农民流露出的那种渴望共产党和解放军的迫切心情，用他平时生活中积累的农民盼亲人的形象，以及突然见到亲人时那种万分激动的场面，构思成了这样一幅农民在村口登高迎亲人，杀猪、送酒、放鞭炮的热烈场面，是虚构但很真实，仿佛置读者于画中和农民们在一起欢呼。

从1948年5月至1949年5月，张漾兮在香港《大公报》和《华商报》上发表木刻、漫画十多幅；又在美国的《新共和》杂志1948年12月期发表了木刻《煤矿工人》《人市》和《饥民》（吃大户）。

《华商报》1949年1月3日刊登了张漾兮的漫画《年什么年？》，图中组画是《解放军的胜利年》《农民的翻身年》《工人的建设年》《商人的生意兴隆年》《蒋朝的寿终正寝年》。

其中《农民的翻身年》，画着翻身农民兴奋地抱着刚分到的一条小水牛，年轻妻子肩上骑着个胖娃娃，胖娃娃手上高举着红灯笼，人笑牛也笑，整体效果像一幅民间年画。

从此，张漾兮的作品中的人物，告别了痛苦和黑暗，代之以无限美好的笑脸和明媚的春天。

不幸的是，张漾兮的妻子雷兴琮在长期的艰苦岁月里，既要抚育五个孩子，做繁杂的家务，又要掩护丈夫，担惊受怕；丈夫去香港时交给她保存的彩墨漫画《屠户》（蒋介石），几经转移，藏得不见了，她突然感到周围的人全是监视她的

农民的翻身年　1949 年

特务，她精神失常了！她大年三十夜带着两个孩子，夹着棉被在乡下黑路上无目的地走着，一路有恶狗狂吠护送……

当消息传到香港，张漾兮如五雷轰顶，正巧美国《新共和》杂志寄来一笔可观的稿费，他连忙托人带回成都，但没想到这笔钱几经转手，竟没有送到妻子手中，由于没有得到及时治疗，以致疾病反复发作，遗憾终身。

1949年全国解放前夕，张漾兮带了香港“人间画会”的美术作品去北京参加首届“中华全国文学艺术工作者代表大会”，会上成立了全国美术家协会，张漾兮被选为执委，会上举办了画展，张漾兮有《人市》《饥饿的愤慨》《抢米》《老厨娘》《车码头》《赶场》《我们自己的队伍来了》等7幅木刻和《七十孤老》《母与子》2幅水墨画参展。

会后不久受江丰、刘开渠之聘，到杭州国立艺专（现中国美术学院）绘画系任副教授。1954年领衔创建中国首个美术学院版画系并开始招生，出任首届系主任。从此张漾兮走上人生的另一段历程，全身心地投入了培养新中国版画美术人才的教育事业。在版画美术教育和中国版画的民族化语言探索方面，取得卓越成就，硕果累累。

1949年，张漾兮在北京参加第一届文代会期间与老朋友王朝闻合影

原载《刀锋民魂——张漾兮艺术研究文集》，中国美术学院出版社，2012年

二　作品

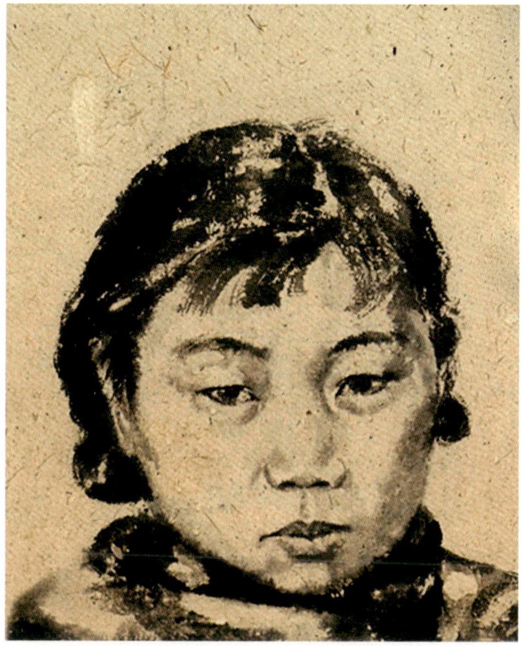

妻子朝仪头像　纸本水墨　28cm × 23cm　1942 年

木工小杨师傅　纸本水墨　38cm × 31cm　1942 年

成都花会　水彩　29cm × 39cm　1942 年

成都车码头　黑白木刻　21cm × 18cm　1945 年

擦皮鞋的孩子　黑白木刻　25.5cm × 19cm　1946 年

薅秧归来　设色水墨　58cm × 105cm　1946 年

抢米　黑白木刻　22.5cm × 29.5cm　1947 年

人市　黑白木刻　29.5cm × 37.5cm　1947 年

咱们自己的队伍来了　黑白木刻　24cm × 33cm　1949 年

鲁迅——路是人走出来的　黑白木刻　32.5cm×24cm　1948 年

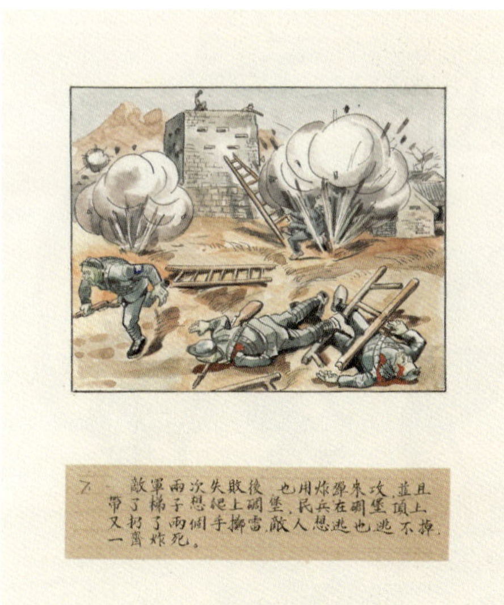

《窑洞保卫战》 连环画 1950 年

修堤防灾　套色木刻　32cm×24cm　1950 年

背篮老人（课徒稿）　设色水墨　101cm×49cm　1952 年

山东民间版画作坊　水彩　20cm × 29cm　1952 年

罗马尼亚秋收时节　水彩　23cm × 32.5cm　1955 年

钓虾　木刻　19cm×29cm　1954 年

西湖风光　套色木刻　23cm×28cm　1954 年

牧歌　套色木刻　45cm × 30.5cm　1954 年

晒谷　水彩　29cm × 39cm　1954 年

匈牙利托卡德集市　水彩　23cm × 32.5cm　1955 年

匈牙利老战士　纸本水墨　35cm × 26cm

1955 年

匈牙利戴帽老人　纸本水墨　35.5cm × 29cm

1955 年

罗马尼亚五一集体农庄劳模　水彩　32.5cm × 23cm　1955 年

匈牙利斯大林工厂仪表工　纸本水墨

35cm × 27cm　1955 年

罗马尼亚教堂　水彩　32.5cm × 23cm　1955 年

兰溪江畔　25cm × 32cm　水彩　1956 年

春茶　水印木刻　21cm × 25.5cm　1956 年

罗马尼亚农民收割图　水印木刻　39.5cm × 56cm　1956 年

新到的画报　水印木刻　46.5cm × 35cm　1956 年

送饭到田间　黑白木刻　25cm×68.5cm　1956 年

新年画——忙中扫文盲　套色木刻　36cm×26cm　1958 年

运粮入社　套色木刻　50cm × 106cm　1958 年

一年之计在于春　套色木刻　23.5cm × 22cm　1960 年

平湖秋月　水印木刻　25cm × 42cm　1960 年

西泠桥　套色木刻　37cm × 32cm　1960 年

三潭印月　套色木刻　25cm × 32cm　1961

待渡　设色水墨　54cm × 36cm　1961 年

建设中的广东农村　水彩　尺寸不详　1961 年

漓江奇峰　设色水墨　49cm × 37cm　1962 年

三　著述

从漫画到木刻

虽说一条牛，把它牵着环绕地球一周，回来仍然是一条牛，但在播种时节，先没有牛耕田地，播种是发生困难的，更说不上收获。牛是这样的愚笨，却是这样有用。它的成功，是在能忍鞭子，背起犁头，埋头苦干下去，给人们以生存的幸福。

我作为中华民族的一分子，受着大时代的鞭策，要与牛一样有用，虽然愚笨，当然要揹起这个犁头——《时事新刊》，埋头苦干下去。

由于自己愚笨，学识浅薄，欲求进步，则需要学习，《时事新刊》是能给我许多学习机会的。

本着以上两个原则：要耕田，要学习，我便参加了本刊的工作。到现在时间是满了一年，自己虽然愚笨，也敢相信学得一些东西。从我能力能表现的一些漫画来说吧：一年前的作品与现在的来个对照，已经并不一样。一年前我虽然也在作漫画，其结果在内容方面往往要犯很多错误。而形式方面走入“漫画就是乱画”“怪画”的怪圈。无意识地强调、夸大，不合现时代需要的超现实的东西，随时会使读者莫名其妙，甚至竟糊涂起来，这是自己头脑不健全之故。现在，这一年来所得的教训，画的形式及技术上，我想读者会知道的。而内在意识也在慢慢充实，虽距离读者的要求和自己的目的尚很辽远。

“木刻”也是这一年内开始学习的。自“七七”抗战后，绘画材料的供应渐感困难，全国绘画界的同志，调转方向，群起制作最经济且各地都能采集得到的木板材料，又易于大量翻印以供抗战宣传的木刻画。在这趋势下，加以本刊经济环境的要求及社内朋友的督导，我就加入（到）这个新兴艺术的阵营。至今，已有八个月的学习时间，虽没有什么成功，但在为学习而加入本刊的我，这不能不说是一种进步。

这一切进步，完全是读者和本刊朋友们的赐予，虽不能说现在就不愚笨了，总算比较有用一些。但是，我认定一个漫画作者的成功比任何发明还要困难。为了克服这些困难，我只能继续背着这个犁头，一直地苦干下去，直至整个中华民族获得生存幸福的时候！

1939年

原载1939年《时事新刊》周年纪念册

张漾兮1951年笔记

——山东旧年画工作队改造旧年画工作

陈焰整理

旧年画如何改造

年画内容、年画形式、印刷技术、刻板技术、创作新样、生产方式、团结互助、画种、新年画如何深入农村。

一、改造年画的背景

1. 在现有年画中选其存数最多者加以帮助，改正内容，提高技术，扩展销路。

2. 木刻年画的发展前途

（1）受机器石印等影响，木刻手印将无发展前途。

（2）（木刻年画是）个人手工业制作，资本小，不可能发展为机器印制，可组织联络合作社，使其提高生产，发展销路。（编者按：此文为张漾兮遗存笔记本中的一本关于山东旧年画的内容）

二、改造计划与方法

1. 修改家堂，帮助改进当地年画。

（1）帮助改造劳动批斗画（李处长指示），吸取他们的经验介绍到各地。

（2）（对当地群众）启蒙教育，团结商讨改造，不是命令改造。

（3）设计表格做精确调查报告。

（4）在不能影响销路的原则下不粗鲁，不操之过急，打下明年改造基础。

（5）研究年画组织工作，画的内容、技巧、刻印、刻印成本、销路和群众喜爱的东西。

总之，采取最为深入群众的生活方式。

2. 群众喜爱与生活习惯问题

首先在健康生活习惯的基础上提高。比如：灶王爷改烈士纪念塔的问题（这个事情浪费了三十多张版）；其次，商贩决定画的内容以及销路。

（1）帮助当地人将吉利画的技术提高，使之销路提高，一面（也是）代替封建迷信年画未能销印的损失。

（2）新年画的内容：合作社，生产队，劳动致富，增加生产，婚姻法，预防瘟病，如何养娃娃。

潍县年画改造工作计划以及目的

计划：帮助改进一般旧的吉利画，并使之发展，增加新年画，扩大销路，维持副业生产。

目标：

初步使年画工作者有改造自己的信心，从而自觉自愿要求改造。

用教育说服方法让他们把封建迷信的年画取缔，而又不影响年画的生产。

建立团结互助、合作生产、联合经销的新生产基础。

基本方法：打通思想，提高技术水平。

方法一：首先帮助小本经营及在政治上积极的年画制作者出样。

方法二：出样由工会发出，会员才有领得样子的权利。会员也有同时团结非会员的义务。

方法三：此样不送给私人，先由乡改政府发出，等工会组织建全后交由工会供给，以后由省文联组织供给样子以及培养他们自己的作稿人。

问题1：农村年画制作者要求改造内容是非常迫切的，苦于自己不能创作手稿。他们曾向上面要稿件，而新的美术工作者的年画创作又未深入农村，以后应该有计划地供应他们稿件。

问题2：本地的美术课应当结合新年画以及花纸图样。

组织创作的经验（研究部的情况）

1. 酝酿题材：

服从政治需要每一期（都）下去体验生活，以及从报纸杂志之上收集中心内容，是否配合政治要求，配合政策、反映政策，使缺点错误及时纠正。组织小组讨论，明确主题。

2. 初稿制作：构图、人物动作、人与人的关系，对内容无关的东西不能画上去，要观摩。

3. 正稿：人物形象表情，色彩，明暗，思想性，要观摩。

4. 正式创作：观摩会（在每次观摩座谈会上，提出中心问题讨论）。组织同学对先生作品讨论会，提意见。

业务改进办法

新的年画工作者和他们共同合作，召开出样者座谈会、刻板者座谈会。

1. 有轻重缓急之分的。

2. 配合目前政治的、政策的。

3. 销路最大的，农民最喜爱的。

4. 符合民间形式，不搬用西洋风格。

5. 内容和销路都能普及的。健康、明快表现他们生活，表现生产及生活方面的远景，完整的。好处是技术上生动，手法简单。

存在问题

1. 当地没有能创作新年画的青年和刻板人。

2. 印刷工具太原始。

解决办法：

1. 培养青年画新年画、刻板；2. 用合作社方式发展到机器印刷。

具体原因

1. 年画历史； 2. 参加工作人数；3. 销路；4. 销数高低；5. 资本大小；

6. 成本利润；7. 出样制版人数；8. 他们的工资；9. 组织情况；10. 制作过程与方法；11. 销售方法。

新样制成情况：一般想改进。一天出五百张，加夜工一千张。老样发了财，新样上了画（烈士纪念塔）。

杨家埠人口众多。土地薄弱，土壤又瘦，因此发展副业是很重要的，年画在这里生成起来是重要的。

问题

1. 旧年画的印刷方法。

2. 颜色的改进方法。

3. 缺乏参考资料。

4. 无光水纸，色印上要走开。

5. 深颜色（有浓淡）怎么样印。

6. 农历图头的套版问题。

7. 如何纠正偷工减料形术不正骗钱的不正之风。

8. 不能刻的问题，可来找我们。干部必刻，群众顾虑（能否卖？干部发财？）办法：年画工作队先刻，一般群众在三五天内登记。

9. 业务同思想教育是否配合得很好。

10. 明年应有计划供给大、中、小三种农历图。

情况

1. 农民看见我给带去的荣宝斋木刻又惊又喜，他们不相信是木刻水印，他们喜欢它，觉得它真好看，他们说，这种新样印多少就会卖多少。

2. 新画要宣传，宣传开了买的人就多。

3. 愈做愈粗的原因：偷工减料，刻板马虎。

4. 颜料粗，因此不能印细货。

5. 货等客能做好，客等货就不行（资本问题）。

6. 画面人物小，看不清楚，群众不喜欢，因此大头小身，必然要不得。但是头清楚，大的强度，五个头长（肥头大耳有福气）。

7. 新年画：颜色太淡、陈旧、不新鲜，这一点不能满足人民群众要求。

8. 群众不喜欢看侧面是因为不完整，要看正面，或者七八分正的，侧面的他们说一个眼睛。

9. “李顺达之家”受欢迎，因为这画正符合群众理想的希望。

10. 牛驴在一块儿耕地，群众不喜欢，因为牛驴生产的力不相等，他们希望的是两头牛合力耕，一头牛是迫不得已的情况下使用的，不含有他们的理想和希望。

11. 娃娃戏，儿童劳军，种好棉，群众喜爱，构图简单明确，容易看懂但是线条不新鲜用色太浅，不鲜艳。

12. 妇女包头不吉利，是死了老人。要包，包红的、花的。

13. 有能出样的旧艺人看见新年画有妒忌心——落后思想，他们认为群众不能接受新的。

14. 样子来源一般都不能创作，大部分由天津杨柳青的样子翻印。尤其以仓上村的出品最能代表，印刷比杨柳青好，杨柳青每年也来办画。

15. 年画的地方性和普遍性的结合问题。

16. 农历图群众要求喜庆、热闹、鲜艳，对读报图的意见就是有这些条件。

17. 太细致，不好刻。

18. 新年画想法要真正深入农村，给他们一个年画发展正确的方向。

19. 先问群众印不印新样，以免群众误解新年画工作是为干部服务。

20. 刻板技术不够，两三色套印，印不好。

21. 眼睛睁开的问题，虽然这是农民的吉利思想，这思想使他们在创作构图上增加很多困难，使得画面人物表情刻画受到了很多不必要的限制。但在农民思想和习惯未提高和改变的现在，我们不能因为一个眼睛的问题而影响整个画面内容改造的工作。这种习惯的要求不是原则上的错误，我们应该等待他们进步后再进行改造。但是有些人在这些地方操之过急。

22. 这两个区域的年画40年前大量销相比，杨柳青细，潍坊粗。

23. 观摩会的收获，打破了他们的一些顾虑，使得他们了解了解新样是一些什么样。

画种

吉利：

喜报三元，梅花开之福，富贵有余。

年年有鱼，百子图，发财还家，莲生贵子，天合同春，天河相会，富贵满堂，富贵同春，金星照耀儿童，民族同唱太平歌，三阳开泰，开市大吉。

封建迷信：

镇宅神虎，卦既封侯，天官赐福，门神，利市仙崖，麒麟送子福禄寿之星，神龛，灶神，闻圣帝君，八仙贺寿

半封建半吉利：

牛郎织女聚宝盆，祭祖，家堂，对联

吉利装饰画：

四季画屏、富贵双双到白头、梅花开五福、莲花晚香、映入荷花别样红、西洋狮子、西洋犬狗、冬日佳景、美人条（洋条子）、四季花

新年画：

一门三英（参军）、秧歌、劳动生产、一人参军全家光荣、春节游行（娃娃戏）、保卫世界和平（腰鼓队）、勤劳致富（养家畜）、田园丰富（耕种）、耄耋富贵（蝶、蝠）、丰收的果实、生产得利种果树、组织机纺花多挣钱、富贵荣华……

《男女忙图》制作总结

绘制原因：

由于原有《男女忙图》两张是存留下来的唯一的农民表现自己劳动生

产的年画，男耕女织图，这画受到普遍欢迎。因为这画室描写农民自己的生活，这画面小，成本低，卖价便宜，凡印年画全部都印卖。他们提出希望我们能够改得更好一些。我们接受了他们的意见，开始改画。

给画时遇到的问题：

1. 头要大。因为贴在炕上，在炕下往下看时能看清楚人的面貌。

2. 肥头大耳，表示生活富裕不喜欢瘦小的样子。

3. 眼睛要大、要睁开。眼睛是最重要的部分。如果远一点看不清楚眼睛，看不清楚眼皮和下眼皮两条线之间的黑眼仁，他们认为这样就是瞎子。不管画中的人物是向上看还是向下看，不要正面或最少也是七分脸，就是一定要每人的脸上都要能看见两只眼睛。侧面或背面的人物，他们说就是一个眼睛的人。就是他们要求的是完整性，不要残缺的东西。

经过说明大头大眼和不能一切人都是正面的，这是不正确不合理的，他们同意了部分但是眼睛还是要大一点，上下眼皮线要有，眼中要黑白分明，如果小了由于颜色粗糙，又有很多的牛胶在颜色里面，颜色水成清的糨糊状，因此容易把眼睛印得一团糟。眼不清楚就不容易卖出，这意见是完全对的，因为他们的生产工具和原料成本决定了他们的技术。

那我们把画面放大，人物画大一些，不是头也大了眼睛大了，又可以满足群众要求，又能配合印刷条件，而我们又能很写实地画了，这样能吗？在今天还不可能。

问题：改造内容和提高技巧的双重问题（普及与提高的问题）。

漾兮1953年筹备版画系笔记摘抄

——铜版画技法、木板水印技法

陈焰整理

铜版画技法

（编者按：这里摘录的是漾兮笔记里面关于铜版画技法和配方的记录。1953年，版画系筹备阶段，据洪世清先生回忆："对于铜版、石版这两种外来版画艺术，我们既无创作经验，更无教学经费。漾兮先生总是不顾疾病缠身，亲自和我反复实验，终于掌握了各种技法。有时为了实验一个配方，我们从晚上忙到东方破晓。"）

成分：两份土沥青胶、白蜡（用黄蜂蜡）；一份丹麦胶（西药房或颜料店）

步骤：先将蜡化开，加入磨细的胶，煎沸收，渐浅搅拌使匀，使其在十五分钟至二十分钟之间。等待其胶之松香脂发散后置于温水冲，用手捏成球形。先熬沥青，再加蜡、再乳香。

铜板腐蚀

强硝酸 7份 水 五份

中硝酸 1份 水 一份

弱硝酸 1份 水 三份

锌板腐蚀

硝酸 2份 水 7份

最深25分钟 中 15

铜版画必须工具及制作过程

1. 铜版或是锌版、钢针、烤板火台 、瓷盘。

硝酸、假漆、白垩、土沥青、手钳、纱布、汽油、油墨轴、洋蜡烛、油墨等，鹅毛，酒精（洗假漆，汽油洗土沥青）、切铜板刀（大量的）、大玻璃瓶（装硝酸用）、厚毯、铜蜡（厚毯上面要细的 以免压坏坯版面）。

2. 铜板打磨、木炭、擦铜油（电光牌）

先磨后擦，再用汽油擦，纱布擦干净，将铜板擦得像一面镜子一样光亮，用细软的纱布在上面轻轻拂过，没有一点灰尘。

3. 铜板放在烧版炉上烘得适当热度，铜版用钳子钳着烘，温热的，不能太热。后用土沥青以及蜡混合剂涂上，再用手油涂得很平均。

4. 让铜冷，再用洋蜡的烟熏（烟同土沥青混合有抗酸的作用），但土沥青更粘牢。一方面依靠它抵抗酸，另一方面在黑色的版上用铁笔刻画线条很清楚，熏到版面发光即可。

5. 钢针在铜板上刻画出优美的线条，防腐蚀层里的黑色即被画去。版面只留着不必要腐蚀的黑色部分。

6. 刻好的铜板背面以及四周边上也要涂假漆（用最浓的）以防酸腐蚀，使其不至于受损。

7. 涂假漆后放入硝酸水内腐蚀，经一分钟以后，刻画的线条经腐蚀而变化，腐蚀的线条由浅而深、由细而宽，有白沫上升时，用鸡毛拂去使得腐蚀平均。

8. 腐蚀完成，用冷水把铜版冲凉干后，再用汽油少许滴在铜板上把它洗得很清洁。随后的假漆也用汽油洗赶紧，这样印刷起来可以很平整。

9. 用油墨在铜板上涂平，线条深处要多涂一些，吸在刻画腐蚀过的地方。

10. 先用布将不必要的油墨擦掉，再用手指轻擦画面需要的黑，油墨多一些，次黑的少一些，光亮的地方可以用氢氟粉帮助擦光。

11. 付印时把铜版垫得很平整，将略湿的纸很平的铺在上面，铜版上下要铺垫毛毯使铜版受压后不至损坏。

12. 经机器压力后，油墨印在白纸上面，即成一幅完整的画。取时要轻轻拉下，以防损坏。

铜板与锌板用硝酸或亚硝酸腐蚀的比例情况（百分比）

铜板

1. 亚硝酸33 1/3，水66 2/3，

2. 盐酸 20，碳酸钾 3，水77

锌版

1. 硝酸25，水75

2. 盐酸（没有硝酸时可以用盐酸代替）10，碳酸钾 2，水88

画稿 4B铅笔 拷贝纸（透明纸）

又一腐蚀的方法

在铜版的四周粘上蜡，高于铜版面，然后把硝酸倒在铜版，两手捧着铜版摇动。那里要腐蚀深一些，就让硝酸在那里停留久一些。反之，哪里要浅一些就使硝酸流动快一些。

版面如果要用斑点纹，在蜡未干时 可以用砂撒在上面。腐蚀时，砂会自然去掉。或是用盐撒在上面（蜡未干时），等蜡干后，放水盐会自然溶化掉，放入硝酸腐蚀，则成斑点状。

飞尘法：用松香粉置于箱内，打风，粉上蜡，将版放入箱内下端支架上，关好箱门让飞尘慢慢坠下，版面上微微的一层松香粉铺满了。取出，用火烤，使得粉结成小粒，然后腐蚀则成。

普通蜡纸，加羊脂，涂于版上。

铁氯水1斤 加水2斤、铜板蜡、沾香粉，土沥青和蜂蜡用酒精灯熔化后加松香

生沥青：黏性；蜂蜡：隔离腐蚀；松香粉：凝固；铁氯水：腐蚀铜板，代替硝酸

数量：一斤铁氯水、两斤水

土沥青、蜂膜相混在酒精灯口融化。

数量：加入松香彩，摇匀，切勿让其凝结成块，务必要使之溶入土玄青和蜂膜之液体内。

此三种所造成之物可代替铜板蜡。

凡立水（即洋干漆），用以护让铜版背面免于腐蚀，但不能代替铜板蜡，因其性碎，不能用铜针刻画。

酒精灯 、烧杯 、瓷盒或瓦盒（不能用洋磁盒，以免有像伤口被腐蚀了磁里的洋铁）。

蜡烛，熏铜版用。

木板水印技法

马莲制作：

笋皮上先放一马粪纸板，再放上丝绳饼，再在绳饼上放一马粪纸板，将笋皮像包包子一样包起来，再将笋皮纸两端扭转紧时，两端相连则成。

木板水印技法

1. 用纸稍湿，看气候变化决定。

2. 先印轮廓线后印色。

3. 色彩要厚，可印两次或三次。

4. 色印开，是颜色中加水多一点，要它不印开，是颜色加浓。

5. 藤黄绝不能用热水调，热水不能使其化开，反而使其结成小粒。

6. 纸不能全面湿，最好的方法是木板上用净水先印一次，然后用色再印。

7. 条形棕刷在纸上擦时，能感到有些不活动时，可以擦少许的香油。

8. 刷色时最好这样：转动，不可上下或左右刷，以免颜色积在凹线内。

9. 一种色彩内要分浓淡，先刷上淡色，再用笔调上浓色画上去，再用另一干净的棕色刷在上面轻刷两下，使其浓淡色相结合，再印。

如印精细的东西，木板印上两三次就必须把板擦一次，以免颜色填满了板上刻得细致的地方。

套色板在某种情况下可利用木纹或未刨光的板面，印出来有另一种味道。

张漾兮1954年对版画系建设的构想

陈焰整理

两年内干部培训计划

一、能掌握创作方法，独立进行创作教学工作。

具体措施：

1. 教员无课时间在两周以上者，都要到生活中去，体验生活，收集材料，进行创作。

2. 培养教员研究文艺理论的兴趣，把理论体现在作品中，在教学上。

二、每一教员在业务上能掌握两种专业技法，能担任两种专业技法的教学工作。

具体措施：1. 尽一切可能条件争取短期学习的机会；2. 平时互助互学。

三、加强马列主义学习，以体现在创作和教学工作上为第一要求。

两年内干部发展计划

正副系主任 一人　　教研组主任正副二人

系秘书一人　　系干事二人

石版画教员二人　　铜版画教员三人

木刻教员四人　　彩墨教员二人

水彩教员一人　　素描教员四人

助教三人　　技工二人

人数配备是保证师资水平提高的条件之一，也是十二年规划的基础。

现有教员发展方向

张怀江：木刻、铜版教员

丁正献：素描、木刻教员

赵宗藻：木刻、铜版教员

邓野：木刻、速写教员

曹剑锋：铜版、白描教员

夏子颐：木刻、水印教员

洪世清：水墨、铜版、木刻教员

林康华：石版、速写教员

张漾兮：木刻、铜版教员

张奠宇：铜版、石版教员

教师创作进修

1. 向民族形式的道路发展。

2. 培养自己的风格和创造性。

3. 反对说明性图解，加强艺术感染力，艺术政治的结合。

4. 刻画人物个性，是作品的思想的表现方法。

5. 抒情要抒人民之情。

6. 扩大题材范围。

7. 作创作心得，以助教学。

基本进修练习

1. 进行掌握画面大关系的锻炼。

2. 克服自然主义倾向。

3. 加强速写。

版画系成立以前的情况

陈焰整理

一、1953年以前，一切版画家几乎没有一个不放下木刻刀，转向其他画种去学习。我院有七八位木刻家也一样。而学生已到了不知版画是何物的情况。要办版画系就有以下一系列的困难：

1. 我院无人愿干，只有我同夏子颐，但也经过长期的思想斗争。

2. 没有一个人有版画的教学经验，特别是正规的教学。

3. 毫无群众基础。青年学生都醉心于油画学习，看不起版画，说是不能做大场面的创作，是小品，色彩不丰富，刻起来又麻烦，没有出路。素描基础差的才学版画，好的去学油画。没出息的去学版画。分系的时候，四十九个学生中只有一个是人第一志愿学习版画，有两个是第三志愿，其他就没有了。经过党团的动员，党团员及进步学生在思想上解决了向题，但也还有个别学生长期不能解决思想问题，已经分系半年了，他还不想买木刻刀。都说师资少、经验少、参考资料少。还有青年干部因怕分到版画系搞铜版画，连自己常爱的钢笔画速写都不画了。

4. 版画系分三种版画，但是有会刻木刻的干部，无人会铜版和石版，如开课，无教员。

5. 无一样设备。但铜版石版都必须用机器来印，铜版机没有卖的。

总的来说，虽有财力，但缺乏人力物力。

但有党的支持鼓励，使我的信心和勇气大增，我深信有党的领导，无不能克服的困难。我想起党在井冈山革命的精神，用这精神来鼓舞自己成立版画系。

二、要办版画系，首先是干部问题，外面找，不易。只有自己培养青年干部，我们培养的办法：

1. 先制定系的教学内容，根据内容要求来培养。

2. 掌握干部的性格，把他们各方面的兴趣，都引导到版画方面来。

3. 随时检查他们的学习情况，帮助他们克服困难，使他们不在困难面前丧失信心。

4. 自己决不表现出有一点动摇、失望，或者感到困难的情况，以免影响青年的思想。但不是作假，而是自己先在思想认识上解决问题。

5. 不摆架子，使青年乐于与你亲近，他亲近你，他就会受你的这种精神感染，在亲近中进行帮助，使他从思想上感情上都能接受你对他的帮助。

6. 在青年干部中贯彻批评与自我批评的精神。对自己的缺点，不替自己辩护，自我批评，提高了自己，也帮助了他人。

1954—1955年

教学存在问题摘抄（1956）

陈焰整理

一、三年级套色木刻教学问题

没有作详细计划，因此不能如期完成。

原因：

1. 既无教学经验，又不仔细计划和充分备课。

2. 开课前未做好一切材料的准备工作。

3. 不切合实际的教学要求。

4. 不及时检查同学学习方法的错误。

5. 教研组领导放松备课工作。

二、彩墨画课临摹与写生的比重问题：

现在二年级的临摹写生课是各占一半，同学认为临摹多了。我自己的看法，是从实际出发的。

1. 版画系不比彩墨画系的彩墨课多，版画系五年（学习）中只有很少时间的彩墨画课，在短时间内要掌握技法，不是写生能做到的，但目前又无其他更好的教学方法使同学很快掌握技法，故只有临摹。

2. 写生的时间，以后很多。只要掌握了方法，就可以自己独立在写生中研究、提高。

3. 我们掌握彩墨画的方法，目的不在画彩墨画，而是想把它改变发展地用在版画中，所以我们学习的是彩墨法，而不是彩墨写生。

教学方法

一、改进教学方法

1. 教学必须了解学生实际情况和学习心理，不能用一套死的方法进行。

例如：学生创作上存在政治口号的概念化的情况，就必须去分析他学习的心理，为什么会那样创作。

2. 在学生实习课进行中去发现问题，比在学生画完后在作品上去找问题更能有效地改进教学方法。

3. 学生学习纸版画，必须有一定的钢笔画基础，现在的一年级纸版画就是证明，他们不懂得线的组织和黑白对比的方法。现在的三年级学生在第二年时的情况就不同，他们有了钢笔画基础，因此在纸板上表现物体很丰富。

二、课程配备的理由

1. 学习木刻、铜版画和石版画三个画种，参照苏联的教学计划。

2. 发挥艺术效果，不受能力限制，如木刻不能充分表现的题材，可用铜版或石版表现。

3. 多掌握两种制版印刷技术，所花的时间不多，九周的专业课，三分之二时间可学会基本方法。除制版印刷时间之外，则是绘画技法学习，等于换工具学素描，实际上是素描锻炼。好的画家都是掌握几种工具和几种表现手法的，这并不妨碍深入。

4. 根据同学和我们自己的情况，只学一种不会满足，会画钢笔画的，看见铜版画，一定想搞，他会觉得他有搞铜版画的才能。素描好的人，一定想搞石版。

5. 根据目前客观情况，两三年内毕业的学生不可能做职业画家，必须分配工作。版画系毕业生的工作范围：一是出版社，二是各地美专的版画系和师范学院，三是群众艺术馆。到出版社和各地美专的可能性大，但这些地方有的是木刻家，缺的是铜版画和石版画干部，所缺干部主要是我们供给和他们自己培养。

6. 学了钢笔画，实际上已解决了铜版画的大部分问题，学习铜版画就很容易了，不难了。

7. 后一阶段钻研进去，对创作的帮助将会很大。

关于民族化问题

要体现出民族、民间、现代为主，教学大纲和教材都要体现。

民族形式也是可以推陈出新。

艺术方面要继续反对重洋轻中，也要反对保守主义。

要外为中用，古为今用。不要迷信，学习国外是为了超越他们。

要大搞民族、民间，现在还是洋多中少，专业设置还未做出来。

1. 民族化更要突出主题。

2. 民族化不硬搬。

3. 民族化要能反映现实。

木刻创作谈[1]

我学习木刻，是在1938年才开始的。[2]最初学习苏联木刻方法，同时也在凯绥·珂勒惠支的作品里受到一些影响。后来，看到了直接在党培养教育下的、遵循着毛主席的文艺方针而创作出来的延安的木刻作品，给我很大的启发，我开始学习毛主席《在延安文艺座谈会上的讲话》和鲁迅先生有关木刻的文章。大约有一年多的时间，没有动过刀，把全部精力用于生活速写和水墨画的学习上，并对年画、砖刻和一些书籍插图等进行了研究。此后，重新动起刀来，才使自己原有的风格逐渐发生了变化，譬如《人市》和《煤矿工人》等作品，就是这样创作出来的。

在《人市》以前的作品，对生活的观察理解是很不深入的，对题材的钻研也不够。创作《人市》这幅木刻时，前后曾酝酿了半年多时间，最后有一个多月，我经常到成都的两个人市去观察了解，才认识到这里并非如表面所看见的，为没有工作的劳动妇女介绍工作的场所，而是在暗地里买卖拐骗幼女，勾引贫苦老实的青年妇女，以家庭佣人或奶妈为名，使其落入圈套，受其侮辱。尤其是农村来的青年妇女，更难逃脱这吃人的虎口。《人市》这幅作品，就是为了揭露这人吃人的社会制度而创作的。

川西山区里，有许多设备非常落后，几乎完全是用原始方法来开采的煤矿。1945年我曾去这些地方生活了一个短时间，收集了一些素材，开始了《煤矿工人》的创作，到1948年才完成。这里所有的煤矿，没有任何医药卫生设备，更谈不到文娱活动，但是倒有不少鸦片烟馆，抽大烟可以赊账，在每月工资里扣还，于是，就把工人们的劳力和工资全部剥削干净。时间一长久，十之八九的工人，都染上了烟瘾，也背上了烟债。受债务所逼，就日夜为资本家出卖劳力。没有运输工具，就用人力从三四里深的地下层把煤拖着一步一步地爬出洞来。所谓牛马生活，在这里是确切不过的描述了。

这个题材，原计划是想刻一套八至十幅的组画，但一直没有时间进行，直到1947—1948年因受特务迫害，暂时避在乡下耕种菜园时，才刻出这么一张来。

《抢米》是1946年冒着危险收集得来的素材，也是1947年避居乡下时刻成的。在乡下将近一年的时间里，有时和农民谈谈我们党的土地改革政策，农民那种渴望解放的心情，给我很深的印象，我很想用木刻来表现四川农民这种向往的心情，直到1949年初，才酝酿出《我们自己的队伍来了》这幅木刻。当时并没有这样的实际场面，我是根据平时无数次生活观察中得来的，如农民迎接自己亲人归来，盼望得在家里已经坐卧不安，从门前待到村口，又登上高坡去瞭望远方，而突然看见亲人到来的那种说不完的高兴，借来构想了这幅农民渴望解放的情景。

1949年后，由于在学校担任着版画的教学工作，为了想使自己的作品与教学结合起来，作为教学示范，因此，经常在探索一些新的表现手法和更适合于内容的各种艺术形式。以便给年轻的同学们一些启发，所以，1949年以后的作品，例如：从《西湖风光》《牧歌》到《匈牙利陶器工人》《罗马尼亚农民》再到《送饭到田间》《运粮入社》等等，大体上都有其各不相同的表现形式和处理手法。但是，这些作品的探索方向是一致的，就是想在民族传统艺术的各方面去学习一些东西。由于传统艺术是那么的丰富，自然难以很快的全部理解它、消化它，因此，探索得不深不透，甚至还有错误的理解，这也是必然的。例如：《送饭到田间》这幅木刻，我是想学习民族传统的石刻、砖刻艺术的简练手法，不论在人物刻画方面或有关的环境和气候特征方面，都想力求简练而又能表现内容。我把最初草稿上描写田野的背景，表现春天的随风飘荡的垂柳和路边的嫩草野花，经过若干次考虑后，大胆去掉了，而用燕子给人带来春意，使人联想这是春耕季节。通过集体送饭而分别提着小饭篮的特点，来表现她们不是“单干户”，又不同于建设工地集体伙食的情况，而是农业生产合作社的形式，以轻松愉快的神态而又稳重的脚步，来表现她们怕把饭菜倒翻的谨慎心情，以及老太婆和孙儿送来她们忘记带上的胡琴和报纸，来体现农民在合作化后的新生活。这样处理，我不敢说就能更好地表现出它的主题内容，只是探求过程中的一次尝试。

1959年8月

原载《漾兮木刻选集》，上海人民美术出版社，1960年

注释

① 此文是张漾兮为其画册《漾兮木刻选集》（上海人民美术出版社，1960 年 6 月版）所撰之前言，集中讨论了他对于现代版画木刻的创作思想及表现手法、艺术追求等问题的思考。

② 张漾兮的木刻学习最早开始于 1928 年在四川美术专科学校学习时。1938 年，张漾兮开始公开发表木刻，故而将此年作为自己木刻生涯的发端。事实上，张漾兮一生都称在“学习木刻”，以此激励自己不断进步。

张漾兮教学、创作思想笔记摘抄

张鼓峰整理

目录

四、创作教学的四个根本环节

1. 生活感受。2. 创作构思。3. 画面构图。4. 神态刻画。

五、艺术风格 （1953）

1. 艺术的不同风格

风格不同的划分

近代中国画家风格之特点与缘起

2. 影响风格形成因素：

环境的关系，地理、气候的关系

历史发展的关系

3. 东、西方风格不同之处

远近——看的方式之不同

色彩：自然色彩与艺术色彩

明暗：符合心理与科学艺术

六、给新同学谈版画常识（1959）

1. 中国古代版画发展简史

2. 西欧古代版画

3. 中国近代的新兴木刻版画

4. 版画的特点

七、创作中的美学问题 （1958）

车尔雪夫斯基的美学

我们应该画什么和怎么画

八、教员的责任（1958）

一、从生活到创作如何才是深入生活？

（1955，三年级创作第一阶段记录）

1. 对有感受的事件必须研究分析它的本质是什么？ 发掘出它的本质，正确认识了它的政治教育意义，这就是对问题认识深入了。

2. 从人物的行动、表情，即是事物的态度研究分析他的思想感情、性格，正确地了解他的本质，就是深入了。

事件容易看见，容易听见，但是它的本质是不容易看见的，因此必须分析研究，因为本质的东西往往不直接反映出来，例如：耕牛不愿入社，他真正的思想是自私，不太信任合作社能搞好，如果访问他为什么不入社，他会借故回答说，牛现在有病，等我养好了它的病再入社。又例如：有同学想睡懒觉，早上不起床，你问他为什么不起来参加早操，他说我头痛，这些不直接反映本质的东西，又如何去研究分析？一方面是依靠自己的理论修养，另一方面就要深入了解人物的性格，你就能了解他早上不起床是懒惰，耕牛不入社是自私是不信任合作社，这是他思想的真面目，他的本质所在。 能做到这样就是深入了生活。

怎样反映生活？

这就要看作者的立场、观点、方法。是应该歌颂，还是应该批判，以作者的态度为定。如何反映？就是方法问题，有一个原则是作者必须指出发展方向。

如何收集题材?

1. 在不影响群众生产的情况下，可以自由画画。

2. 画画不要忽略创作题材的收集，时时都要记着工作、题材。

3. 要坚持日记工作，小组长有责任检查，也是自己汇报，并将想好的记录下来向队部推广介绍，检查时间在每次体验生活座谈会的前一天。检查与摘录的全部交队部。向领导汇报群众思想情况，情况不了解，不要轻易下结论。

4，群众喜欢你，不要无把握地乱说，主动找组长联系。小组长随时了解同学思想情况随时反映，及时解决。达到思想不波动、情绪不降低，而且上涨。各组组织通讯稿，组长在本组工作中取得的经验体会、缺点汇报作为通讯。

注意事项:

题材范围

不要去选择典型，与干部搞好关系； 一定要坚持记好日记，有计划地画速写。

日记的内容要求

分析事物的本质，人物的内心活动，自己的思想检查（例：自己的思想感受是否正确？群众的热情很高，我们却没有兴趣是什么原因等）。

速写要求

当场画，默画，画小构图，生活速写等。

从谈感受中了解，个别同学不重视体验生活、深入生活，大量画风景油画，大量画人像，在生活中无感受，谈不出东西，或者是东拼西凑，让大家提些意见。

有个别同学生活上的不习惯，或者见农民有一些落后的表现，因此就情绪波动不安，因此就看不出新的、进步的东西，这是不切实际的看法，对农民要求太高。

有的同学在生活中看见一点现象，不去深入了解、观察人物，自己假想、挖空心思，这不是现实主义的，不拿生活作基础。

对于以上这些，首先应纠正一个思想问题，这些理论其实早懂了，是老生常谈，不是新问题，是思想上不重视。实际上这种人是没有真弄懂。什么叫懂？理论知识在实践中运用、结合，再从实践中巩固提高理论知识。目前应该注意的问题是如何深入的问题。

怎样把感受酝酿成题材？

1. 首先我们应当考虑是一些什么具体的、形象的动作、表情、态度使我感动的，发生兴趣的，使我产生爱或者恨的，分析、深思，使形象在头脑里出现。

2. 分析这些感受是生活告诉我们一个什么问题，这些感受是不是健康的。

3. 发挥联想，把自己生活中的体会的那一些东西联系起来，使这些感受成为是有意义的题材联想以后再分析它的政治意义。

必须注意以下的问题：

1. 联想的是不是自己生活中体会到的。

2. 是不是形象。

3. 不依靠文字的，不使人误解的。

4. 需要一些什么人物，每一个人物的共性和个性是怎样的。

我们必须注意努力向这方面去观察和记录。尤其是个性，人物没有个性就没有生命，就不真实、不感人，就概念化。个性观察注意对比、分析、模仿。记录也必须是形象的，因为它反映在人们的行动中。态度上的细节，必须深思熟记时刻观察，把自己作为演员和导演去锻炼。

服装、道具、背景如何为主题服务，不仅必须真实具体，不假想，而且更主要是如何使用它们，不这样也是概念化。注意：它们的真实具体，只要写生就能解决，它们的使用就与观察人不能分离。

气氛情调是与人物的感情同时刺激观众眼睛的，必须注意它的感染力，而且是为主题服务的，因此我们对环境对大自然的观察必须加强，但不是要我们马上都去画风景，因为主要的还是人，如果创作上的风景比人画得好，这张画是失败的，同时气氛情调的问题解决起来易，人物难。

注意事项：

1. 反对没有生活的空想。

2. 要在工作中、群众中进行酝酿，要在自己已有的生活基础上构思题材，反对关门酝酿。反对只有政治内容而没有形象的题材，关门酝酿必然空想，而且没有新的收获。

3. 不要机械运用我谈的以上问题，那些都是同时并进的。

上述是酝酿题材阶段必须注意的问题，到收集题材阶段时再谈收集题材的问题。

讨论：通过深入生活来酝酿题材有什么好处？自己在酝酿题材时有什么问题？

下次题材讨论内容：

1. 要求有明确的主题思想。

2. 谈谈如何处理人物（只谈主要人物）。

3. 环境、时间。

4. 情调或气氛。

注意事项要求：

1. 写简单提纲；

2. 谈画面，不叙故事；

3. 要形象；

4. 作小草稿。

要达到以上要求，只有思想高度集中，有意识地从形象去观察。

收集素材应注意的问题：

1. 人物头像，完全根据创作上所需要的角度去找生活中所遇到的人来画，反对空想人物。

主要要求：神态。次要的是色彩、光线；再次的是体积感、质感。（原

因：在校内可以找参考，故事次要的）

收集方法：记清楚创作上所需要的角度去画，或者先在速写纸上记下所需要的角度，最好是一个模特画两三张头像（角度稍有不同）。

要求自觉地发挥互助，帮助画，或者交换速写。

2.动态全身速写，不要摆姿势。主要是记下农民的特殊动作姿态、服装式样、穿法、色彩。

只作记录，不需深入表现，回学校找模特，以免浪费时间，要深入表现。

3.背景道具，主要要求：情调、背景气氛统一的主调。道具要掌握质感、色彩（使用过的色彩变化）。回校后举行初稿和素材观摩。

创作构成：

1.记录生活中所见到的除琐事以外的现象，再研究现象的内容，即是本质——根据素材来孕育题材。记录素材是用两种方法，一是笔记，二是速写，笔记记素材的内容，速写记传达内容的形象。

（特别注意：没有正确的思想观点和阶级立场，就不能看出问题的本质，没有政治上的修养，就没有正确的观点，也就没有创作能力。）

2.孕育题材要明确题材在起一个什么作用，教育群众什么问题，在群众中能得到什么效果，有什么社会意义，这是题材的思想性；其次，再考虑怎样才能达到你预期的效果，如何充分表现这一内容，这就是作品的艺术性。

3.有了素材，经过孕育，明确了思想内容，计划好表现方法后再进行初稿制作，在初稿上首先要解决的是背景在画面上所占的地位，虽然背景是由作者创造的配合作品内容需要的典型环境，但是画的人物毕竟是由于环境来决定它的场面和人物配置的地位的。其次是布置人物，就是画面的组织性问题，在当中包含构图、透视、动作解剖等问题的处理，是在初稿阶段要解决的。画面的组织正如一个机构，有主脑及分支各部，上下要有联系，相互联系起着丰富内容的作用，上下联系可以帮助突出主题。

画面的组织性对主题的明确性有极大的关系，组织性不能离开内容而单独讲组织性，否则流于形式。

4.解决了以上问题后，再进一步追求每一个人物的形象、性格、表情。这是一张创作最重要的阶段，如果在初稿阶段不能很好解决，这张创作的成就绝不会大。解决的办法不是在初稿上去画，是用个别的肖像画来解决，要做到画面中人物都要为他画一幅肖像，但这些肖像不一定都是在初稿阶段收集的，应该是收集素材的时间就注意而且是有计划收集的。在初稿阶段的时候，把素材中的若干肖像集中起来，从中选择适合创作上需要的加以丰富使之典型化，并加工成创作需要的表情，要画的是这样的头像、手、足，与头像有同等的重要性，手、足也要像头像一样去处理。

5.当初稿达到了以上阶段的要求后，再去追求色彩与光线的处理，再进行一张正稿的制作。

素材收集应该有计划，不仅画人物，而且应该画一切与人有关的环境、道具、服装等等，这里的工具最好自己去体会一下使用方法，以免在创作中发生错误。收集素材的速写本上最好能分类编目，养成整理资料的习惯，使你丰富的零碎的速写成为画典。平时就要进行创作题材的酝酿。

关于插画问题：

文学作品插画的目的，也是做插画要达到的目的，使文学作品的精神、人物的性格、思想感情更加明显化，具体化，使读者对作品的领会更加明确、深入地印入读者的头脑里，永久不能忘却。不依赖文学来注解，而要能辅文学之不足。

插画的特点和要求：插画要有相对的独立性和必要的从属性。必须具备一般绘画的条件，同时必须服从文学原作，要做到文学原著的具体描写所不能代替的造型的鲜明性，又要和原著内容紧密结合，两者的关系是相互依存的。

掌握精神，抓住能阐明小说主题和便于使用绘画形象表现的情节，集中突出地表现它。

不能随便地抽出一些文字作肤浅的翻译，这就是可有可无的附属品。

插画作品对文学作品正与演员对剧本一样，是一种再创造的工作。插画作者必须体会文学作者的主题思想和文学作者的感情。

插画的表现方法

着重描写某些必须强调的现象，和不画某些出现于小说中的同一瞬间、同一场所之下的人物，忽略其他现象是容许的，也是必要的。

描写的人物要清晰明确，尤其是要动人。要吸引读者的感情，就必须是让这人物的形象成为不能忘却的、深深刻入脑子的形象。要具有概括性，能启发读者想象和联想的作用。

配合文学作用的强弱，是基于它的独立性之强弱。

取材力求精简，着重描写必须描写的现象，但不是孤立的、静止的、现象的片段记录，而应该是能启发联想，使读者联想到你省略掉的没有出现在画面上的其他，例如：茹可夫《真正的人》的插画，瓦尔瓦娜这人物从她的姿态表情和视线显示出的精神状态，能突破画面的限制，可使人联想到未出现在画面上的受了伤的英雄躺在那里，她忧郁地悲哀地注视着、守护着他。

二、创作杂记：艺术工作者的观察方法（1953）

1. 如何观察

我国造型艺术家传统的观察方法，元人王绎说："彼方叫嚣谈话之间，本真性情发见，我则静而求之，默识于心，闭目如在目前，放笔如在笔底。"这就是说，要在生活中形象地观察本真性情——内在思想感情。

要冷静地观察，找出对象的形象特征，牢牢深记，则能达到"闭目如在目前"，要经常如此才能达到默写形象的能力。也要经常练笔，反过来又使眼睛更加锐敏，脑子记忆更深，久之就可以做到要画什么就有什么。

观察什么？"形"与"神"。

"形"是结构。包括骨骼、肌肉生长规律、运动规律，以及几何形体及其相互关系。

"神"是人物的精神面貌、人物的思想感情和性格特征。

要运用自如地掌握形，就必须十分熟悉其结构，不了解结构变化，永远谈不上掌握形。

要传神就必须描写其思想感情，而且又是通过性格表达出来的思想感情。无思想感情的表现就谈不到传神。

宋人陈郁说：盖写其形，必传其神，传其神必写其心。否则君子小人貌同心异，形虽似何益。就是说，两者必须紧密结合，否则不能成为佳作。

形是结构的具体表现，形的运动变化又是神的具体体现。

观察对象，要善于对比。

对象是千变万化的，没有完全相同的人。对待同一事物的态度，也没有完全相同的表达。

感情。若要明显地区别它，就必须善于对比地去观察，不同阶级的对比，不同生活的对比，不同年龄的对比等等。

处理题材、表现内容问题

造型艺术的处理题材，不同于文学的处理。一张画面上是不能画出包含许多内容的，或者这一内容的前前后后的一切。它只能也应该紧密结合题材的某一环节来处理一切人物活动和有关环境，达到以此环节的内容来显示其发展。

一幅画要起各方面的教育作用是做不到的，而且往往使作品主题思想模糊甚至歪曲。

处理题材的构思过程中就要注意，一切都必须是为主题内容的 这一环节服务，不论是直接或间接的服务。

处理题材时就必须考虑到寓实于虚，寓直于曲，寓繁于简，寓大于小的艺术处理。

如何创造典型

对客观事物的艺术概括，同时又必须是作者主观感受的具体表现。

三、创作教学问题的几个要点

1. 教学时很重要的一个步骤，就是善于指导学生要细心地、深入地注视我们的周围世界。因为青年学生由于对生活的经验很不够，对生活的认识水平较低，对很多看来平淡而含有深刻意义的生活事实和个别事件，往往都忽略过去，没有加以思考和重视。我们给他启发、解释和说明，引起他的审美兴趣，培养他的感觉及形象感受。

2. “触目纵横千万朵，赏心只有三两枝”这两句古诗说明了中国画构图的特点，也是对素材的提炼、取舍。“赏心”二字包含的内容是很广的。

3. 中国画家在自然界中观察，在生活中观察是讲“捉”形、“捉”神。“捉”是很重要的方法，青年画家要注意锻炼，要善于“捉”神，才能在作品中传神。“神”又是由形而捉来，就是以形捉神。以形写神之形。

捉形较易，捉神较难。神的表达主要在面部和手的运动变化上，以及身体的动态变化上。面部和手的运动变化是极其复杂的，必须细细观察，牢牢掌握它。

传神的主要部分要注意，但与此相关联的次要部分也要注意，没有次要部分的配合，它就不能显得生气勃勃，甚至达不到传神的目的。在有些情况下，次要部分也会与主要部分一样重要，或者成为主要部分。

4. 漫谈生活感受，是帮助学生整理素材、酝酿题材的有效的教学方法之一。

由于学生的认识水平有限，往往对生活有了感受但不认识其意义，轻轻放了过去。有的学生因为阶级感情不同，他感兴趣的并不是劳动人民所感兴趣的。还有一种是视而不见，遇到很有意义的事件或人物或风景，他毫不注意。还有一种，先自己准备了一个政治内容，拿它去套生活。不是十分勉强的结合，就是不能感动人，等等这些情况，通过漫谈生活感受，实可以发现出来，有的纠正思想，有的培养感受，有的提高内容，有的继续深入。

方法是个别交谈，小组漫谈。教师要掌握所有学生的思想，才便于启发引导。

5. 酝酿题材和处理题材的过程中，要进行收集一切有关的人物形象、道具和背景。要有计划地进行，否则以后会遇到素材不够使用的困难，这类素材要把它的结构画得很具体，便于灵活使用。要掌握特征，不要失掉特殊性、地方性。有一些物体如风景的情调，山树的姿态，切不可失掉气韵精神。

要帮助青年学生检查他所收集的素材，是否有不妥或不足的素材。收集人物形象要注意多画各样不同的正侧背面，不可只画一些正面形象。

6. 构图时，第一是要突出主题内容，画面的一切处理都为了这一中心内容，切不可从形式出发，形式是为了突出主题内容。检查的方法：一是看画面，一是作者谈构思，以后者为最重要。

第二是人物关系要多注意内在的联系，避免形式的联系。

第三，人物刻画从大体动态入手，动态确定后才进一步刻画细部，防止颠倒的做法。

第四，一切人物形象的感人的因素，也就是典型形象的因素，要以一个具体的真实的形象作依据。

第五，从在纸上打稿到转画到版上是一个很重要的生死关头，往往产生：纸稿人物刻画得深刻生动，转画到版上时，失去了深刻生动之处。

这一阶段时要不断强调，检查，修改。

如何才能不失去深刻生动之处？

要明确认识人物思想感情具体显现在形象上的形的变化的微妙之处和生动之处。要培养“捉”形、“捉”神的能力。

7. 正式刻版时，刻以前要留有冷静考虑时间。严格寻找毛病，意在刀先。落刀宜慢不宜快，且要留有余地。

8. 从观察到表现都是由此及彼，由表及里，由局部到全面的过程，不论是观察生活，速写、处理题材、人物动态，以至一点一线都是如此。

四、创作教学的四个根本环节

1. 生活感受；2. 创作构思；3. 画面构图；4. 神态刻画。

教师掌握这四个环节并注意各环节所联系的各个问题，就能够有把握地提高学生原有水平。

五、艺术风格（1953）

凡艺术品，必有不同的风格，无风格或同风格就不是艺术品。

风格有大不同、小不同。如欧、亚有两大系统，各有不同。如相同，则无意义。

东方有中国的、有印度的、日本的，各有不同，又都是东方风格。

而中国又还有南、北宗，有各派别、各作家的风格。

近代的齐白石风格最突出，齐地位高，高在特殊风格。

如学“八大”，学像虽好，但无风格即无成就。如一派，但也有各个不同的面貌。如上海派任伯年，是前（海派），吴昌硕是后上海派，王一亭、陈师曾、齐白石都是学吴昌硕，但他们都各有面貌。

“我欲九厚为走狗，三家门下转轮来”。三家：“八大”、青藤、吴昌硕。

“愿为青藤门下走狗”，是郑板桥的印文。“青藤”，徐文长。

要学前人，又要创造，这是学艺术的原则。

学人家，半年可像，仅得其皮毛。创一风格，非辛苦半世不可！

风格不同，就是要形式不同、趣味不同，独创一派，至古皆然。

西洋红，从吴昌硕起才用。西洋红，红得很厚，好像墨汁，墨汁即古厚，吴昌硕之特点，因此他的色彩古厚；吴刻图章很好，是后浙派的领袖，他多研究金石、古铜器，因此在画上色彩颇具古旧气。用笔用色浓，有重量；任伯年无重量，他轻；齐白石有吴此特点。吴布局讲气势，如画藤。

清高其佩，皇族，喜画画，基础工夫很好。古画很古，他临古画很多，想创，创不出。因临太多，永远向别人之作。后做一梦，见一间屋子有很多古画，想临，只有水，无笔墨。临后觉很好，醒后知是梦。再用指画，其派成。（指画是高创造。）

工具不同，用墨用水也不同，因之风格由此生起。 指（画）的困难很多，用起来不自由，但高。宁不自由，而独创其风格。

风格的不同因素：

1. 环境的关系，地理、气候的关系。（如印度的画，天气热，衣薄，鸟树皆多）

画画的人，是画天地间的形象和色彩。

2. 历史发展的关系

古代就有毛笔，用之书写。西洋用笔是扁的，中国的笔是圆的，因油与水不同，工具不同。中国人先画板壁，后画帛绢，后画纸张。西洋人先画墙壁，后画木版，再画亚麻布。

欧洲文艺复兴前不注意透视、解剖及色彩的科学基础。

中国画家以水墨为上，因此要单纯。

风格，必须继承祖先的传统技法，（外来的）影响是横（向）的影响。民族性格有关系，个人性格有关系，地区也与性格有关系。

风格形成，要掌握了技巧，才能发展风格，不能一开始就求风格。

3. 东、西方风格不同之处何在?

中国画的特点：以少胜多。

不同之处：远近、色彩、明暗

（1）中国画家凭视觉画，看不同角度的一切。用两只眼睛看，交点不一，是错觉。水平线是假定的，而不是事实。中国画家是动得看对象，而也用西洋透视。

艺术有艺术的科学，符合人心理的要求。中国画透视有横、竖，平透视与高透视合用。

艺术的科学与科学的科学不同。

（2）色彩：自然色彩与艺术色彩。自然的色彩是素材，色彩要配，利用高对比，对比主题明确。

概括，注意力有限度，照相机是照着的注意。中国艺术是根据人的视力的，是概括。

（3）明暗：中国画房内千千万万不要暗，是要看清楚，符合人要求的规律。

六、给新同学谈版画常识（1959）

（一）中国古代版画发展简史

六世纪的隋代开始有了版画，随印刷术而产生，用于历书、佛像者多。敦煌晚唐佛画已是优美的版画艺术，被帝国主义盗去很多。

12世纪宋代，多用于书籍插画，广泛流行，成为人民生活不可少的东西。直至13世纪，木刻画就进入了成熟时期。14世纪到17世纪的明代木刻，是发展最盛的时期。书籍插画、独幅册页、民间年画，蓬勃发展起来。水印技术高度发展的“十竹斋”就是这时期产生的，现在的“荣宝斋”就是继承了它的传统。

当时的木刻作风，有江苏“金陵派”、福建“建安派”、安徽“新安派”，以“新安派”刻工最精，作品最多。有名的水浒木刻插图技术就是这时产生的。

18、19世纪的清代，继承了这传统，发展了水印木刻插画和民间年画。古代木刻的特点：1. 一直是在人民中成长发展，为人民所创造；2. 表现人民热烈奔放的健康感情，色彩鲜明，线条健劲有加，肯定、朴实、生动，为人民所喜爱。没有统治阶级的色情、糜烂、忧愁等不健康的情调；3. 画家和木刻家合作。大画家陈老莲作水浒插图，改琦、李鞠济、王小某、朱友如等名画家作红楼梦插图；4. 木刻版画不仅在国内发展，对欧洲的影响也很大，欧洲木刻之产生，是中国传入。中国的木刻版画是世界木刻的老祖宗。

（二）西欧古代版画

最先的版画是木刻，插画、宗教画，用刻版印刷。12世纪始，是中国宋朝时期，刻版印刷术与中国的罗盘、火药同时传入欧洲。欧洲农村至今还有木刻宗教画流传下来，后来产生了铜版画和石版画。

16世纪德国画家丢勒用木刻创作了大量作品。文艺复兴时期意大利画家达·芬奇用铜版创作。17世纪荷兰大画家伦勃朗一生的作品，除素描外，有三分之一是铜版画（油画和铜版画近千幅）。铜版，大多是晚期作品，是伦勃朗最成熟时期创作的。18、19世纪的西班牙大画家戈雅，也创作了大量的铜版画。法国的米勒也创作铜版风景。19世纪俄罗斯的希什金创作了有名的铜版风景画。俄罗斯大师列宾也用铜版作人像。法国的杜米挨、罗马尼亚的阿曼、德国的门采尔等人都从事铜版或石版创作。特别是19世纪后期到20世纪的德国女版画家凯绥·珂勒惠支，更是以毕生的精力专攻版画。她以版画作为反抗帝国主义统治的有力武器。

（三）中国近代的新兴木刻版画

1929年，鲁迅先生开始培育版画艺术，在上海举办木刻讲习会，请日本内山嘉吉讲课，他自己亲自做翻译，并编《苏联木刻集——引玉集》《土敏士》《铁流》的木刻插图集以及介绍珂勒惠支的木刻作品，并举行苏联版画展等活动。从这时起，便产生了中国新兴木刻版画。新兴木刻版画从一开始就是在党的领导下发展起来。它是当时反帝反封建反官僚资本主义的有力的斗争武器，它是直接在革命队伍中成长壮大起来的。

1933年春，在本校成立了“木铃木刻社”，上海也成立了“一八艺社”等几个团体。这些团体开展了与反动派的斗争，虽然不断受到敌人的迫害，但木刻版画仍不断地发展起来。

抗日战争时期，木刻版画在党的培养下，更进一步的大大发展起来，遵循着毛主席的文艺方针，创造了新的面貌，更紧密地结合着人民的生活和斗争，形成了民族风格，也更加为人民所喜爱。这种新的面貌从延安开始，很快就影响到全国各地。

抗日战争和解放战争期间，在全国各地都举行了多次木刻展览，在各进步报刊发表，还在苏联展览，其影响之大，是当时其他画种所不能相比的。

新中国成立十年中更是大大发展了，在各美术学院成立了版画系，在党的百花齐放的方针下，建立了铜版、石版专业。丰富了人民文化艺术生活，为祖国的社会主义建设和保卫世界和平创作了不少的优秀作品。

（四）版画的特点

中国古代的名画家、欧洲近代的名画家为什么要从事版画创作？鲁迅先生为什么要大力提倡版画？党为什么要如此重视版画，建立了很多版画系，大力培养青年版画工作者，兄弟国家为什么都办有版画系？正因为它有其特点：

1. 长远的历史传统和广大的群众基础。它从群众中生长起来，为群众所喜闻乐见，它的形式最富群众性、普及性，它的内容是最有人民性、战斗性。

2. 它的风格不仅完全有别于其他画种，而它本身的风格也是丰富多彩，百花齐放，有各自独特的艺术趣味。

3. 世界各国的印刷品，最精的也不能做到完全与原作相同，或多或少的失去原作面貌。因此爱好美术的收藏家、欣赏家就越来越要求能购得原作。其他画种只有一张，不能满足人们的欲望，而版画就是能有多数原作产生的最独特的艺术。在这一点上，它居于首位。中外历史上的画家同时从事版画创作的原因就是为了满足广大人民的需求。现在，我们社会主义国家人民对文化艺术要求不断提高，也就要求版画艺术更加繁荣，所以党建立了版画系，大量培养版画专业人才。

七、创作中的美学问题（1958）

一百年前，车尔尼雪夫斯基写了一本美学的书。……车尔尼雪夫斯基的看法：认为生活是最美的。他证明一点，美是在真正的生活里面。艺术为劳动人民服务。艺术应描写受苦的人民。

他的理论产生了巡回画派。列宾的很多作品，苏里可夫的很多作品（他们就找到了那些美），就体现了车尔尼雪夫斯基的美学观点。

我们今天如何对待美？例如这些花鸟是不是美？是生活的美吗？是的。但是我们是不是就限于这些呢？不对。我们要描绘劳动人民。如只在花鸟中找美，就片面了。

人的美，不仅是在眼睛鼻子相貌身材等等，要在平凡的人中去找他们精神上的美。

艺术要号召人民去斗争，这是人最美的状态。这不是说我们就不画风景，但风景有不同。西湖很美，可画，但光画风景就不够了。还应到运河去看它的美，不仅是水天的美。那里有人民在撑船，应让同学去看，去描绘，要找到我们今天的美的东西。人的美不光在古代女神的美那一点。

美，在创造生活的人那里。

找美要找生动的美，不要光找漂亮的风景或脸。

我们应该画什么？——画各个时期的英雄人物，这是我们的责任。

……

茹可夫画劳动英雄时就说过，英雄最美的时候是在他工作的时候。母亲的美，是在她与孩子在一起的时候。

至于我们如何来表现这些美呢？契斯恰可夫认为“要准，要生动”，不是把什么东西都画出来。他说，画一样东西，不仅把你知道的画出来，你要把观众的注意力吸引住，就要表现出人的情绪，要画出活的感觉，更要画出你的智慧。

……

每天要画速写，或默画，或想象画。

素描习作的目的，就是作人体的研究，在人体研究的基础上进一步研究人的精神面貌，没有打好这一重要的基础功夫，就谈不上刻画人物的精神面貌，或者就是虚有其表。

打素描基础的步骤，必须是由表及里的方法，通过表皮看到里面的肌肉和骨骼。

首先要把几何形和几何体的研究打下根基，进一步就是作人体的解剖分析，把解剖学上的知识拿在人体习作上来灵活运用。注意：是灵活运用，以及外部形状。

人物的精神面貌，是通过结构的运动变化来表达的。我们理解掌握了人物的结构及运动变化的规律，才能正确而生动地表达精神。

博巴说的“素描是从看不见的东西开始，而以看见的东西结束”，这样是为了“不机械地模仿形状和外貌”是同样的道理。

典型人物是个有鲜明性格的人物，反映出社会生活的某种本质和规律。

八、教员的责任

教员的责任，每一课开始前必须讲明目的和任务，一定要交代清楚。了解学生要像了解自己的手指一样。

素描课，按下列顺序：先把对象安排在纸上，大的形、明暗、动态画下来。有的同学没有将构图安排好，大的明暗也未画就开始画细部，例如有这只眼比那只眼低一厘米的情况，时间都快完了还不知道。在打形阶段要多花些时间，感到正确后再进入第二阶段，画细部时仍然要注意大的结构。在画第二阶段时，要分析对象，他的形体、气质、特点，整个过程都离不开解剖结构的检查。给学生安排作业，要掌握先易后难的原则，这很重要。例如：先画睡在那里的，透视很大，很难画，后画站立的，再后才画模特坐的，这就是搞颠倒了。

专业培养时要注意全面培养。教员教学生，不仅是教业务知识，还要教他们成为现实主义的画家，要以自己的道德、品质、政治素养做榜样来教。

油画最主要是长期作业，画前先画一小稿，色彩、比例、构图都确定了再在大幅上画，用色时要照顾到形，两者不能分开。

画头像一定要画到非常像，不仅是外形的像，而且要内心神态的像。要看出对象的内心世界，要启发同学如何去观察分析研究对象的心理。

一年级要掌握基本的东西，不仅能分出黑与白，更应分出白与白的区别，灰与灰的区别。高班更要区别更复杂的色彩，要强调顺序性、完整性。

……

美丽的风景不仅是山水的结构，而且它告诉人们一种“意境”。“意境”的构成，是作者通过对象的感受在头脑中的反映，并结合作者思想感情在内。要启发同学的“意境”意识，注意分析“意境”的属性，是幽静、激越、澎湃、壮丽、苍凉、辽阔、宏伟等等。

要重视版画的特点，不要搞成一般绘画一样。

在学习民族、民间传统下探索新颖的风格。

探索的方法，一个是必须与内容相结合，要更好地表现内容，否则就是形式主义。一个是借鉴古今中外的名著，参考其技巧，一个是作者自己的艺术修养及作品的思想性。

画英雄人物，注意美化他，结合他的事迹，将他放在工作中、群众中，根据作者的能力、感受，给以启发。

主题要酝酿明确，加工的目的才明确。哪里加工，加工什么，如何加工。

画稿子画到适可而止，不要急于求成，要留有余地来思考。

画速写人物动态的方法：一是重心，这是表现动和静的关键，重心稳则静，重心不稳则动。上身与两腿支撑点的变化，由此及彼，相互联系，决不能孤立看一点。画动态先定主要线（动态线），用长线、直线，然后默画次要线、短线、曲线；二是恰如其分地表现动态。这是思想、感情、神态的形象化。

连环性是版画艺术最主要和经常运用的原理之一，如组画、插画。版画接近于戏剧艺术和文学艺术。版画传播的广泛性与简易性使版画更具鼓励教育的力量，如书籍插图，儿童读物，报纸的讽刺画，街道的宣传画。

版画的艺术手法在反映现实生活中的作用是高度的简洁和概括。

版画系的创作，应以组画、插画、宣传画为主要形式。教员进修内容应有书籍装帧设计学。苏联美术学院版画系四、五年级进工作室，不是以工具分室，而是以画种分室，如宣传画工作室、插画工作室。

艺术工作者的使命和任务：

艺术工作者是用自己的作品来完成自己的使命，是用固定的形式去表现不固定的生活。普遍性的教育意义必须要有生活的具体性，什么人在什么情况下产生什么心理状态。

艺术仅反映政治，就会狭窄化。

人情味是符合实际的，人情是符合客观现实具体情况的，而且也包含了温情。

在过渡时期文艺的任务是什么？是满足人民的文化要求。这三年对文化是整顿、提高，而不是发展；是质量上的提高，而不是数量上的增加。我们学校要提高质量，首先是要提高业务。今后怎样加强业务学习？除课堂学习外，一定要加强速写练习，要多观察记录生活。

艺术的个性，首先要理解对象。要提高我们觉悟，共产主义的觉悟。创造形象的真实性，选择素材要选恰好能反映政治性的，素材选好，不一定画好。能不能选好素材，关键在于：一是对对象的热爱，二是观察能力，三是创作修养。理解与熟悉是分不开的，真正熟悉是必须要理解，真正的理解是必须要熟悉，真正的熟悉要有真实的感受。

要理解它，是一场斗争。

不仅理解它的状况，而且要理解它的实质，它们的精神状态。

又要广泛的题材，又要有意义，是不是矛盾？

有意义不在题材的大小，而在是否真有意义。

夸张不应该是盲目的，要根据客观对象，具体的特征。

选素材不仅是选适合美术创作表现的素材，更应该选择关键性的素材，而不要选择“过场戏”，关键性是接近解决问题的关键。

客观事物的本质是体现在多方面的，主题的深刻要打破素材的限制，对此要有深刻的认识。

人情味是符合客观事物状况的。人情味正是为了政治的要求。

艺术家追求的目标：

1.体现民主主义现实主义。

2. 有人民性、民族性，打破历史传统的幻想性与局限性。

3. 起推动社会前进的作用。

4. 用鼓舞人民的斗争信心来解决社会矛盾。

5. 善于从平凡生活中选择题材。

6. 真实性和完美性，爱憎分明。

7. 有多方面的创作才能，全面和直接反映自己所处的时代。

8. 艺术语言通俗易懂，通过外部表现内部，通过内部表现精神。懂心理学，有戏剧性。

9. 发挥自己特长，扩大创作题材，多画速写，多画草图，多研究。

民族形式也是可以推陈出新。

民歌改造了我们的画。

艺术方面要继续反对重洋轻中，也要反对保守主义。

要外为中用，古为今用。不要迷信，学习国外是为了超越他们。

要大搞民族、民间，现在还是洋多中少，专业设置还未做出来。

创作者首先要端正自己的思想

它（创作）的内容是由我们的思想来决定的。

我们应该是什么样的思想？是无产阶级工农群众的思想。

我们怎样才能变成无产阶级的思想？

向他们学习，了解他们的思想感情。首先是要接近他们，就是培养一种对他们的爱，不爱他们，就不能接近他们。例如嫌他们不讲清洁、不卫生，又认为他们无知识、愚笨。

他们是很有智慧的，如在革命战争中，很快学会使用新式武器，渡长江日子的巧妙选择，自行设计用稻草制作“救生圈”，为渡江船开挖小河，游击战时挖地道等等，都表现了他们的高度智慧。

改正了自己的思想，接近了他们，发现了他们是真正可爱的、美的。我们用艺术来表现他们，应该是把他们表现得很美、很可爱。这也就是掌握着本质的东西了，不是形式的、表面的，是现象的本质，而不是现象的外表。

有了正确的思想，才有一定的观点，才有正确的看法。

什么是创作?

客观事物经作者观察、体验、研究、分析之后，加上作者主观意识地反映其本质的东西。我们的创作是要有思想的，是要有一定内容的，是要有一定的阶级意识的，为什么?

我们为什么要创作? 作品拿来作什么用?

是拿来给人看的，是表现人民群众的东西，是教育人民的东西。它取材于人民，再回到人民中去。

创作这样的艺术品，是自然形态艺术的加工，是观念形态的艺术。

自然形态的艺术，是观念形态上的艺术的唯一源泉，但比观念形态的艺术更有其丰富生动的内容。但人民还是不满足自然形态而要求观念形态的，为什么呢? 虽是两者都美，因为加工的艺术比自然形态的艺术更有组织性、集中性，更典型、更理想，因此更有普遍性。

例如描写解放军，要描写其战斗、学习、集体生活的愉快，不能描写其无意义的个人生活琐事。

例如描写学生，要描写他们专心听讲、聚精会神的学习精神。

十、对教育改革的思考:

教改规划各家都要订，要体现教育为政治服务，教育与生产劳动相结合，对旧知识分子的改造，对新知识分子的培养，旧知识分子的思想情况搞清楚。

我们要坚持实践一理论一实践的公式，培养全面的劳动者。

专业分科是不是要那么细? 有些专业可考虑专修或选修，工农专修班要考虑工厂、农村的需要。

要体现出民族、民间为主，现代为主，教学大纲和教材都要体现；要一面创作一面画速写；要边教、边改、边写、边辩；要树立对立面，教师搞，学生也搞，支部领导、教师、学生三结合师生都要发挥主观能动性；要评比，主要依靠青年教师与老教师的左派。要跳出洋教条的框框，打破艺术上的神秘观点。

科研的目的是创造社会主义的、民族的新文化。不能草率从事，不能交卷了事，也不能定了不检查。负责同志要善于看动向，每一种工作都是有三种态度，一是赞成，二是反对，三是中间，要抓住对立面。

我们师生通过几次下乡、下厂、下部队，参加实际斗争生活后，不但转变了自己的立场、观点，提高了政治觉悟和思想认识，还丢弃了原先创作上的形式主义作风，走上了新现实主义的道路。

至于他们是如何丢弃形式主义坏作风的，除了前面所说的先从改造自身的思想意识入手外，在技巧上大家也都重新学起，学习肖像画，画生活中的人物、速写，背景、道具做到完全写实，从实际出发，不空想，不虚构，做到形式服从内容。

但是对旧的表现形式和技巧是不是完全丢掉呢？不是。旧的遗产中优良的，是要接收的，如何接收呢？ 我们是这样进行的：一方面从理论上去接收，一方面从实践中去提炼。理论上，我们在从事整理旧美术的工作，组织了中国绘画史研究小组，初步决定研究从汉至清的人物和人物画的沿革。

毛主席的方针在我们学校的具体实践是这样的：

学校是创作和教学的中心，教学中的一切都是环绕创作进行的，课目的选定都是从实际出发，从需要出发的，不需要的不虚设。理论课有美术史，是二、三年级的用马列主义的科学观重新编写的，这两种都还未全部编完，其他技法理论的色彩、透视、解剖等因无合适的教授和教材，我们便让各班级基本练习的教师在课堂上去解决。并且举行各种座谈会，师生共同讨论解决，效果很好。

……

要创作劳动人民喜爱的作品，作者必须与工人农民生活在一起，才能产生社会主义现实主义的作品。

教育者先受教育。1951年开始，艺术家与工农群众紧密联系，一年中有几个月与群众在一起，并参加劳动，群众帮助艺术家克服形式主义残余，艺术家则辅导帮助群众开展业余美术活动。

学校出现了教师积极主动有领导有计划地进行科研，大搞创作的热潮，配合当前的政治任务，满足广大人民群众精神生活的需要。

在浙江各地，开辟了广大的群众美术活动基地，有领导有组织地带领师生下乡、下厂参加劳动，为改造思想找到了最好的道路。同时，基本训练大大加强，教学质量全面提高，实现了理论与实践相结合，普及与提高相结合，课堂与现场相结合，达到了教书又教人的目的。

1952年绘画系创作的优缺点

缺点：

1. 只有题材，毫无生活气息。既无直接的生活，又无间接的生活，空洞、公式化、概念化、表面化。

2. 决定题材时，只考虑题材的政治内容，忽略是否能用形象表现出来，造型艺术不考虑如何形象化，必然遇到困难。

优点：

重视政治性、思想性。但远不是仅注意题材就够了，思想性的深刻化，是人与人的关系。人物的性格、表情、形象是很重要的。

注意：

一切人物的表情，应服从一个内容，表情不同是由于性格不同，或是所处的地位不同，如斗地主时的地主与群众，群众中的男女老少、强弱的不同，是要在同一个主题下进行比较的。

速写上普遍都有进步，知道了方法，如重心的把握，整体的观察，从衣服外去观察身体的运动、结构等。但还没有真正掌握，毛病是画时又忘了运用这些方法，机械地运用直线单线，因此不能深入，不够正确。为了是单线，错了也不改；画人物不画眼口鼻不好。

原载《刀锋民魂——张漾兮艺术研究文集》，中国美术学院出版社，2012年

四　研究

张漾兮先生的艺术创作道路

——1964年7月3日在张漾兮先生纪念会上的发言（节选）

舒传曦

“路是人走出来的”，这是鲁迅先生曾经说过的一句话，张漾兮先生在他1948年所刻的鲁迅像下面也刻上了这么一句话，一方面是为了描绘鲁迅先生敢于在黑暗的社会里，面对现实，冲锋陷阵，怒向刀丛，历尽艰苦，披荆斩棘，饱受风霜的百折不挠的革命精神；另一方面也是张先生用来勉励自己的座右铭。张先生的遗作展览会充分证明了：他的不很长的一生，首先是通过他的艺术活动，确实是本着鲁迅的精神，遵循着党的指引，在黑暗中冲出了一条道路。这是一条艰苦的、战斗的道路，甚至是一条抛头颅洒热血的危险道路，张漾兮先生的一生就是沿着这条道路走过来的。

漾兮先生和版画系教师合影（左一为洪世清、左二为马鹏、左四为舒传曦） 1961 年

1932年到1934年，张漾兮先生基本上在失业状态下度过。这时期由于深受压迫和失业的痛苦，加上接触了不少进步人士，也有不少地下党员，看了不少进步书籍（包括鲁迅的作品），对国民党反动本质逐步有了较深刻的认识，明确了革命的道路是应该起来和这种丑恶的社会进行斗争。

1937年抗日战争爆发，张先生与朋友们组织成立了“四川漫画社”，担任理事，举行了多次“抗战漫画木刻展”，并到四川各地展出，但于1939年后被迫停止活动。1939年参加了全国木刻界抗敌协会的四川分会以后，在各进步报纸担任漫画记者、画报编辑等工作，遭受到国民党反动派屡次多方面的迫害。

1945年8月，毛主席来到重庆，和国民党反动派进行谈判，张先生和很多同志一起又筹办了《自由画报》，趁10月国共会谈获得协议时，《自由画报》以拒绝登记、拒绝检查的姿态于10月10日（《双十协定》签字日）创刊。该刊从排字工人、雕字工人、记者到编辑都是义务劳动。创刊词上只有一句话“不自由，勿宁死”。刚一创刊立即遭到特务的威胁，强迫报贩拒绝贩卖，于是张先生和他的同志们亲自上街贩卖，得到了群众的热爱，销数不断增加，不少民主人士也在经济上予以支持。但是这种强烈的内容和在当时来讲非常“左”的行动深深地刺中了国民党反动派的痛处，被反动派视为眼中钉，采取许多措施对报刊进行封锁（迫使工友停止刻板，邮局扣报，报贩长期拒卖等），终于在1946年春天被迫停刊。

1947年因经济实在困难，朋友们为他筹办了一个美展，几乎被特务所捣毁。

5月31日，大逮捕没被抓牢，后来在乡下和一些同志组织起来，改变了各人的名字，换上了农民的服装，开了一个糖坊，种了几亩菜地，和农民们混在一起谈天喝茶，给农民讲时事和革命道理，做了不少农民的工作。

张先生虽然经历了国民党当局的屡次迫害，遇到了那么多的挫折和困难，但是仍然和同志们在一起坚定不移地和国民党反动派展开斗争，而且越战越坚强，即使后来被迫避居香港，也仍然继续战斗着。此时全国已面临解放，解放大军的攻势势如破竹，国民党反动军队节节败退。张先生在香港见此大好形势，不禁从内心里欢欣鼓舞，和同志们合作诗画，热情歌颂了中国共产党和人民解放军。

……

分配到杭州国立艺专工作后，1954年在党的文艺方针照耀下，在张先生和其他先生共同努力下，版画系成立了。从此以后，张先生就把他的毕生经历贡献在版画系的全部教学和培养青年教师的工作上，以及他的木刻创作上。一贯坚持不懈，直到生命的最后一刻。

张先生的艺术活动基本上是从1936年开始的，一生创作了大量精彩的政治讽刺画、木版画、插画、连环画、水墨画、水彩及速写等。可概括为三个时期。

一、1936—1948 年为前期

这一时期的作品的主要特征是紧紧地配合当时的政局，创造了大量的政治讽刺画，或钢笔、或毛笔、或木刻、芦管笔，每一刀每一笔都像一把尖锐的匕首，直刺敌人。从各个不同的角度深刻地揭露了当时国民党反动统治的黑暗，以辛辣的笔调和独特的构思讽刺了各式各样的官僚政客；另一方面也反映了人民群众，特别是下层市民和劳动者及城市无产者的困苦和愤怒。在艺术表现上，以深沉的笔调和阴郁的色彩反映了作者沉重的心情，表达了作者对受压迫人民的深厚同情，和对旧社会制度的无比愤恨，向整个社会提出了有力的控诉，成为受压迫的劳动者的代言人。因此，引起了国民党特务的极端仇视。为了躲避特务的迫害，张先生不断地更换笔名，有漾兮、国士、朝议、淘淘、果果（儿童名）、舟子等，坚持着战斗。

1. 素描

用笔稳重，画面十分严谨，朴实无华，在把握对象造型特征和精神面貌特征方面已经具有了很大的才能。在描绘时既不是皮毛而失貌地作自然主义地描绘，也不是从概念出发，主观主义。他所描写的都是生活中自己亲眼看到的，让他有了深刻的理解和在自己感情深处深深感动着的事物。如《沦为乞丐的留法学生》《洗衣妇》《饥饿中的母子》等。

2. 木刻

早期受着外来木刻的影响，自己的艺术语言还没有最终形成，还不够成熟，黑白处理及用刀上还欠概括，形象刻画上有的还显得粗糙。但是作为一个革命艺术工作者，所不可缺少的宝贵品质，即：鲜明的立场、强烈的爱憎。在处理题材和画面时，无限忠实于自己真实的感受，从不矫揉造作、弄虚作假。以及那种素朴的艺术语言，真诚的感情，已经在他前期作品里深深地扎下了根子，这为他以后的成就提供了良好的前提。作品如《日寇兽行》《丰收的果实》《抢米》《人市》《煤矿工人》《公教人员的妻儿》《四五年胜利消息》。后看到延安木刻和“延安文艺座谈会上的讲话”，作品逐渐有了很大的改变。

3. 政治讽刺画

可以说这一阶段张先生的创作主要精力是放在政治讽刺画上。因而，也是这时期他的成就最突出的部分。张先生的政治讽刺画有强烈的政治内容，鲜明的党性和倾向性，深刻而风趣的构思，生动的造型手法，不可否认都是当时一般漫画家无可比拟的。例：《抗战教育的实践》《日德意防共协定》《纸老虎的威风》《今日的国联》《敌人第八次抽新兵》《前方武装后方舞装》《无耻汉奸自满其容》《养兵千日用在一时》《希望放赈的过程不是这样》《你们要精诚团结抵御外侮》《大白脸故事》《八老爷行状》等。

二、1948—1954 年为中期

这一时期的重要特点在于不仅仅是反映人民困苦，暴露旧政权的黑暗，而且是号召人民起来进行直接的针锋相对的斗争；另一方面，也是主要的方面，以无限欢欣的心情迎接新社会制度的诞生，欢呼解放。

1. 木刻

在内容上已经是号召人民起来斗争，如1948年所作的《饥民》，不只是愤怒、控诉，而是组织起来、行动起来了的人民。当时面临解放，斗争已达到了顶点，从客观上真实地反映了当时的矛盾冲突，也是张先生战斗情绪达到高潮的时候。接着便是《我们的队伍来了！》，这是历史的转折点，也是张先生感情的转折点，从此以后他便怀着对党、对革命事业、对劳动人民、对祖国的山河、对新社会的一切的无限热爱，勤勤恳恳地从事着他后半生的劳动。从此以后，张先生的画面上不再出现以前那些饥饿的愤怒的人群了，取而代之的都是解放了的、站起来了的当家做主的劳动人民。他们虽然仍然是在劳动着，但是已经不再是为少数统治者卖命了，他们都在为集体、为整个社会而劳动着。

他受珂勒惠支影响较大，但已经孕育着自己的语言。1949年后为了探索用什么方法来表现今天的翻了身的劳动人民，张先生一直是在不断地努力。这段时期一方面极力摆脱了以前的外来影响，但又在一段时期受了苏联“多调子、多套色”的影响，曾经一度在画面上追求油画及水彩效果。但张先生很快就发现那是一条错误的道路，很快就纠正了这个偏向，把自己的注意力放到民族绘画和民间艺术上面去，逐渐吸收了不少的营养。

2. 素描和速写

这段时间素描作品不多，主要是出国期间的水墨画为主，这些作品比前期更加热情奔放、用笔洒脱、情绪开朗，笔墨有了新的变化，在把握人物性格特征上有着出色的成就。如《罗马尼亚老游击队队员》那饱经风霜战斗的一生，坚毅的个性，年龄虽老但是仍没有失去游击队队员应有的机智；《匈牙利老革命战士》，饱经革命斗争锻炼的老前辈，令人肃然起敬；《匈牙利老大爷》，风趣的性格。速写则是以描绘四川农民和“土改”干部形象为主，人物形象都很朴实生动，但作品不多。

3. 水彩

取材多为农村风景，色调细腻而严谨，但比过去已起了很大的变化，色调开始明朗爽快，反映了作者此时的心情。民间年画、劳动场景、劳动人民仍然是他喜爱的题材。这时期的作品如《天下第一军》《划呀，下江南》《解放》《彻底消灭光》《万民欢腾》《窑洞保卫战》《牧歌》《西湖风光》。

三、1954—1964 年为后期

经过长期的锻炼和几次的反复之后，张先生在艺术上步子走得更稳健了，在高度的思想内容和完美的艺术形式的结合方面，在探索版画民族化和群众化方面，达到了新的高峰，创作了一系列优秀的作品。

1. 木刻

作品《送饭到田间》热情拥护党在农村的社会主义路线，从侧面歌颂了集体化；艺术上高度地成熟，构思构图、人物刻画，几乎无懈可击。在学习汉刻、古为今用方面有一定的民族化的成就。

《朱总司令插图》《运粮入社》《武松打虎》《扫盲》……歌颂了“大跃进”、人民公社，歌颂了“三面红旗”。吸收了民间艺术，探索群众化、民族化。《采茶》《一年之计在于春》，受了民间年画的影响。1954年的水印木刻《新到的画报》是全国第一张水印木刻作品。《公社社员肖像》表现了大跃进时代农民的心情。《西泠桥》跳出了一般人描绘西湖淡雅的圈圈，以浓厚的笔墨刻绘了盛夏闷热的天气，大胆泼辣，甚至还可听见树上知了的叫声。《北京的声音》（原名《公社的傍晚》）、《抢救》是在生命最后的半个月完成的两幅作品。《抢救》歌颂了医务工作者，也刻画了他自己……很受感动。

2. 素描速写

后期以速写为主，身有重病，虽一再想深入生活，但不可能。作品《建筑工人》《扎葵扇的工人》表达了对劳动、普通劳动人民朴素的感情，对祖国山川的激动，桂林山川的喜爱与赞叹。线条精炼、苍劲、有力，把握形象的特征很精确、生动，概括而不概念。

3. 水彩

用笔泼辣大胆，色彩浓郁厚重、鲜明饱和，感情充沛，情趣爽朗、健康，充满了乐观主义气息，反映出对生活的爱，对自然的爱

从以上简单的叙述，特别是从这个展览会中可以看出张漾兮先生不仅是一个优秀的木刻家，还是一个优秀的讽刺漫画画家，并且在素描、速写、水彩上都显出了不一般的才能。可惜疾病夺去了他的生命，否则他还会对我们的社会主义文艺做出更大的贡献来的。

张漾兮先生的一生是战斗的一生，他充满了对阶级敌人，对腐朽的社会

制度和一切丑恶事物的深刻不满和无情的憎恨；受尽压迫和打击，甚至冒着生命危险，坚持斗争，既不趋炎附势，也不苟安妥协，真正算得上是一个硬骨头。同时对劳动人民和受压迫者怀着深厚的感情，为他们鸣不平，因为他自己也是和他们共命运同呼吸的。另一方面从内心里对中国共产党、人民的领袖、劳动人民，对新社会怀着深深的爱和无比的忠诚。在党的教育下不断地严格要求自己，克己奉公，努力地进行自我改造，由初期的自发到后期的自觉，阶级觉悟不断提高，终于光荣地加入到了中国共产党的行列。入党后更加勤勤恳恳，埋头苦干，听党的话，他自己曾说“要把自己完全改造成为健全的无产阶级革命的文艺工作者，只有全心全意接受党的教育和领导才有可能”。张先生不仅在自己创作上干劲十足，谦逊勤劳，充满热情地歌颂党和领袖、社会主义和劳动人民，作品继续着朴实无华深沉厚重的本色，在艺术上谦逊、诚恳、朴素，老老实实遵循着党指示的文艺方向，在民族化、群众化上花了巨大的劳动，做出了许多可贵的探索。几次到苏州桃花坞、山东潍坊去取经学习。同时在党的艺术教育事业上，也付出了辛勤的劳动，坚持教书又教人，既管校内也管校外，并且一贯坚持党的教育方针和文艺方针，对青年循循善诱，培养出了许多青年艺术工作者，不愧为教育界的一位良师，一个卓越的艺术教育家。

真情实感(一)

——读漾兮先生木刻作品

曹剑峰

漾兮先生从事木刻创作开始于1938年，到他去世的1964年，一共是26年。他是鲁迅先生倡导的新兴木刻运动中的一员脚踏实地的战士，他留下的许多优秀作品都浸透着劳动人民的思想感情，达到了真实性、思想性和艺术性的较完美的统一，是很值得我们版画工作者学习，借鉴的。漾兮先生十分谦逊，从不肯在同志面前谈自己过去如何在困难条件下坚持木刻创作的。在他卧病的日子里，版画系的同志们希望记录下先生宝贵的创作经验，指定我专门去医院向他请教。可是先生仍然很少谈自己，却问长问短地惦念着系里的同志们及教学工作和学生们的学习情况。经我再三要求，他才断断续续地回忆部分作品的创作经过、主题思想、构思、构图等。这里，根据他的谈话记录，结合我个人的体会，介绍他的几幅有代表性的作品。

《擦皮鞋的孩子》1945 年作于成都。画上描绘的是画家在日常生活中看到的情形，对两个出身截然不同的孩子境遇，作了讽刺性的揭露。作者十分自然地运用对比手法，刻画了一个正在给小少爷擦皮鞋的穷苦孩子。从他干瘦的背影和吃力的动作上，人们看到这孩子怎样在苦难中挣扎。无须再看他的面容，便会产生对孩子的深切同情。而对那个抱着娇娇公子的胖女人，则会十分厌恶。作者以简练的线条，略带夸张、变形的处理方法，刻画了一个肥胖的官太太。漾兮先生回忆：“为了塑造那个女人的形象，曾花了些脑筋。最后，利用生活中我比较讨厌的女人形象，以一位熟人的妻子作素材，但我一直没让他们知道。我观察了这个女人经常流露出的那种愚昧却又鄙视人的神情，就把这神情借用到我画的人物上来。”

他又说："我在形象处理上，有意识地夸张了她的额头和头发，令人一眼望去，便不舒服，通过她丑陋的外形，厌恶她更为丑陋的内心世界。"这幅作品不仅告诉我们生活中存在着不合理的社会现象，而且透过这日常见惯了的现象鞭挞了那个人压迫人、人剥削人的黑暗社会制度，连天真无邪的孩子们也逃不出那个罪恶社会的魔掌。

作者在成都复兴门目睹了1946年饥饿群众的一起抢米事件，他记忆最深的是：许多贫苦、饥饿的妇女的那种极度紧张、愤怒、恐惧的悲惨情绪。有的妇女来不及拿东西来盛米，就当场脱下身穿的长裤当布袋；有的老太婆在抢到米以后，由于过分紧张，连人带米倒在地上；有的孩子找不到自己的妈妈，夹在混乱的人群里，哭叫嘶喊；有的人被吓呆了……这一切给作者强烈的刺激。

当时他竟忘了那是十分危险的场合，冒着被反动政府逮捕、镇压的危险，目睹了事件发生的经过，并作了形象记录（画速写）。事后，国民党反动政府把地下党的一位负责同志诬陷为"事件的策划人"杀害了。1947年，先生避居农村期间刻成了木刻《抢米》。画面上跌跤的老太婆和扶着她的孩子就是生活的再现：刚刚抢到的一点米，又在混乱中打翻了。老人紧张而又伤心地呆住了，这瞬间的静止衬托着周围紧张的气氛。远处米店前已晃动着踢打人群的黑影，暗示一场血腥的镇压即将来临。画家那愤怒的刻刀，再一次为在饥饿中煎熬的苦难群众控诉！这沉痛的画面，记载了一页被压迫者的血泪史。

《我们自己的队伍来了》，这是漾兮先生创作上两个时期中承前启后的作品，他的这幅木刻创作的时期是1949年初，处在全国解放的前夕。当时他并没有经历过这样的场面，是他1947年居住乡间，有机会和农民谈到我们党的"土改"政策，贫苦农民那种渴望解放的心情，给他留下了很深刻的印象，启发他用木刻作品来表现这种对革命的向往。通过长期酝酿，直到1949年才创作成功。他平时观察到农民迎接亲人时，由于盼望的急切心情，在家坐卧不安，从家门到村口，从村口到上高坡瞭望，一旦见到亲人时的喜悦，就是借助了这些生活素材构思了创作。

一位在旧社会里被压迫得直不起腰的老农民，今天在灿烂的阳光下，第一次挺直了腰板。在他的笑容里，多少还残留着一点昨天悲惨生活的痕迹，那淳朴的感情被刻画得十分真实、亲切。

还记得1958年漾兮先生在创作《公社老社员》木刻肖像时，曾颇有感慨地对我说："1949年以来，每当我看到劳动人民发自内心的愉快表情时，总发现我所熟悉的那些脸上的皱纹，如今已不是反映内心痛苦的那种'苦难的皱纹'了，那旧的烙印，已随着内心的喜悦，渐渐变成了'愉快的皱纹''喜悦的皱纹'。"

的确，漾兮先生对劳动人民的感情是很深的，这真切、淳朴的感情来自他对劳动人民主动、热情的接近，深入的了解，尊重他们并和他们有着思想感情上的交流、共鸣。通过他长期的细心观察、体验，把积累的形象、感受加以提炼，一旦构思酝酿成熟，那些生动的形象就能呼之即出。

而最根本的是，这幅作品的主题——解放，是作者心灵深处存在着的，与劳动人民产生共鸣的愿望。这是作品获得成功的关键所在。

《送饭到田间》描绘的是农业合作化的初期。1954年的春天，漾兮先生带着学生在浙江农村深入生活，一个送饭的小姑娘引起了他的浓厚兴趣。当时集体送饭还不多见，先生就留意观察各家各户的妇女、孩子给田间劳动的亲人送饭的情形。然后通过一组妇女、小孩提着各种饭篮自由列队而行的构图，从侧面表现了集体化生产初期的特点。追赶而来的还有一个拿着报纸和胡琴的活泼小孩，通过这一形象，作者巧妙地表现了送到田间的还有精神"食粮"。最后面，还有一位笑眯眯的老太太跟出来，加重了生活的欢乐气氛。构图居中的地方那个回顾的男孩子的动态，不仅适合男孩子的性格特点，而且在章法上贯穿左右，自然地起着联系两组人物的作用。

漾兮先生十分重视学习民族、民间艺术传统，长期研究古代石刻艺术和各地的民间木板年画。在这幅作品中，他吸取石刻的艺术手法，在人物造型和环境的处理上，都力求简洁。最初的草稿上的背景是画着田野的，还有随风飘荡的垂柳和路边的嫩草、野花，经过反复推敲，后来都去掉了，而以两只飞燕概括了春意，更显其活跃，具有生命力。无疑，正值春耕时节。

《西泠桥》是张先生晚期木刻艺术上由写实走向写意的有代表性的佳作。该作创作于1960年，作者一改以往精雕细刻之风而为大刀阔斧之势。那强烈的黑白对比，浓郁的色彩处理与散点透视的构图安排，大有中国画斧劈山水的风格，又具有现代木刻的特色。据先生自己介绍：他是先在西泠桥上画宝石山，然后退到苏堤上去画西泠桥，把这两幅稿子综合到一幅画中。画面上大面积的黑块表现夏日浓密的树丛，那层毛边纸的底色，具有火辣辣的阳光感，似有灼热的气浪袭来，仿佛还伴着知了的鸣叫。表现西湖，很多画家爱画它的淡雅、恬静，而漾兮先生独辟蹊径，选择了炎夏的中午——这个很少有人反映的时候。他使用两厘米宽的平口刀，随心所欲地在木板上驰骋。以奔放的刀法，粗犷的木味来表现美丽多姿的西湖，是前所未有的。在套色方法上，更突破了传统技法惯例，将浓艳的重彩压印在预先印好的黑白主板上，为了增强覆盖力，他用了部分油画颜料。全部色彩都设计在一块套板上，用手指蘸了颜色逐块抹上去，一次印出；又以色彩的厚薄、虚实表现树丛的立体感和阳光感。在宝石山黑压压的底子上，部分压着群青或橘黄色块，生动地表现了透过云层投射在山顶的金色阳光。

漾兮先生多年来一直十分重视吸收民间艺术的养料，从研究福建民间灶马、神马等木板年画中学习它们在黑底或彩底作粉印的色彩技巧。然而，又不是生搬硬套，而是把“压色法”加以发挥，融合在版画艺术中。我们又感到《西泠桥》的色彩有些印象派绘画的特点，以各种鲜艳的色彩压印在大黑块面上：强烈、厚重、鲜明、沉着，有如一首交响乐曲。

我认为《西泠桥》标志着漾兮先生晚年在艺术上新的高度，他向木刻上的“大写意”阔步前进，取得了可喜的成果。

漾兮先生曾自述：“1949年后，由于在学校担任着版画教学工作，为了使自己的作品和教学结合起来，作为示范，所以经常探索一些新的表现手法和适合不同内容的各种艺术形式，以便给青年同学们一些启发。从《西湖风光》《牧歌》，到《匈牙利陶器工人》以及《罗马尼亚农民》《送饭到田间》《运粮入社》等等，都各有其不同的表现形式和处理手法。但是，探索的方向始终如一，就是想向民族艺术的各个方面去学习一些东西。然而传统艺术是那么的丰富，难以很快全面地理解它、消化它，因此探索得不深不透，甚至错误地领会也在所难免。”

1949年后，尤其是在版画系建立以后，漾兮先生对探索社会主义的、民族的版画艺术教学途径是充满信心和热情的。培养师资，研究专业教学体制，收集教学与创作研究资料，筹办各种版画机械设备等各项工作，占了他绝大部分时间和精力。可惜先生过早地离开了我们。凡是和他一起工作过的同志和受到他谆谆教导的学生，对他木刻创作的风格都有一个共同的看法，就是画如其人：

（一）漾兮先生从开始进行创作，就立身于劳动群众之中，与他们共呼吸、同命运。当他接触到党和毛主席的文艺思想之后，更坚定、自觉地紧紧握住鲁迅先生提倡的锋利的木刻刀，不惜冒生命危险，对准反动统治阶级的残暴势力猛烈开火，不倦地揭露、斗争。1949年后，则怀着满腔激情，从多面反映、歌颂劳动人民当家做主的新人新事新气象。他表现工农兵，他的作品是工农兵所需要所喜爱的。作为一位党的画家，他具有坚定的政治方向和明确的创作目的。

（二）先生为人诚恳、作风朴实，反映在他的作品上也是十分淳朴、扎实的，决无故弄玄虚、哗众取宠的东西。他叙写着自己的真实情感，往往以他那内在的朴素的美而耐人寻味。他很重视探索艺术的形式美，但从不脱离作品的生活内容去矫揉造作。

（三）长期以来，漾兮先生非常重视对民族，民间艺术的学习、研究，并不断地在自己的作品中探索、吸取传统的精华，逐步形成了他的具有浓厚的民族、民间色彩的艺术风格。同时，为我们后来学习版画的青年同志树立了很好的榜样。

原载《新美术》1983年第4期

想起了张漾兮先生

——为版画系五十周年而作

陈海燕

版画系建于1954年，张漾兮先生是第一任系主任。建系伊始，他不张扬，却坚定地提出了版画民族化的办学主张，同时，也遵循鲁迅先生“拿来主义”的教诲，希冀版画系的教学能保持一个开放的结构，成就有中国特色的版画教学事业。在当时的年代，有如此鲜明的态度，是难能可贵的。远见卓识往往是因为把握了事物的规律，所以张漾兮先生这沉着的一呼，为版画系定向导航，并传承了五十年，影响了四代人。

水印木刻，版画中的一个品种，这已成为今天的常识，可是在五十年前，人们还不知道水印到底是怎么回事。

出于对版画民族化的探求，张漾兮先生建系的第一个重大措施，就是派夏子颐先生（浙江早期木刻运动骨干，著名版画家）到北京荣宝斋学习传统水印复印技法。半年多时间里，夏老师技法学成，并复制出一套完整的水印设备，建起了水印工作室。

边干边学，教学相长。经过师生的共同努力，在很短的时间里便完成了传统水印到现代水印的初步转换。建系后第一届学生积极参与了现代水印的实践。吴家华的《春》在第七届世界青年联欢节上获三等奖，水印木刻第一次登上世界舞台，便得到了充分的肯定，为此，张先生深感欣慰，全体师生为之欢欣鼓舞。之后，水印成为主要课程和品种而纳入教学，进入展览，参与国内外美术交流。穷奔急流，高识远度，应该说，把传统水印改造、移植为现代水印木刻，并纳入高等美术教学的，张漾兮先生是第一人，版画系是中国现代水印木刻的发祥地之一。

版画系在20世纪50年代至60年代的发展稳健扎实，成绩是显著的。改革开放之后，赵宗藻、赵延年接任系领导，民族化的文脉在版画系绵延不绝。朱维明、邬继德的木刻粉印，俞启慧的木刻拓印，陈聿强的丝网水印，自80年代以来相继问世，直到新千年后，出现王超、张晓锋的现代木刻水印，这些新品种、新作品在二十多年里得到了版画界广泛认可，并取得了应有的学术地位。这些成绩的取得就是在坚持民族化的发展方向的基础上，对传统的更新。大英博物馆前东方部主任安妮女士曾说："你们改革开放后的丝网、铜版、石版有发展，但我认为，还是宋畿就最大，因为它保持了更多自己的东西。"

张漾兮先生非常重视教师的创作实践和民族风格的探索。他带头探索、实践，并成为大家的引路人。1955年他刻出了《匈牙利陶器女工》，1956年创作了《送饭到田间》等具有鲜明民族风格又有学术含量的优秀作品，在版画界乃至美术界都引起了不小的反响，被传为美谈。《送饭到田间》成为新中国成立初期在民族化探索上的代表作品之一。在当时作品影响很大的还有张怀江的《方志敏在狱中》，1957年丁正献的《平湖秋月》，同一时期曹剑锋的《西湖》，张奠宇、曹剑锋、赵宗藻等人的《诉苦》，赵延年的《鲁迅》，赵宗藻的《田间》，以及1960年赵宗藻的《四季春》，1962年俞启慧的《鲁迅与瞿秋白》。张漾兮先生会同全国热忱的版画家以民族化的成功实践，推动着版画事业的健康发展。

据系里老先生回忆，张漾兮先生强调民族化，但绝不是坐隅版画画地为牢，他也号召"拿来主义"，向国内外一切优秀艺术样式借鉴。他极为重视素描对造型能力的培养，他热情介绍东欧、前苏联版画，在系里举办前苏联版画展，翻制前苏联优秀版画作品供师生学习。同期，版画系积极向西方学习，对世界当时的三大版画家：比利时的麦绥莱勒，美国的肯特，德国的珂勒惠支都做过认真的介绍与借鉴。罗马尼亚的萨布，前苏联的季布里克、施马利诺夫等国际著名版画家曾来系里做交流。

粉碎“四人帮”以后，在赵宗藻、赵延年先生的领导下，在坚持民族化的同时，对西方种种艺术样式的借鉴更趋宽容与进取。尤其经过“八五美术新潮”的洗礼，吐故纳新，出了一批人才及一批优秀的作品，如：王公懿的《秋瑾》、韩黎坤的《国耻篇》、邬继德的《悠悠岁月》，以及蔡枫和沈立功的《黑白祭》。

在版画系建立五十年之际，脑边不禁回响起那回荡在维也纳金色大厅里的掌声，那回荡在雅典古罗马剧场上空的掌声，那回荡在日本东京剧场里的掌声。这些掌声是给中央民族乐团的，是给中央广播民族乐团的，是给宋祖英，给黄豆豆，给女子十二乐坊的，更是给中国的。我在掌声里似乎听到了一种印证，一个坚定，因为掌声不仅是出于对改革开放后中国的一种礼貌，更是对民族艺术的一种承认。

原载《刀锋民魂——张漾兮艺术研究文献集》，中国美术学院出版社，2012年

张漾兮和“新兴木刻运动”

赵宗藻口述

老版画家张漾兮先生与其他老版画家一样，是从鲁迅提倡的“新兴版画运动”中走出来的。这条道路是极为艰苦的，国民党把那些木刻家当共产党监视，当共产党抓。江丰是在监牢里接触共产党才走上版画及革命艺术道路的，你外公就是这样走过来的，你外婆是在白色恐怖下精神失常的。

旧社会没有学版画的场所，都是能者为师，互相帮助，师傅带学生。赵延年学木刻是广州有个刘仑，参加南京“土改”时我和他在一起，赵延年当时就是跟刘仑学的，李桦也是自学的；我在苏州美专读书，学校里有两个人刻木刻，一个是五年级的，当时我是一年级，那时我第一次看到木刻工具。同班也有个刻木刻的，他喜欢表现饥民、难民，曾被国民政府的警察抓进去，后来学校知道了才把他保出来。

鲁迅对木刻的认识是非常专业的，虽然他是搞文学的。他说：“对于创作要提高水平，要到生活中去，要提高造型能力。”当时他与李桦、王琦的通信中谈到。后来这些通信公开了，在整个版画界都知道，张先生提倡的也正是鲁迅先生曾提倡和要求的。

1949年后我们建版画系时，老版画家都是欢欣鼓舞的，心情是可想而知的。我1955年来美术学院版画系时，好多人都想来，但张先生对版画系考虑得相当长远，他把主要重点放在师资队伍建设上，他进人要求少而精，选最有发展前途的青年，强调造型基础好的。曹剑峰、洪世清属于这类青年，是校内的，后来从附中抽来张玉忠，又留了毕业生张奠宇。我是1955年从校外的金华师范学校调来的。张先生把关很严，当时我来时已招学生，有一个班了。我当系秘书，做他的助手。

张先生设想要求每个老师至少能上两门课，既能教素描，又能教版画。这样教师人员不会太多，同时还能安排进修，周转得过来。我来后他要求我除了搞木刻，还要搞铜版。我曾教过一段时间铜版。教师队伍少而精是条重要的经验。

当时1953年开始了第一个五年计划，开始了大规模的经济建设。我是江苏人，到浙江来，感到浙江风光与江苏不同，很新鲜，就很想画。我见到婺江边水利工程，想画表现国家建设的题材。婺江边原是沙土，每年洪水都会冲掉江岸，于是就用石头砌岸防洪。国家的建设，在中小城市都能感觉到，就创作了《婺江边上》这幅木刻，这是我的第一张作品。我们这代人就是在这种历史背景下成长起来的。

我在全国版画展览会上展出了这张画，受到了力群和王琦同志的赞扬，后来登出，到处传遍。张先生开始只知道作者就在浙江，后来才知道在金华师范学校，他和我通了几封信，就把我调进美院版画系了。

1954年后对版画系来说是初创时期，我们后来又经历了许多学术上的探讨与争论。

什么是正确的，什么是错误的，是非界限搞混乱了，直到“文化大革命”，有些对的东西还在受批判。比如我们要提倡、要走的创作道路和方法，那时还未正式形成一套系统的理论。当时一种观点是创作应从政治概念出发；另一种认为艺术是以情感人，必须强调生活感受，创作必须来源于生活。张先生是属于后者，他认为：“美术作品的教育人，不是讲道理，不是作政治报告，是以情感人。作为美术创作，要以形象来感人。”张先生强调“观察生活”“注意哪些对画家是有价值的，哪些对画家来说是既有意义又具有艺术表现力的东西”。

据别人谈到，张先生曾作过比方：“你看擦皮鞋的人（新中国成立初期还是一种职业），他在人群中走来走去，关心的是什么？他盯的都是别人的脚，看你的鞋是否需要擦。若你是他的对象，他就来招呼你，这是他的职业习惯养成的敏感性，他不关心别的地方。如果你穿布鞋，他就根本不关心你。”实际上就是说，画家的眼睛就是应关心什么是创作题材需要表现的。我觉得这个比方是很有道理的，一点也没有错，但后来成了学校批判修正主义的例子。

1958年“左”的思潮比较集中，“文革”更是极“左”。正确的东西变成了错误的东西，是非混乱了，我们经历了无数的颠簸。王流秋、金冶等十几个教师一夜之间变成了右派，原来都是学校里一批最重要的老师，他们做你外公的工作，要他划清界限。

后来创作课变成了形式，构图没人敢讲。再后来干脆上课改了，不讲构图了。本来就底子非常薄，还没有形成系统的理论，还处在初创时期，实际上是正确的东西，一下子就弄臭了，错误的东西就当道了，在引导学生了，颠倒是非是最害人的。

那时候我在创作教学中较强调形象思维，后来有专门批判我的说法。后来，听说毛主席在诗词的创作中强调形象思维，于是我得救了！这是在“文革”前，啥东西稍觉得不对，就要批判。

反右的直接后果是什么？说话谨慎了，该说的说，不该说的不说。1957年整的右派，都是针对说话。另一个就是交朋友小心了，不要有一句错话。这太难受了！

有个政治辅导员阮传文，学生下乡也跟着去，据说是管伙食什么的。一次领导下乡来作报告，介绍学校情况，有学生在下面画领导的速写。阮不准他们画速写，禁止他们画，批判他们。后来阮受到张先生的批评，张先生说：“画速写又没规定什么时间可以画，什么时间不可以画，学生画速写应该提倡。”阮认为学生的行为是“不专心（听报告）”，画速写是“对领导不尊重”。

张先生强调“版画中要有中国气派，要有民族风格”。我们版画系开国画课，不是学校里安排的课，要系里自己去请国画老师。国画课在教学中影响很大，效果很好，第一届毕业生就有出色的作品，一是吴光华的水印木刻

《舞狮图》，在世界青年联欢节上得了奖；另一个是组画《十里风光》，也是水印木刻，得了奖。这些是我国水印木刻中得奖最早的记录。

对水印木刻张先生做了几件事：先派夏子颐去北京荣宝斋学习水印木刻，后又派张玉忠去学习，后来专门成立了一个水印木刻工作室。专用的一批工作台就是当时搞出来的。1958年学校大办工厂，把水印木刻工作室变成了水印工厂，从系里划出去了。

派人去北京学习这一步非常关键。“文革”后成立了“西湖艺苑”，水印工厂变成其中的很小一块，水印木刻近乎取消，不再搞了，没产品了。“文革”后期，我们版画系坚持“不得取消”，才保住了“紫竹斋”这一小块水印木刻基地。

水印是一种印刷术，原本是为复制中国画的需要而发展起来的，中国画的画面空白多，若用西洋画的印刷方法，板子刻空，是很大的浪费；而饾板是在有画的地方，刻一小块板，这块小板需计算好然后放在固定的位置上，用老式的膏药一类的东西把小板粘在大板子上，再把纸刷过去；画面上好几块小板同时印的，所以叫饾板。

鲁迅艺术学院没有传统的水印木刻，没有人会做，想买我们的设备，来找到我。但他们应首先掌握这套技术，学会制作。韩国留学生原想在鲁艺学，结果后来却转到我院留学。饾板技术给他们学去了，毕业创作用上了，回国后专门搞了水印工作室，这才是他们真正要学的东西，是东方人爱好的艺术作品。而且他们使用在创作木刻中，这在学术上又向前跨越了一大步。

我接待过不晓得多少外国客人，有元首，有艺术家，他们来我校最感兴趣的就是两处，一个是国画系，另一个就是版画系，参观水印木刻，参观饾板法。所以，民族形式的艺术，才是最值得国际交流的艺术，这当中包含传统的民族的审美趣味。就像吃菜一样，你四川人爱吃辣的，而江苏人爱吃甜的。民族的审美观是根深蒂固的，不会改变的。水印木刻是版画系特有的，是特点。这与你父亲关系很大，也是鲁迅先生早就有远见的看法，把西方的版画艺术引进来，与传统的中国民族文化形式衔接起来。

中国古装书的插图，是复制的印刷术，而版画是从绘画到刻制到印刷，都是由艺术家个人包办，每一个过程都是创作思维起指导，是一整套的创作过程，所以叫创作版画。

我们搞的版画与西方的不一样，拿到国际上就拉开了距离，它表现的个性不一样，审美趣味不一样。就如同中国人的性格较内向，其中最开朗的人和西方人比，还是显得含蓄，中国人的审美观是较含蓄的。

张先生的指导思想是："传统的好的东西我们都要把它掌握起来加以发扬。"水印木刻、水印工作室到现在也只有我校有。现在保留下来的老技工都老了，年轻人里面，王超掌握了这套技术，他还要到外国去讲学呢！

如果不是在艺术上向传统学习，我国的版画和西方不会有什么区别，如果不是张先生派人去北京荣宝斋学习饾板水印技法，并建立了水印木刻工作室，今天的中国美院也不会有这个全国独一无二的特色专业、特色工作室。张先生对版画系的发展所做的工作是很关键的，是一项富有远见卓识的重要举措。

本来水印木刻都快被取消了，我们又把它抢救回来，继承的功劳要记在韩黎坤、邬继德他们的身上。全国的美术学院，只有我们有这门技术和这套设备，这成为中国美术学院的特色。仅此一点就可看出当年张先生这一独创性的举措所产生的作用与影响，何其重要！

张先生在教学方面，是极端认真负责的。作为上课来讲，他辅导学生，坐在学生课桌边，耐心地指导，问题不解决，他是不会走开的，好多时候我都在场。他以身作则，其他教师上课也不会马虎。张先生鼓励大家创作有中国气派的版画作品，鼓励制作水印木刻。我们最早制作的第一张水印木刻，叫《新到的画报》，就是张先生在那个时候刻成的。

1955年以前，我们还是学西洋较明显，1955年张先生访问东欧几国回来后说，他与西方几个画家一起画速写，他感到自己是个中国画家，画出来的东西应是和他们不一样的，应有中国的鲜明特色才对头。回来后，他大抓版画系的民族化，我是积极响应的一个。1956年以后，我系的教学和创作有了很大变化。鲁迅提倡的版画艺术向传统学习也正是张先生努力追求和实践的。

曹剑峰是张先生一手培养的第一个在版画系上课的青年教师。铜版画比木刻要更复杂些，首先要学会掌握最基本的技法，而其中同时要解决工具和材料的来源问题。张先生对曹剑锋提出了更高的要求，曹剑峰也正是学张先生的一贯制，对教学十分负责，认真研究铜版画的民族化问题。退休以后又到树人大学新办的美术学院去任院长，坚持从张先生那里学来的一套教学方法，辛苦是辛苦的，成绩是巨大的。曹剑峰的铜版画不是光光把西方的铜版画搬过来，而是将其中国化民族化了。为什么他能这么坚定不移地走下去?就是和张先生的影响和指导有直接的关系。

张先生对学生的学习、生活都是很关心的，学生认为没有什么事不可对张先生谈。恋爱、婚姻问题找他谈也都不忌讳的，而且不是个别的。

现在版画界的问题是脱离群众，“新兴版画运动”本来就是与群众结合，现在的作品离群众越来越远。文化艺术不能没有选择地把国外的东西一股脑儿搬进来。

我在电视上看到中国漫画史，其中关于张先生的漫画作品和情况的地方有很多，他的漫画资料很值得我们搜集、研究和整理。

原载《刀锋民魂——张漾兮艺术研究文献集》，中国美术学院出版社，2012年

张漾兮1949年前漫画简介

张芦宛　张黎前

张漾兮先生从1937年抗日战争开始，就以漫画、木刻为武器，积极投入反侵略的全民族抗战宣传活动。1937年，他在成都组织美术界成立“四川漫画社”并任负责人，1938年参加“中华木刻界抗敌协会”和“中国青年记者协会成都分会”，并在1938年至1940年举办和参加了大型抗日漫画展和三次抗敌木刻展等展览。此外，漫画社曾选送作品十多幅参加1938年在莫斯科举办的“国际反法西斯漫画展”。

1937年至1947年，张漾兮先后在成都任《新民报》《国难三日刊》《时事新刊》《华西日报》《民众时报》等抗战进步报刊的美术编辑、漫画记者和主编。1948年后又在南京《新民报》、香港《大公报》《华商报》、北京《光明日报》《文汇报》等报纸发表漫画和连环画作品。尤其是1940年在他自己创办的《战时后方画刊》，以及1945年与朋友合作创办的《自由画报》上发表大量作品，为建立和平、民主、自由的新中国呐喊。也因此，他受到国民党特务的长期盯梢和追捕，最后于1948年5月迫走香港并参加香港“人间画会”活动，继续创作并发表大量作品。

日前，张漾兮先生的女儿张芦宛和张黎前女士经过多年努力，从国家图书馆、四川图书馆、四川大学图书馆、浙江图书馆等地所收藏的1937年至1950年的20种报刊中，查出张漾兮发表的作品1500幅左右。

张漾兮先生的作品曾用的名字原名有“国士”，笔名有“漾兮”“兮”，其他化名有：长弓、舟子、江苇、陈僕、陈樸、陈璞、程又文、程少城、周家礼、周永礼、雷浪、雷之青、雷小情、雷春、雷多、梦情、章尧之、何必、唐玉、陶陶、陶淘、淘淘、果果、仪胡、朝仪等。

《八老爷行状》漫画集简介

张漾兮的漫画生涯起步于1929年，为抗议军阀政府驱使军警镇压学生游行的野蛮行径，绘制了大批宣传漫画，进行张贴。1937年，抗战全面爆发，张漾兮在成都进步报刊《新民报》任美术编辑，并开辟“新民漫画”专栏。该刊的宗旨是“拿起自己所使用的工具——漫画——来参加这一悲壮的挽救民族危亡的斗争！”同年9月，张漾兮会同美术界爱国青年苗勃然、乐以钧（此二者为鲁迅木刻研习班成员）、谢趣生等20余人组成抗日美术团体“四川漫画社”，并担任主要负责人。他们积极进行漫画创作，举办漫画展览，以漫画这一艺术媒介鞭挞侵略者、鼓励民众。1945年，张漾兮与友人创办《自由画报》。画报虽只存在半年余，但创作漫画达150余幅，为追求自由民主呐喊。同期，张漾兮还在多家进步出版机构担任编辑，创作大量漫画及木刻作品鼓舞民心，揭露时弊。据张漾兮子女多年查证，至1949年底，张漾兮共创作漫画1500余幅。

讽刺连环画《八老爷行状》，创作于1947年。当时，正值内战升级，国民党在其统治区进行大规模清剿、逮捕、屠杀的白色恐怖活动。张漾兮因其尖锐的画笔刺痛了腐败的当局，被列入受迫害者名单，幸好受地下党保护逃过特务追捕。他藏身于成都与郫县交界的两路口镇，避居近一年，此作即问世于这一特殊时期。黑暗的现实与切身的体会，以及追捕带来的生活动荡变化，使得他对社会与人性有了更加透彻的理解，漫画创作的内容和手段也更加饱满有力。《八老爷行状》就是这一时期间的代表作。与此同时，他还创作了《人市》《枪米》等脍炙人口的木刻作品，它们共同构成这一时期张漾兮批判现实艺术的总体特征。

《八老爷行状》应著名报人曹仲英约稿而作，于9月1日至12月9日在南京《新民报》连载。作品以一个沾满市侩气与恶习的小公务员“八老爷”为主角，内容虽不直接抨击当时的政府和党派，但却从另一个角度揭示在国民党腐败的统治下，扭曲的社会形态和荒唐的行政体系。作品通过“八老爷”这一典型的人物形象，尖锐、辛辣地揭露了国人见利忘义、趋炎附势、奴颜婢膝的劣根性。正是因为其对社会和人性方面深刻的体察与表现，使作品更具有现实意义。《八老爷行状》的每个故事单元绘有多幅画面，仅配标题，生动易懂，既能讽刺时弊，但又注重策略，取得积极的效果与反响。

《八老爷行状》在当时具有广泛的读者群和影响力，与《三毛流浪记》（张乐平作）、《王先生》（叶浅予）成为同一时期较有社会影响的三部讽刺连环漫画。

原载浙江美术馆藏张漾兮作品之《连环画<八老爷行状>七十图》，中国美术学院出版社，2012年

连环画《窑洞保卫战》说明

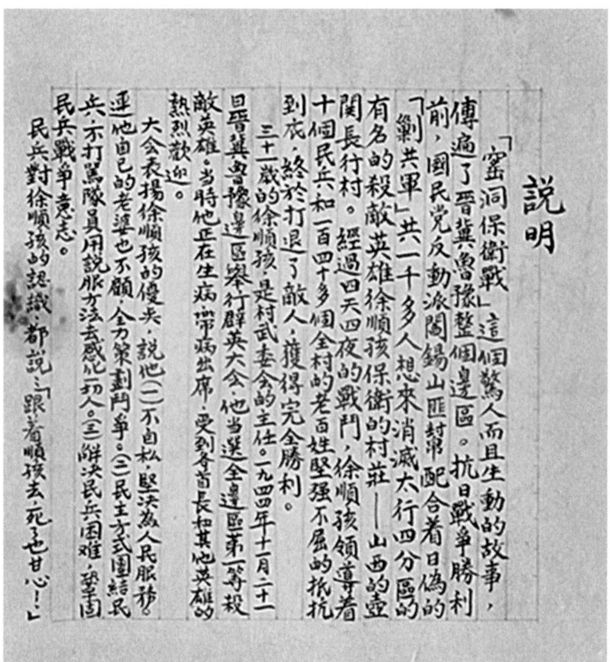

說明

「窰洞保衛戰」這個驚人而且生動的故事，傳遍了晋冀魯豫整個邊區。抗日戰爭勝利前，國民党反動派閻錫山匪帮配合着日偽的「剿共軍」共一千多人想來消滅太行四分區的有名的殺敵英雄徐順孩保衛的村莊——山西的壺関長行村。經過四天四夜的戰鬥，徐順孩領導着十個民兵，和一百四十多個全村的老百姓堅强不屈的抵抗到底，終於打退了敵人，獲得完全勝利。

三十一歲的徐順孩，是村武委会的主任。一九四四年十一月二十一日晋冀魯豫邊區舉行群英大会，他当選全邊區第一等殺敵英雄。当時他正在生病，帶病出席，受到各首長和其他英雄的熱烈歡迎。

大会表揚徐順孩的優點，說他(一)不自私，堅決為人民服務。連他自己的老婆也不顧，全力策劃鬥爭。(二)民主方式團結民兵，不打罵隊員，用說服方法去感化别人。(三)解決民兵困難，啓發民兵戰爭意志。

民兵對徐順孩的認識，都說：「跟着順孩去，死了也甘心！」

连环画《窑洞保卫战》说明手稿

《窑洞保卫战》这个惊人而且生动的故事传遍了晋察鲁豫整个边区。抗日战争胜利前，国民党反动派阎锡山匪帮配合着日伪的“剿共军”共一千多人，想来消灭太行四分区有名的杀敌英雄徐顺孩保卫的村庄——山西壶关长行村。经过四天四夜的战争，徐顺孩领导着十四个民兵和一百多个全村的老百姓坚强不屈地抵抗到底，终于打退了敌人，获得完全胜利。

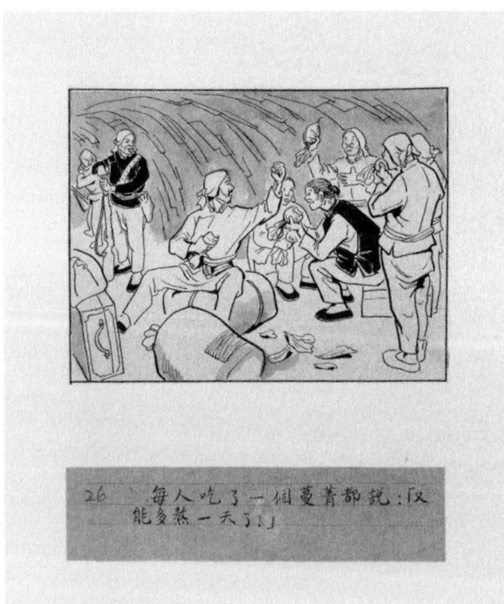

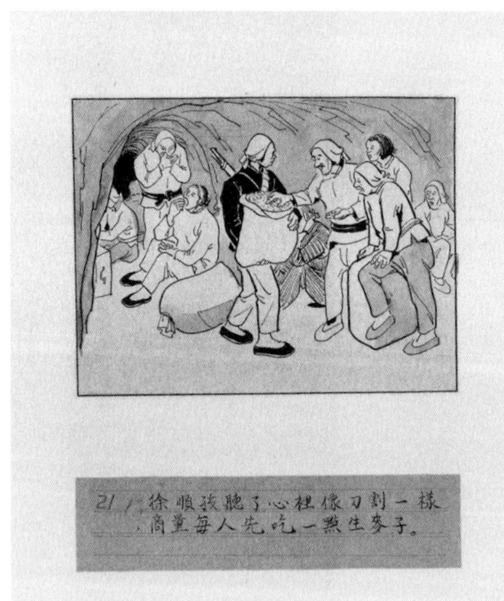

三十一岁的徐顺孩，是村武委会的主任。一九四四年十一月二十一日，晋察鲁豫边区举行群英大会，他当选全边区第一等杀敌英雄。当时他正在生病，带病出席，受到各首长和其他英雄的热烈欢迎。

上海大众美术出版社，1950年

版途驼铃

——纪念张漾兮老师诞辰百年

俞启慧

张漾兮老师是位著名的老版画家，是我们版画系的创建者和德高望重的第一任系主任，是一位言传身教、循循善诱的好导师。在纪念他诞辰百年的今日，他的音容笑貌宛如眼前，令人无法忘怀。他的作品充满着永恒的生命力，犹如明珠般闪烁在各种继承性、经典性的画集中，见证了那段不可磨灭的历史。看着这些作品，半个多世纪前的一幕幕往事在我眼前闪现，恍若昨天一般。

1955年，我考入了中央美术学院华东分院版画系，成为版画系定向招生的首届生。在欢迎会上，系主任张漾兮先生向我们祝贺，并鼓励我们要好好学习。他还给我们介绍了版画在中国的战斗历史，以及鲁迅先生对版画的倡导和希望，希望我们把版画的革命旗帜接过来，扛起来，传下去。当时我们听了顿感热血沸腾，深感肩上的责任重大，需要日后认真学习和拼搏。这个欢迎致辞，使我这个从未接触过版画的懵懂学子，一下子对版画产生了敬重、喜爱的复杂感情和立志为版画的明天认真学习、不断进取、终身坚守的决心。

版画系在张漾兮先生的治理下，融洽得像个大家庭一样，老师们对我们呵护有加，高班同学（当时已有53班、54班）对我们亲如兄弟。在这样的学习氛围中，我们如鱼得水般惬意地学习，上课时有教师的辛勤教导，课余又有高班兄姐手把手的辅导，所以进步很快。现在回忆起来，张漾兮任系主任时期的版画系教学有如下的突出之处：

一、要学沙驼精神，一步一个脚印

张漾兮先生曾鼓励我们做版画要像沙漠上艰行的骆驼一样，要一步一个脚印地到达目的地，绝不能偷工取巧，刻木刻、印版画，都要一刀一刀地刻，一个局部一个局部地印，容不得半点偷懒。创作时要把自己对生活的激情融入到画稿中，并一直保持到刻完、修改好、印出成品为止，切不可灵感一闪，瞬间熄灭，仅凭一时冲动，终至半途而废，最后结不出正果。我们曾亲眼目睹张老师有时发气喘病时，仍边喘着气，边“吭哧吭哧”地刻印木刻，好似行走在沙漠中的一匹坚毅地向着目标行进的骆驼。所以在他的影响下，版画系学生逐步养成了踏踏实实、埋头苦干的集体系风。

二、生活随处都有，要挖掘生活，研究人

张老师在给我们作下乡前的创作讲座时，强调要深入生活，要与工农实行“三同”，在共同的生活中，改造思想，培养与工农休戚与共的思想感情，叮嘱我们在生活中要仔细观察人、研究人。他说，只有这样，才能使我们创作中的人物形象是活生生的、有血有肉的，也才能感染别人。他还举了一个令人难忘的例子：他曾观察家乡的剃头摊给客人剃完头后挖耳朵的情景，那个被挖耳朵的顾客因耳朵被挖时，既紧张，又痒嗖嗖的，故表情显得错综复杂，往往一只眼开、一只眼闭，直到挖完了，才长长地舒出一口气“舒——服”。（当时他用四川话道出，大家受到感染，爆发出哄堂大笑。）自此，我们就有意识地到生活中去观察生活、研究人，逐渐养成了用“画家的眼睛”去观察身边事物的习惯。

我们看到，张老师创作中的人物都是活生生的，人物的个性特征都能在作品中刻画出来，这就源于他长期观察、研究人物的结果。无论是《人市》里受凌辱却又表情无奈而侧脸闭目的良家妇女，还是那个以招奶妈为名行拐骗妇女为实的流氓，都刻画得入木三分；尤其在《送饭到田间》一画中，每一个人物形象，都是张老师经过长期观察、反复推敲后塑造出来的。由于画中人物的年龄不同、身份不同，她/他们的动态、衣着、饰物、道具都各

不相同，但都安排得十分贴切、得体。记得当时，我看到扁担上似乎有圆口刀刻作时留下的一刀飞刀，将扁担刻得似断非断而深感可惜时，张老师却在一旁笑眯眯地说，这不是刻坏，并让我好好想想其中原因。而我当时作为一个低年级学生，脑子里一直装着个问号，弄不清楚这个问题。直到很长时间以后，我才弄明白，这是张老师根据画面“节奏”的需要而有意为之。《抢救》一画是他患肺气肿时，在海南、杭州等地疗养、治疗期间所搞的作品，由于在治疗过程中，张老师经常和医生、护士打交道，深为医务人员的高尚医德所感动，所以在画作中，对中西医在抢救过程中各自的作为既作了合理的安排，又刻画了中西医和护士的不同动态。如对其中的一个侧脸把脉的老中医，更是刻画得栩栩如生；对病床边的一位病人探望者，其内心着急、外表镇定的姿态，也刻画得十分得体，一看就知是这位病人单位的领导。画面中的一切，都是张老师治病期间的亲身体验，既是沉重的，但又是充满着希望的。

三、多学民族民间艺术，才会使版画具有中国风貌

张先生除了一手抓版画的革命传统外，另一手伸向了民族民间艺术，注意从中撷取它们的可贵养料，为社会主义的版画教育服务。

首先，他采取的是“派出去”“引进来”的办法，先后派青年教师张玉忠去荣宝斋学习传统水印木刻技法；邀请北京来的李平凡来系作日本水印技法讲座和印刷示范；安排已掌握传统水印的夏子颐老师给高年级学生上水印课。这一系列的措施，推动了系里学生学习水印木刻的积极性，并形成了热潮，取得了丰硕的成果。突出的例子是53班的吴光华同学，用水印技法印制的《舞狮图》等两幅作品先后在世界青年联欢节上获得银奖和铜奖，该班的其他同学的水印木刻作品也参加各种展览，或发表于报纸杂志，为国内版画教育向民族化学习方面起了好头。

其次，他作为系主任，注意言传身教，“使自己的作品与教学结合起来，作为教学示范”。鲁迅先生曾指出 :“汉人石刻，气魄深沉雄大”“倘参酌汉

代的石刻画像，明清书籍插图，并留心民间所赏玩的所谓‘年画’和欧洲的新法融合起来，或许能创出一种更好的版画。”鲁迅先生两次提到汉代石刻，希望版画家对其多作探索。在大家还没有足够重视对汉代石刻等瑰宝的继承借鉴时，张漾兮老师已注意到要学习和借鉴石刻、砖刻的简练手法，以便在版画中别开生面开辟出新的境界来。他在 1955 年起陆续创作了一批吸收汉代石刻、砖刻意趣的木刻版画，特别是《送返到田间》，在这幅作品中，他吸收了汉代画像石的诸多特点，在构图上采取了石刻上常用的“平面展开”的手法，使多种人物的身姿、神态得到完善的表现；在人物造型上追求拙朴、本真，舍弃光暗等的干扰；在用刀方面利用平口刀的刀角刮刻，刻出如“锥画沙”般的断续线条；在印刷时，突破通常黑白木刻的实印法，吸收了古代拓印中的隔蔴拓的技法，在印纸背后覆上一块浆过的纱布，印出那种虚虚的有布纹的特殊效果，使这件作品在同时代的众多作品中，别具一格，凸显而立。更为可贵的是，张老师为使自己的作品能真正给学生起到教学示范的作用，他特地将这一作品与另一幅《匈牙利陶瓷女工》的木板一直放在办公室，欢迎学生们按照他的印法印制。同学们看到木刻原板，不仅能揣摩到老师的用刀刻作技巧，通过实际印刷学会了印刷技艺，而且还因此获得了老师的珍贵原作，这对推动学生学习木刻版画的热情和问津民族民间艺术的劲头，无疑起了直接的推进作用，从中可见张老师的良苦用心。

为使民族民间艺术更好地在学生心中扎下根，当学生还在低年级时，张老师就先入为主地为他们安排了花鸟山水课程。我们班当时就由国画系富有教学经验和艺术成就的教师诸乐三、顾坤伯两位来上课。这不仅加深了学生对传统艺术的感情，还为我们日后版画向民族化探索和发展架设起了快捷的桥梁。

此外，在张老师的主持下，版画系在民族民间艺术的抢救和整理中，还做了许多事，如：抢救性地从一些博物馆搜罗木版年画的印刷原板，聘请民间木版年画的印工，印了一大批民间木版年画，供师生购买、学习；从杭嘉湖一带搜集了一大批蓝印花布的纹样印版，由殷光宇等青年教师仿照蓝印花布的漏版括印方法印在纸版上，作为师生学习借鉴的资料；平时，还注意搜集漳州木版年画、无锡神马、温州剪纸、皮影、民间木雕、石刻拓片等，定期在系里展出，供师生观摩学习。

张漾兮老师此时的木刻作品不满足于光挺的边线，往往喜欢在刻好的线条边再用平口刀或斜口刀刮一下，或直接用这两种刀的刀角刮刻，使之具有“锥画沙”般的古拙味。其时一些师生也受到其影响，因此被某些人戏称为“毛毛派”。其实木刻版画的刻印方法就本应该百花齐放，这是无可指责的。

四、送画到村头、田间

1958年，这个特殊的年代，版画系在张漾兮老师的带领下，跨出校门，奔赴绍兴地区，在农村、工矿等地开门办学：边深入生活，边宣传“总路线”，把版画直接送到民众的手中。当时系的总部设在柯桥一带，其余则分班去绍兴地质队、绍兴新由小高炉升级的钢铁厂等。师生们在大搞版画普及工作的同时，也进行版画创作。总部的师生（以53班的毕业班学生为主）纷纷在街头画壁画、出墙报，创作了许多民众喜闻乐见的版画作品，如：民歌插图、国庆游行诗画传单、邮票设计、《十里好风光》民谣版画等；在钢铁厂深入生活的学生，创作有《铁水奔流》《地方工业》等；在地质队深入生活的创作了《探宝图》（由当时的青年教师曹剑峰作）、《钻塔树立的地方》等。特别值得一书的是张漾兮老师不仅参与了许多集体创作，如《跃进诗画》中的“武松打虎靠勇猛”等版画创作，更在繁忙的领导工作之际，仅花了一天一夜的时间，刻作完成了长达100厘米的大版画《运粮入社》，画面上繁忙的争交丰收粮的水运场面，水乡戏台墙上的“武松打虎”大壁画，浓郁的水乡风情扑面而来，“集中体现了张漾兮老师的艺术思想”。

这批创作成果不仅陆续发表于当时的《跃进画报》《跃进版画集》等刊物上，更重要的是使学生学会了从生活到创作的全过程：即深入生活，坚持“三同”，与工农建立感情联系，在速写中收集创作素材，在生活中发现闪光点——独特的美，然后提炼、升华、迁想、综合，发展为艺术创作。

正是通过这样一个全过程的体验，全面提高了学生的实际创作能力和水平，不少学生就是在此基础上，日后逐渐走向成熟，有的还成为我国著名的版画家。这也是张老师所希冀的，为繁荣社会主义版画事业“出作品”“出人才”的美好愿望。

2011年8月18日

原载《刀锋民魂——张漾兮艺术研究文献集》，中国美术学院出版社，2012年

张漾兮

——中国美术学院版画系奠基人

潘耀昌

我在中国美院工作近二十年，在我的印象中，版画系的创作、教学、科研和理论结合得最为完好。五十多年来形成了积淀深厚的传统，其严谨、规范、富有创意的治学方式，最能体现学院的作风，堪为楷模。在该系梯队系列中，代有名家。之前有丁正献、宋秉恒等，建系初期有“二张”——张漾兮、张怀江，“二赵”——赵延年、赵宗藻，以及曹剑峰、洪世清、张奠宇等，新时期伊始有韩黎坤、李以泰、邬继德、王公懿、朱维民等一举成名。陈聿强、陆放、俞启慧别树一帜，接着有他山取石、融入新机的梁铨、张远帆、陈海燕和新世纪初崛起的新人孔国桥、冯绪民、蔡枫等。该系成绩斐然，在国内外享有盛誉，师生们塑造的优秀形象已成为一种集体记忆永远铭刻在人们心中。面对这些成就，抚今追昔、探本溯源，系的缔造者和学术领导张漾兮是第一功臣，应当永远铭记。

中国美院有很好的版画传统，早在建校不久，已出现激进的版画社团，目标直指社会革命和艺术革命，是新兴木刻运动的骨干。新中国成立之后，1954年，中央美术学院华东分院开始组建版画系，张漾兮被任命为系主任，着手办系，这是他的一大奇勋。值得强调的，不只是作为创始人的张漾兮，而是其高瞻远瞩的战略眼光，是他在建系构架、师资培养、学科建设等方面的真知灼见，是他的学术影响和人格魅力所产生的凝聚力。

从初创开始，版画系就经历了认真严肃的学术思考和讨论。专业上，张漾兮首先拍定“三版”（木版、铜版、石版），并将办系定位于创作版画。他最重要的贡献是打造中国版画的民族特色。他大抓版画的民族化，为创作风格多样化开辟新途径。他首先看重中国传统的水印木刻。先后选派夏子颐、张玉忠去北京荣宝斋学习，特别是饾板技术，引进全套的技术和设备。又诚邀荣宝斋师傅前来面授。这种特技用于创作，大大丰富了中国版画创作的表现力和民族内涵。后来，版画系专门成立了水印木刻研究室，这是至今都独一无二的特色工作室，在国内外都很有影响，受到许多专家青睐。

张漾兮对师资建设考虑得相当长远，其原则是“少而精”。他慧眼识才，在校内挑选曹剑峰、洪世清，在附中抽出张玉忠，又在毕业生中留下张奠宇，从金华师范学校调来赵宗藻。他还礼贤下士，如专程到上海邀请著名版画家赵延年加盟版画系。

在学科建设上，张漾兮把教学、科研、创作视为一体，反对把基本练习和创作割裂开来，他主张学科、专业交叉，要求版画系学生学习速写、漫画、水墨、水彩。这有利于培养高度概括达到传神目的的能力，有利于熟悉传统笔墨，了解其与水印木刻的关系，有利于从图低关系把握造型。他还提出：应以组画，插画、宣传画为主要形式；教员进修内容应有书籍装帧设计学；学习苏联美术学院版画系四、五年级进工作室；不是以工具分室，而是以画种分室，如宣传画工作室、插图工作室。为了让学生学习国画，他亲自邀请国画老先生潘天寿、吴茀之、顾坤伯、诸乐三、邓白等，给版画系学生上课。他的目的非常明确，“我们掌握彩墨画的方法，目的不在画彩墨画，而是让它改变、发展地用在版画中，所以我们学习的是彩墨的方法而不是彩墨写生”。对史论，他也很重视，要求学生学习美术史和构图理论。

对待教学，事无巨细。他要求学生创作完成后，要做自我小结。借用当时流行的话语，他坚持创作教学的四个环节：生活感受、创作构思、画面构图、神态刻画。他以极端认真的态度对待教学，辅导学生时，坐在学生课桌边，耐心指导，问题不解决，决不走开。在师生眼里，张漾兮的道德文章和人格魅力像磁石般吸引着他们。由于他处处以身作则，树立榜样，其他教师也兢兢业业，不敢怠慢，形成良好的风气。

在他的指导下，教学成果显著。当时，版画系二三年级的课堂作业，常入选全国版画展，甚至在国际美展中获奖，还有多幅被外文委选中出国展出；有的被出版社作为独幅画片出版，报刊上发表更是家常便饭。

就个人创作而言，张漾兮在短促的人生中，留下了鲜明的时代足迹。他从学生时代自学木刻，抗战爆发后，便以刀笔为武器，投入抗日救亡之中。发表了第一批木刻，感情充沛，风格古拙有力。1944年初，张漾兮从朋友处得到一本毛泽东《在延安文艺座谈会上的讲话》和在《讲话》精神指导下发表的一批解放区的木刻作品，从此认识了共产党，明确了自己的目标。1945年起，他的创作便有了新的面貌。作品多表现农民和城市贫民的痛苦生活，揭露旧社会的黑暗。40年代后期，他曾因自己版画独特的风格和强烈的战斗性，获得“北古元，南漾兮”的声誉。

张漾兮擅长理论思考，他热衷于中国古典美学思想，强调古代画论中对生活目识心记的观察方法，推崇传神论。他还用辩证思维处理虚实、曲直、繁简、大小等关系，以及插画的独立性和从属性。

1955年，他出访匈牙利、罗马尼亚期间，画了大量水彩、水墨、彩墨和速写。在50年代，这些画都有实验性，版画与这些画相得益彰、齐头并进，开创新风。张漾兮不但从生活中收集素材，而且也研究民间年画、汉代画像砖，他强调“版画中要有中国气派，要有民族风格”。虽然他的木刻从学习珂勒惠支、麦绥莱勒和苏联版画起步，但不久就摆脱羁绊，在民族民间艺术和现代绘画的交汇点上找到自我。他的作品《西泠桥》，格调雅致而厚重，是传统和现代结合的典范。

张漾兮从血气方刚、爱憎分明的进步青年，到成为成熟的版画艺术领头人，凭着超群的艺术敏感和理性能力，挑起创办版画系的重任。他清醒的头脑，求实的作风，不为政治风潮所动的定力，深得人心。他殚精竭虑，为开创版画系新风，建设优良传统，并使之传递至今，鞠躬尽瘁，死而后已。他病危之际，能忍着常人无法忍受的痛苦，仍笔耕不辍，刀不离手，让人由衷敬佩。他的人生虽短，却光芒四射，功德无量。

2011年

原载《刀锋民魂—张漾兮艺术研究文献集》，中国美术学院出版社，2012年

制约与智性

——中国美术学院版画系1954年至1976年发展片段的启示

曹意强

在人类创造的各个领域中，艺术被认为是最具自由性的创作，也正因为如此，相较于其他学科如哲学、科学等，艺术似乎逃逸了逻辑的限制。这种看法，在强调艺术的自由创造的特权时，无意中否定了我所谓的“艺术的智性力量”，因此而否定了艺术内在的创造意义。艺术与科学一样，其创造必须皆限定在某个“框架”（Frame）之中，由此而借助种种现象与途径建立某个秩序与体系。没有框架，就没有秩序；没有秩序，就没有创作。创造是限制的产物，没有限制，创造就没有价值。这种限制来自于特定领域长期形成的思想体系、技术系统，以及评价标准，等等。创新是在这类体系的严格限制中突破。一方面是突破，另一方面，突破又必须能受到传统体系的检验。换言之，世上任何创新成果，在出新的同时不能彻底颠覆传统的认知范围，否则，就会类同为疯人之作。在美术范畴中，版画的创作充分阐明了这个道理。其媒介的限制、题材的限制、制作技术的限制，种种限制造就了版画这门独特的艺术。其独特性不仅仅表现在以最大的限制创造最大的自由，即以最有效的手段创造最最丰富的艺术效果，而且体现在坚持艺术的智性方面：即在以最有效的手段创造尽可能丰富的效果的探索过程中，不断磨砺着创作者思维的敏感性、视觉敏锐力，以及高度有效的实施能力。这种磨砺将版画艺术与智性始终保持有机的整体，使之不但在版画艺术自身的创作史上，而且在与现代社会的发展中起到独特的作用。中国美术学院版画系的历史就是阐明此点的佳例。

自20世纪30年代开始，“新兴木刻运动”就将版画与民族和社会大众的命运紧密地联系在一起。在国家存亡的关键时刻，版画艺术既是投向敌人的尖刀，又是唤醒民众的号角，版画家们积极肩负起民族与社会的使命。新中国成立后，这一文艺路线成为全国美术创作与教学的主导思想。1954年，现中国美术学院的前身，中央美术学院华东分院与中央美术学院在全国美术学院中率先成立了版画系。其意义不仅在于一个系科的建立，而是意味着版画首次在我国高等学府中拥有了独立地位，进入了专业教学与研究体系行列。版画系创建者们可以在学院系统中，从理论与创作的深度，重新思考中国版画以往付诸社会实践的核心问题：如何深入看待艺术与政治的关系；如何处理艺术与生活的关系；如何兼取民族传统与西方资源……在当时的历史语境下，尤其是在政治环境中，这些问题绝不仅仅是理论层面上的发问，而是具有极重要的现实意义，决定着版画这一画种在新的社会历史中的生存和发展。在这些问题的探索上，我院走出了属于自己的教学与创作之路，彰显出它所秉持的深厚的学院传统与涵养，既坚持了版画作为一个独立画种的本体地位，重视对其自身艺术语言与审美特性的深入探索，又能博采众长，从其他绘画门类中吸收有效的造型技法与元素，同时在内容题材方面重视艺术的社会性与政治性，坚持以生活为创作源泉。学院首任校长林风眠先生提出“研究西方艺术，整理中国艺术”的学术理想，其“中西融合”的主张为我院“多元并包”的教学思路奠定了基础。时至50年代，这一传统仍在新的政治环境与历史阶段中得以传承，版画系不仅坚守本民族自身的艺术遗产，同时在全国美术界学习苏联体系的大环境中，引入了不同的艺术风格与理念。这种多元化的学术面貌与教研思路，在当时的历史环境下显得尤为可贵可敬。

1953年，现中国美术学院的前身，中央美术学院华东分院将绘画系分为版画科、油画科和彩墨画科，其中版画科由时任副教授的著名版画家张漾兮先生领衔，次年，在版画科的基础上，版画系正式成立，张漾兮先生受命担任首任系主任。建系伊始，他就确立将木、铜、石三个版画画种作为版画系的主攻方向。作为有丰富创作经历，在当时已颇具名望的木版画家，张漾兮先生当仁不让地负担起木版画的教学与创作。同时让刚刚留校的毕业生曹剑峰负责铜版画的研究与教学，同为应届毕业生的洪世清负责石版画。

筚路蓝缕，创业维艰。在当时百废待兴的物质条件下，创立一个系科不仅是组织机构和教学研创层面上的工作，而是真正意义上的白手起家。在器材资源方面，版画系是尤为匮乏。特别是铜版画和石版画这两个外来画种，可以说是从零开始。大到印刷机器，小到每一件工具，这些工具和材料的采购，都需要身为系主任的张漾兮亲力亲为，或托人办理。而他本人则对经费的使用认真把关，厉行节约。洪世清在上海中华印刷厂仓库里发现一批印刷石板和印刷机械，以极为低廉的价格购置到学院，石版画的课程才得以开展。在学院大礼堂后侧的一个小房间里，曹剑峰就着洪世清买来的煤球炉，将铜版加热上蜡，使得这里成为版画系首个铜版工作室。在今天难以想象的艰苦条件下，他们支撑起了版画系最初的格局。

同时，在创作与教学方面，版画系同样面临实践经验的严重缺乏。木刻版画尚有传统版画、民间版画、新兴版画与解放区版画以资借鉴。而面对铜版画与石版画这两个西方画种，版画系的创建者则必须完全依靠自我摸索，以揣摩和实验开展教学。为了研究和熟悉铜版画技法，曹剑峰与洪世清查阅了图书馆所有的西方图录、画册，浸润在以粗糙的印刷品为媒介的西方版画史中，朝暮研习伦勃朗、珂勒惠支等人的铜版画技法。曹剑峰还遵照张漾兮的建议，在两三年的时间内，专门进行钢笔画的训练，为进行铜版画教学打下了坚实的基本功。而为了研究某个配方，他们不仅经常要披星戴月地加班加点工作，甚至要付出健康的代价。正是以“敢为天下先”的勇气，版画系的开拓者们闯过了重重难关，使得版画系的铜版画、石版画专业的教学工作得以如期开展。洪世清编著了我国第一本《铜版画技法》，而后又有《石版画技法》《版画技法谈》陆续出炉。

艰苦的物质和教学环境没有令创建者们退缩，相反，它激发出人的精神力量，理想的火焰在这样的条件下得以迸发。张漾兮、张怀江、赵延年、赵宗藻、曹剑峰、洪世清等版画系开创者，同时也是新中国版画事业的拓荒者，以他们的勇气、胆识与坚守奋力支撑起这个新兴的学科，使其在短时间内便成为国内美术学院版画学科的重镇，吸引了各地院校的教师前来进修。此时，版画系的主要教学阵容基本确立，以张漾兮、张怀江领衔木刻教学；曹剑峰指导钢笔画、铜版画课程；洪世清主攻石版画；赵延年、赵宗藻后来负责木刻写生与创作，以及钢笔画写生。张漾兮、张怀江、曹剑峰、林康华先期带领学生深入农村工厂写生，而后由赵延年、赵宗藻带领。同时，宋秉恒、丁正献担纲版画系的素描教学。一个深入生活，高举现实主义旗帜，同时立足本土与传统艺术资源的教学创作格局，在版画系逐步得以构建并展开。

创立版画系的1954年，正值从1949年新中国成立到1957年“反右”运动前，约7年的学院改革时期。在这段时间里，新中国社会主义美术学院的新体制在学院逐步得以确立，贯彻了文艺为工农兵服务的基本方针，应和了当时的社会主义现实主义创作路线。在学院改革的背景下，版画系的成立与建设理所当然地顺应了当时的文艺政策与路线。在这样宏大历史叙事下，这一时期的美术教育与创作往往被打上鲜明的红色烙印。而在今天，我们对这段历史的回顾，正是要在一般性的叙事中，发现那些值得回味和珍藏的个体思考与探求。

作为版画系的首要创建者，张漾兮先生在中国版画界早已赫赫有名。他从30年代末期开始从事版画创作，从此便一直遵循着鲁迅所倡导的“新兴木刻运动”的文艺道路，并以毛泽东《在延安文艺座谈会上的讲话》作为其创作的指导思想。他对这条文艺路线有着坚定的信仰，在建系之后，他将这一思想贯彻到全系的教学与创作当中，对每一名教师和学生都是作如是的要求。

作为一名真正的艺术家，一名对艺术、对生活有深刻的思考与洞见，同时具有丰富实践经验的美术教育家，张漾兮先生对“艺术与生活”这一课题的认识，绝非政治与艺术上的庸俗而媚世。他在创作与教学中一直坚持深入生活，而这样的深入并非是简单地将劳动者的活动搬到画版上，在生活与绘画作品之间进行简单的移置，而是为了在生活中探求能够打动艺术家的某种情感、某件事物，从而令艺术品具有动人的魅力与深切的人文关怀。张漾兮先生在教学笔记中，反复强调深入生活的重要性及其价值。他反对只在题材层面上做文章，机械而空洞地反映周遭生活。他认为这样的创作是公式化、概念化、表面化的，只有题材，而不见生活本身。同时，他批评在选择题材时只注重其政治因素，而不考虑形象本身是否具有艺术表现的可能性与感染力。而要使艺术作品具有感染力，则必须通过对人物形象、思想与情感进行深入的观察与塑造，否则，作品就无法具备深刻的思想内涵，也就不可能具有动人的精神力量。

在“艺术与生活”的问题上，张漾兮先生的思考体现出一位艺术家的良知，在那个艺术创作政治化的时代，他的声音尤为可贵而感人。它没有被喧嚣的年代所湮灭，却反而经受了历史的考验而光灼耀目。严谨、高贵的学院特色与气息，也正是在这样的声音中得以彰显。张漾兮先生将“观察”放在版画教学的首位。他认为，要进行艺术创作，首先需要了解对象。他鼓励学生要善于深入细致地观察我们周遭的生活与世界。引用元代人物画家王绎的话来阐释如何观察人物形象：“彼方叫嚣谈话之间，本真性情发见，我则静而求之，默识于心，闭目如在眼前，放笔如在笔底。”正是由于观察的重要性，他在版画系的素描教学中，强调速写与默写的重要性。他指出，速写是生活的记录，能够训练敏锐的观察能力和感受能力，同时，速写与默写也是与版画创作特色相契合，促使学生养成重视形体结构的良好习惯。在头脑中形成大量而丰富的人物形象与动作图式，培养有实践意义的造型能力，为今后的版画创作道路奠定坚实的路基。

自1957年学院教学改革以后，各系按照各自画种的规律与要求，分别开设素描课程。版画家宋秉恒、丁正献先生成为版画系素描教学的奠基人，并由张奠宇、潘长臻先生担任最初的助教。从宋秉恒先生的教学笔记中，我们可以看到张漾兮先生深入观察生活，重视速写与默写的素描教学思想在当时就已成为版画系教师同仁们的共识。在此基础上，他们还从版画系的自身实际出发，对当时所推崇的苏联“契斯恰科夫素描体系”进行了改革。“契氏素描体系”强调明暗塑造，宋秉恒、丁正献等人认为这样的素描并不符合版画的自身特色，因而制定出自己的素描大纲，改变了“契氏素描体系”一味重视长期作业的单一训练方式，加强速写、默写等短期作业，以中、短期作业作为训练的主要内容，以此加强学生的创作实践能力，并以速写教学弥补了重视明暗、忽视结构的缺陷。中央美术学院版画系首任系主任李桦就对这一教学方法赞赏有加，他认为与中央美术学院让油画系老师负责版画系素描教学的做法相比，我院的这一举措切合实际，更有利于对学生能力的培养。

在学院创立者林风眠先生的倡导下，开放学术视野、自由讨论的学术气氛，兼容并包的学术胸怀就一直是中国美术学院的立校宗旨。这所学院之所以能在近百年的中国美术史上占据重要的地位，为中国美术界乃至世界美术界输送大量的精英与栋梁，正是以这一理想为旗帜，从而激发出这里的老师与学子们的学术热情与创造力。在60年代的政治风暴到来之前，学院仍然保留着多元化的格局，它既是民族与民间艺术的保藏之所，也是时代变革中探求艺术发展的实验基地；它秉承了自抗日战争以来，左翼文艺路线所强调的社会性与政治性，也成为引介西方现代艺术运动的桥头堡。

在初建的版画系中，多元化的学院特色首先表现为教师来源的多样性。1949年前，张漾兮先生在国统区、张怀江先生在解放区从事木刻版画创作，赵延年、赵宗藻先生也来自国统区。张漾兮、赵延年、宋秉恒等人在进入版画系之前就已在国内版画界享有盛誉，而丁正献、赵宗藻此时还是默默无闻的版画工作者；曹剑峰、洪世清更是初出茅庐，刚刚毕业就留校任教。多元化的师资队伍并未有损版画系的教学质量，相反，不同创作经历、不同年龄阶段之间的相互激发与碰撞，给这个新生的系科带来了活力与丰富的内涵。

强调群众性和时代性的“新兴木刻运动”是新中国版画家们所共同遵循的创作路线。在这一纲领性思想的指引下，学院版画系的开创者走出了不同的艺术风格之路。张漾兮先生重视吸收民族传统艺术与民间艺术的精粹，将中国画明净悠远的韵味与白描线条的造型手法引入木版画；张怀江先生倾向于强劲苍雄的刻风，在黑白之间讲求强烈的对比、刀法的力度与朴实的美感；赵延年先生在五六十年代开始将外在的画面张力内化为沉雄有力的内在力度，从六十年代开始，他创作了大量的鲁迅著作插图以及鲁迅肖像作品，其作品以版画特有的视觉语言对民族和历史进行思索，展现出动人心魄的凝重哲思；赵宗藻先生的作品则以简练恬淡、优美静谧见长，后期开始转向对现代版画的实验性探索，在本民族审美特性与现代性之间寻求恰适的结合点。

如果说在这一时期内，“新兴木刻运动”的文艺路线在内容题材上决定了版画家们的创作思路，那么版画的“本土化”与“民族化”则是他们在视觉语言与技法风格层面上所共同致力的目标。在不同的时代，西子湖畔这所浸润着书香的学府，总是以崇敬的心态珍视、整理并研究本民族的艺术传统。对于油画、版画这样的西方画种来说，它们于20世纪在中国的发展史，从某种程度上来说，就是它们“本土化”“民族化”的历程。用这样的标尺来衡量我院版画系在50年代和60年代初期所取得的成就，那么可以肯定的是，版画系的探索和努力是卓有成效的。以张漾兮先生为代表的版画系的开拓者们，不仅在创作中以身作则，践行着这样的理念，而且在教学中也坚决地予以贯彻。在理论教学方面，版画系开设了美术史课程，并组织了中国绘画史研究小组，整理研究由汉至清的人物画沿革；在实践操作上，他们邀请国画系的潘天寿、诸乐三、吴茀之、顾坤伯等大家前来授课，又请李震坚、方增先等先生到版画系教授人物画。在那个年代，版画系就已设立了白描课程，通过临摹《维摩诘像》和《八十七神仙卷》等作品，让学生学习并揣摩中国传统白描的人物造型手法，将之自觉应用到版画的线条之中。这样的学术高度与眼光，在今天看来仍是具有独创性和前瞻性的大手笔。

版画系研习并发扬传统艺术的另一个重要举措，是在1956年成立了全国美术院校中第一个，也是唯一的一个“水印木刻研究室”。在张漾兮先生的授意下，夏子颐、曹剑峰、张玉忠前往北京荣宝斋学习水印木刻技术，并引进了荣宝斋的全套设备。于是，这所全国美术院校中第一个，也是唯一的一个“水印木刻研究室”在我院得以成立，在日后的版画创作与民族化探索中，这个工作室发挥了不可低估的作用，其成就为海内外所共瞻。

当时，版画系之所以能够顶住政治上的压力，将国画引入素描教学，正是因为素描教学在版画教学中占据着核心地位。苏联的“契斯恰可夫素描体系”统治着国内美术学院的素描教学。在版画系教授素描的宋秉恒、丁正献等人率先对这一体系提出了不同的看法，并加以改革，这不仅需要教学思想层面的创见，更要以实事求是的精神，在政治面前敢于坚持学术真理的胆识与勇气。时至1961年，舒传曦先生自德国留学归来。他将来自德国的素描教学体系引入到美院和版画系，令人有耳目一新之感。这一素描体系重视对内部结构的剖析，将理性认知和直觉感知相融合，在运用炭条的手法和技巧上具有鲜明的表现性。在当时，这一素描体系无疑带有“先锋”和“前卫”的色彩。在以苏联体系为主流的年代，版画系敢于采用这样的素描教学，是一种具有实验性的大胆探索。它不仅丰富了当时版画系的素描教学，而且也为美院恢复高考招生之后的教学产生了积极作用，同时也为1979年在我院召开的“全国第二次高等院校素描教学座谈会”上对“契氏素描体系”所进行的开放性讨论奠定了基础。

正是在尊重版画自身的限制中的开放，正是坚守版画特性中的包容并蓄，在“文革”中经历了漫长的十年停顿之后，版画系在1977年恢复招生时，其创作激情与教学活力宛如一股保存在地岩深处的能量勃然喷发而出。上述版画系的前辈和中坚力量迅速进入创作与教学的状态，首届本科生与研究生充实了其力量，在短短的几年里，创作出许多优秀的作品，韩黎坤、王公懿、邬继德、李以泰等研究生的毕业创作，标志着我国版画进入了一个新的时代，对整个美术界产生了巨大的影响，与此同时，受惠于版画系严谨而开放的模式，培养出了一批人才。他们不仅在版画创作领域，而且在其他领域，如艺术史论、新媒体创作，以及油画、国画、书法等方面做出了显著的贡献。其成就说明了艺术的限制是创新的源泉，而艺术的智性是创作价值的生命。

原载《重负与重觅——中国美术学院版画之路1928—2011》，中国美术学院出版社，2011年

刀锋民魂

——张漾兮先生诞辰百年艺术展序

许江

2011年，鲁迅先生倡导的中国新兴木刻运动八十年。中国美术学院和浙江美术馆一道，回应精神导师的历史呼唤，追蹑代代拓荒者的创造踪迹，凝炼新兴木刻的时代力量，惕厉镌含其间的精神光彩，举办了一系列大型的展览和纪念活动。当年8月，在浙江美术馆举办“鲁迅的面容——中国新兴木刻运动80周年暨鲁迅诞辰130周年纪念特展”；9月，在中国美术学院美术馆举办“重负与重觅——中国美术学院版画之路”艺术展；同期，第19届全国版画展在浙江美术馆举行。从2010年开始，中国美院版画之路一代导师张怀江、赵延年、赵宗藻的大型艺术回顾展也陆续在浙江美术馆举办。无论综览80年的历史长卷，还是聚焦美院版画事业拓展的重要节点，无论激情追怀往事如歌，还是冷静缅思国美版画的传承明灯，我们总是要面对一个历史性的名字。这个名字这样深地锲入众人记忆，锲入记忆维系着的那个事业，锲入那个事业直至今日日新变迁的众多方面。这个名字就是张漾兮。

“路漫漫兮，荡漾兮。”这是多么诗性悠远的名字，它维系着一个真实而饱满的艺术人生，一个奋斗终生又感奋后辈的创造生涯。为什么总是提这个名字？因为他的早逝令我辈中的多数人与他并不相识，但翻开那个历史长篇，翻开上个世纪30、40年代的那个苦难深重的历史，翻开50、60年代那个艰苦创业的篇章，我们无不为张漾兮先生那种奋斗的精神、远大的学识而感动，为那一代革命艺者的激情、忘我、真挚、朴实而感动。他留存至今的众多艺术真迹，让我们感受到历史时代的脉动，感受到真实人生的奉出，感受到一个艺者默默的担当和责任，同时也感受到某些正被忘却和疏忽的历史和传承的环节。值此“刀锋民魂”画展开幕之际，比照民族百年历史的脉络，梳理张漾兮先生的艺术人生，廓清他光彩照人的精神和理想，是国美版画之路坚守与拓展的重要工作，也是围绕新兴木刻80年重要精神遗产的学术发掘。

张漾兮先生的一生可分两部分。前半部分是1949年以前的颠沛流离却又奋战不已的时期。从一个热血青年成长为抗战斗士，张漾兮先生是将自己整个地抛入那个国破家亡的危难之中，以民族赤子的自觉，担当起这种危难的拯救，并迅速地将自己的艺术理想交付给这种心灵的使命。和那个时代的优秀青年一样，青年张漾兮领受鲁迅先生的召唤，以木刻、漫画为武器，开始自觉地战斗。他夜以继日地奋笔挥刀，一日一画，一周一刻，揭露日本法西斯的阴谋与兽行，讽刺卖国贼的丑恶，呼唤救亡斗争的激情，发出民族民生的呐喊。抗战胜利之后，张漾兮先生又自觉地投入反对内战、呼唤和平的进步运动。他一手紧握时政匕首，揭露国民党反动派的反动本质；一手挥动民生的刻刀，镌刻穷苦百姓的悲凉与苦难。这个时期，张漾兮先生的木刻已经摆脱了早期摹仿的风格，生动造型、简洁用线，尤在人物的对比和表情上形成戏剧表现一般的强度。《煤矿工人》《抢米》《人市》以开阔的场面、群体的人物、交错的布局、生动的表情，倾抒对百姓的关怀，直写骇人的真相，深刻地揭示人性与民族性的种种劣根与挣扎。1979年冬，我在学院的陈列馆里读到《人市》，那种人肉和人性的凌辱曾经强烈地刺痛了我，那种史诗般的戏剧与表情的容量深深地打动了30年后的一代青年，我当时头脑中涌动着的是关于“为奴隶的母亲”的想象。这些版画和鲁迅那一代人火种一般的文字一道，和新兴木刻运动的匕首般的作品一道，构成半殖民、半封建的旧中国的深刻写照，深深地影响着我们这一代对苦难年代、对民族母亲、对中国革命的认识，塑造了我们对革命现实主义的热切向往和精神感动。张漾兮先生正是这样以史诗般的战斗画幅，剖开历史的暗面，雕刻了民众之魂，成为那个年代新兴木刻运动的骁将和突出代表。

张漾兮先生生命的后半部分是在杭州西湖之畔的美院度过的。那是一段肩负重任、与美院的成长相伴相行的岁月。新中国的成立、条件的改善，使张先生那一代进步艺术家背负起另一种使命，从曾经的斗士变为新时代的建设者。这段时期他担任多种课程的教学工作。他深切地意识到现实主义绘画的重要性，但他不是一味地向西方学，而是牢记鲁迅先生的教诲，向中国传统和民间学，向生活的田野学。这段时间他的涉猎广泛，一方面捡起水彩画笔，画西湖的四季，画住处周边的晨昏；另一方面既向黄宾虹先生学画水墨山水，又以水墨来写生人物；更重要的是他通过水彩来练习景色的把握，通过山水来演习山水图式，通过水墨试验直接的表现。张漾兮先生赋予这些不同的涉猎以研究的内涵，以成熟艺术家的胸怀，谋划着某种创造性的转换。他不满足于写实写生技巧的使用，而致力于开掘新的民族绘画语言。从他的遗作中，我们还读到好几幅教授人物与创作课程时的水墨写生课徒稿，形体的准确、笔墨的韵味让我们想到了几年后由他的优秀学生们所开创的浙派人物画。这种精神上和气息上的谱系关系是以前张漾兮先生的艺术研究中所没有提到的。1955年张先生负命只身前往罗马尼亚、匈牙利等国考察研究，张先生焕发出了罕见的活力，画了一大批水彩、水墨和石膏版画。这些作品展现了一个东方艺者眼中的世界，昭示着张先生在创建版画系时反复思考和强调的“民族风格”和“民族气派”的某种端倪。总结这几年张漾兮先生的探索实践，我们可以读到一个关于现实主义东方绘画的变革实验的方案，听到中国绘画艺术民族化的早期系统求索的号角。

张漾兮先生杭州生涯的最大奉献是版画系的创建。他是国美版画之路的当之无愧的开拓者，是作为这条长路根基的版画教学思想体系的创建者。首先他在极其困难的条件下创建了木版、石版、铜版工作室，这个“三版结构”既打下了版画教学的基础，又突出地把握了版画艺术的最重要的版种特性，以不同的版性特点建立独特的方法，从绘画系中拉开距离。与此同时，他高度重视人才的重要性，培养出色学员，聘请优秀艺术家，组成版画系优质的教师队伍。正是这支队伍创立了浙江及江南版画的特色风格，塑造了国美版艺的多方面的高度。尤为重要的是，张漾兮先生擬定多年艺术创作的思想，提出中国版画的民族特色之魂，并着手从多个方面进行这种特色的建构。他重视传统版画的学习和继承，委派专人赴京学习水印木刻和饾版技法，建立“水印木刻研究室”，多次请荣宝斋师傅来校传艺，并亲自研究传统技法的活化，为民族风格的探索作出表率。他还在当时轻视中国画传统教学的背景下，约请潘天寿先生为版画系讲授线的表现和研究。他将课程建设视作版画教学的要点，强调基本练习与创作的一体训练，通过水墨水彩、速写漫画、组画插图的组合练习，培养版画的转换意识，在创作教学中紧紧把握感受、构思、构图、刻画四个环节。对于基本素描课程，张先生也有自己的想法，他发现刚从德国留学新来的舒传曦老师的素描重结构分析、重线条表现，就把舒老师请入版画系，教授素描。张漾兮先生筚路蓝缕，亲力亲为，创建了以民族特色和气派为版画之魂，以人才队伍培养建设为版画之要，以“三版结构”为版画之基，以课程建设为版画之重的版画教学的基本体系，奠定了版性研究和田野考察的两个重要学术方向。这些重要的思想代代传承，沿传至今，仍然深刻地影响着国美版画的教学与变革，并成为今日版画回应新媒体、后印刷时代挑战的重要精神资源。

作为一门艺术专业学科的创始人，张漾兮先生表现出高度的学术研究的品质。他一边以这种品质为版画教学体系谋篇布局，另一边以同样的品质要求来为民族版画溯源竞流。他说：“我们必须从民间艺术中去吸取丰富的营养，研究人民群众传统的、喜闻乐见的东西，要把民族形式的、民间喜爱的艺术形式融入我们的版画创作中。”他自己的写生就呈现出多方面涉猎和研究的特点。他常常将同一题材反复地表现，面对同一风景既进行水彩、水墨的写生，又以中国山水图式的演绎。这种反复表现既有情感的因素，又具研究和谋划的特质。早在20世纪40年代，他就曾经有过同样的实验。创作于1942年的《哀苦》与创作于1945年的《告地状》，同样的题材，人物的情绪不同，前者是祈求，后者是愤怒；表现方法亦不同，前者重明暗，后者重线条；动态组合也不同，前者较板滞，后者一倾一扭，生动而强烈。他还特别热衷于前进行列的表现。1946年，他曾画了一幅农人行列的水墨。1949年，他创作了题为“文艺工作者永远跟着鲁迅先生所走的方向前进”的宣传画，文艺工作者在鲁迅明灯照耀下阔步向前。1952年，他又创作了一群农民走向田野的版画。他的代表作《送饭到田间》也是以他所喜爱的结构方式来表现。这种长达20年的结构倾向，在不同年代有着不同的变化，说明了张先生如沙漏般积累和研究的自觉，也说明了他作为艺者的率真倾向。在《送饭到田间》中，他融入了汉画像砖的线条和图式，造型秀美朴实，组合疏密有致，蕴着一种江南清丽的内在风情，开创了浙江版画民族化风格的先河。他的众多隽美的西湖风光版画，也是从水彩写生中转换而来，构图更凝练，视角更高远，构图更具东方的图式结构。他的这种民间的情致和研究的方法，都更加倾向于诗化的方法，以小见大，为国美版画民族化研究树立榜样。

张漾兮先生操劳一生，只活了52个年头。今年百岁纪念，面对半个多世纪前的那个奋斗不已的人生，面对他的夫人几乎用了生命和全部的爱保存下来的众多早期的作品，面对他一手创建的勃勃发展的版画事业，我们感怀不已。中国美术学院与浙江美术馆联合举办张先生诞辰百年艺术展，画展以“匕首——新兴木刻运动的骁将”“号角——现实主义绘画精神的代表”“拓荒者——国美版画之路的创建”三个篇章来展示张先生杰出的一生，纪念他那不朽的奋斗和精神。刀锋民魂，张漾兮先生的笔锋与刀锋，永远地镌刻着我们民族精神的灵魂。

2012年11月17日

原载《刀锋民魂——张漾兮艺术研究文献集》，中国美术学院出版社，2012年

敦厚沉雄　方整凝重

——张漾兮先生木刻风格散议

朱维明

张漾兮先生离开我们已近半个世纪，对于中国版画界是过早地陨落，而在浙江版画事业上，他是一颗不灭的恒星，永远是浙江版画的精神领袖。他仿佛是浙江版画圈内的一滴浓墨，渗化到各个角落，包括周围的同仁、学生及围绕版画创作的其他作者。今年适逢他的百年诞辰，谨以此文，表达我对他的深切怀念。

笔者在刊于《美术观点- 2011-NO.1》题为《开创当代浙派版画的四大领军人——张漾兮、张怀江、赵延年、赵宗藻综论》一文中，对张漾兮先生是这样提的：

> 绘画作品应该是以形象来诉之于观念，而不是靠借用文字来作说明，有时要求非常客观地把自己当成一位普通的观众，来审视自己的画，自己看得懂，还要想到其他人是否看得懂，这样你的作品才会被接受。（1964年毕业前夕对笔者说）
>
> 张漾兮，来自大西南的成都，也许受西南夷的乡风影响，他的木刻，以方为主，汲四川阆中汉画像砖刻之菁华，粗放斑驳，敦厚沉雄，似南碑《爨龙颜》，浑金璞玉，隽逸舒敛，方整凝重，意趣拙朴，下画如昆刀刻玉，但见浑美。

在我的专业笔记里，保存了上世纪六十年代的两段有关记录，颇有历史意义，现摘抄如下：

1961年6月9日

由曹剑峰先生对版画系全体同学作讲座，题为《谈张漾兮先生的木刻》。曹先生将张漾兮先生的创作特点，归结于四点：

一、有强烈的思想性；

二、构思的深刻性；

三、形象的表现力和感染力；

四、风格朴实浑圆、色彩清晰和谐、刀法简练豪放、长期追求民族性。

并具体介绍了《擦皮鞋的孩子》《饥饿的愤慨》和《人市》等作品的创作情况。据曹先生称，这些情况都是张漾兮先生亲口向他讲述的。

1964年7月3日

张漾兮先生是6月17日上午10时5分逝世的，在他去世的半个月后，在版画系悼念张先生的纪念会上，由舒传曦先生主讲张漾兮先生的生平和艺术发展道路，强调"路是人走出来的"，介绍张先生从孤苦的童年，通过自立自强，走上紧贴生活的木刻之路。

纵观张漾兮先生所走过的艺术之路，在以上世纪四十年代的四川大后方（或称国统区）为基地，以刀笔冲锋陷阵，一往向前，是一位十足的不屈的、勇猛的木刻及漫画的斗士。

以下，我就张漾兮先生在木刻风格的取向上，具体地谈谈几个方面。

一、引领"毛毛派"

对于称浙江版画为"毛毛派"，到底由何人所称，何时开始，是否得到认同，似乎无从考证。但我是听有关人员说起过，一般讲，在木刻作品上，北派的李桦、古元、王琦和黄永玉等诸导师，在用刀上比较光洁，黄永玉先生有句口头禅，常对同学说："你得先将边刻光挺，底铲平，再来请我看。"而反过来再看看南派的浙江的一些木刻，会明显地看到这些木刻，边线古拙、曲曲弯弯，刀触交错之后，会保留着一些似乎是无意，实为有意留下的刀痕木迹。这些边和点，一方面是以刀代笔，切木断金的金石气之所在；另一方面这些毛毛和点点，也是画面中对比和气韵的有机组成部分。我们只要仔细看看浙江几位木刻大家的经典作品，都可以证实这一点。我把以执刀而论，概括为张漾兮先生是刮刻、张怀江先生是凿刻、赵延年先生是铲刻、赵宗藻先生是推刻。从执刀方法入手，所产生的木刻刀法刀痕，必然导致木刻风格的不同。但从总体看，就线条的涩和拙，黑白块的毛糙边缘，刀缝间的大小点，浙派木刻确实是“毛毛派”。光和毛并无高下之分，关键是看风格和画面需要的艺术效果。

二、摆脱“苦难相”

张漾兮先生生前，曾多次和我们谈起他的川西生活，童年的苦难，国民的贫困，下层市民、矿工的艰辛，这些苦难的深切感受，化成了他刻画人物挥之不去的烙印。这在他的一系列木刻作品中，都可以看到，诸如《饥饿的愤慨》《丰收果实》《运炭工人》和《母女卖唱》等。到了五十年代，生活起了天翻地覆的变化，他试图努力地去克服这些难以摆脱的阴影，下决心在现实生活中汲取新貌、欢乐和笑逐颜开的人们。经过数年的实践，过去的“苦难相”已远离了他的作品，取而代之的是欢腾的新气象和新生活。我们再去看《送饭到田间》走在后边笑眯眯的老太太，《运粮社》热闹场面等，会看到这一转变。

公社老社员

特别值得一提的是那幅《公社老社员》，这是一幅课堂木刻头像写生，高班同学曾亲睹这幅作品的刻制过程。张先生按部就班，刻得很慢，往往是深思熟虑之后，才果断肯定地下刀，真是一刀重千斤。

仅是表现耳朵的数刀，花了好几课时。从形象上看，老农眼角上的皱纹，上翘的嘴角，流露着难以抑制的内心喜悦，给人以换了人间的喜悦。

三、取法画像砖

虽然早在三十年代，鲁迅先生曾多次提到，中国版画要参酌汉画像砖石、汉人石刻等，取入木刻，或可另辟一境界。但真正做到这一点，古为今用，运用于现代创作木刻，却是并不容易。

李桦先生认为学习画像砖石贵在推陈出新，要从重生活、重形神、重形式上下工夫。在中国众多木刻家在汲取传统精华，取法画像砖，并运用于木刻时，在我看来，张漾兮先生应该是做得很完美的作者之一。《送饭到田间》的确是堪称学习传统的经典，此幅作品并不仅仅是停留在刀法和形式上的吸收，或者是表面生硬的套用，而是在内容和形式的统一，人物形象的塑造上，布局、结构和节奏等，都是无懈可击，达到了化境。该作品继承了画像砖石中的古典现实主义手法，发展为带浪漫色彩的新现实主义，主题的深化、人物的装饰效果、简洁的背景等等，都取得了难能可贵的成就。

作品在刀法上，进一步强化了他以外轮廓的宽线条表现为骨架，黑白相衬的木刻风格，再辅以钝刀尖刮刻的涩滞细线，以及平刀低铲的拓印痕，都相映托出他的木刻特色。

四、拓宽木刻路

从新兴木刻运动发展历史看，由于当时各方面的客观条件限制，在五十年代前大多数为黑白木刻，而到了五十年代中期，版画已纳入美术院校的教学体系，除开发铜版、石版专业外，就木刻而言，也必须有与之相适应的发展。张漾兮先生在提出创作与教学相结合、创作与生活相结合之外，作为系主任和教学领头人，在他自己的创作实践中，也做出了多方面的探索，摸索着新的尝试，努力去拓宽木刻艺术的多个领域，像木板水印法、油印套色、多版多层次套色、深底子浅色压印、填彩，印在毛边纸上，等等。在取材方面，像风景画、风情画、插图等方面，也多有涉及。努力去实现他所希望的："由于在学校担任着版画教学工作，为了想使自己的作品与教学结合起来，作为教学示范，因此，经常在探索一些新的表现方法和更适合于内容的各种艺术形式，以便给年轻的同志们一些启发。"

张漾兮先生这样想，也就这样做了，并取得了好成果。在他的带领下，浙江版画吹来了新风。不仅教师之间有多方面的切磋和互动，运用于教学之中，我们在重读当年版画系学生的作品时，包括本科生和进修生等的作品，都可以明显地看到某些张漾兮先生的风格影响。许多作品在当年反映颇佳，有不少作品刊载于《美术》《版画双月刊》及其他报刊上，甚至在国际上获奖。所有这些，都少不了张漾兮先生的辛勤付出。但凡以后多少年之后，同学们相聚，也总会表达对张漾兮先生的感激之情。

五、败刀不败说

六十年代，我曾到过他在版画系楼梯下那间仅五平方米的小小工作室，看他刻木刻。八十年代，那间工作室我也呆过好多年，因此格外亲切。张漾兮先生把这小屋子收拾得干干净净，小台面上，一块木刻板，几把木刻刀，刻下的碎木屑堆在一块儿，另有几片木屑搁在旁边，我问他这些木屑留着有什么用？他回答说："木刻是做减法的艺术，一刀下去几乎是无可反悔，所以要慎之又慎，有时往往差之毫厘，失之千里。当然也会有修改和补救的办法，譬如一刀刻下觉得不很妥当，尚可把已经刻下的那块木屑，重新粘贴回去，也可达到天衣无缝；反之，若感到刻得还不够，那就继续刻下去，果真到了不可挽救之时，大不了推倒，另起炉灶，重新刻。"

在《送饭到田间》中间第三个人物所挑的扁担上，有一刀圆口刀的滑刀口，我想这不会是有意刻的，而是不小心走刀所遗下的，如果有意去修补它，必然会留下修补的痕迹，而这样保留着，也不会伤大雅，也不会影响视觉效果，甚至还有点残缺美，或曰艺术处理。

张漾兮先生的木刻十分讲究画面外边缘线的安排，有边无边，以及边的

匈牙利陶器工人

长短等都是经过深思熟虑的。很多情况是吸收中国画画面的办法，白底上安排比较完整的图像，调整好底与图的和谐关系，甚至一些必要的小道具，诸如小茶壶、陶罐和竹编篮筐等，都注意形状和结构。另外如《匈牙利陶器工人》一作中女工脚边的那一黑块，完全是画面上的黑白需要而留下的。因此，张漾兮先生常用他浓浓的成都腔告诫我们："你们不要闷头瞎刻一气，到该停时候，一定应当停，愚者千虑也必有一得嘛！"

笔者曾在《美院版画系创建人——张漾兮先生》一文中写道："纵观他各个阶段的作品，都能看出他的着意追求，这些作品，不仅思想性深刻，形象明确，风格质朴，且善于发挥木刻艺术的特性。在对待民族传统的继承和发扬上，旗帜鲜明，坚持民族化道路，在这一点上，他不单只自己努力实践，并在版画系及浙江版画的创作中，开辟了先路，使浙江版画以独自的特色，汇入于中国版画的艺坛。"

人们常说，因为个人的才能和境遇的不同，所以在各个不同的年龄段，都可以产生自己的高峰作品。因而孔老夫子叹曰："逝者如斯夫""朝闻道，夕死可矣。"张漾兮先生由于疾病和早逝，使得他的木刻生涯仅短短的三十来年，然而，他的一大批木刻精品，已足以奠定他在中国现代版画史上的光辉地位。从这个角度讲，他与陪伴他的木刻刀，长眠地下，也算是无憾的！

二〇一二年春于杭州

原载《刀锋民魂——张漾兮艺术研究文献集》，中国美术学院出版社，2012年

一位新中国版画教育体系的奠基者

孔国桥

中国美术学院是中国“新兴版画运动”的重要策源地。早在上个世纪20年代末，其前身国立艺术院即诞生了“一八艺社”“木铃木刻研究会”等进步木刻团体，涌现了以夏朋、胡一川、力群、彦涵等为代表的一大批优秀版画艺术家。他们或在鲁迅先生的直接指导，或在鲁迅精神的强大感召之下，得益于国立艺术院“传统出新、兼容并蓄、崇艺尚理”的独特诗性品质，创作了一大批经典的现实主义版画作品，在中国现代美术史上留下了浓重的一笔。

1949年新中国成立，时名杭州国立艺专的中国美术学院焕发出一种全新的气象。“新兴木刻运动”的积极实践者张漾兮先生，即于北京出席完第一届“中华全国文学艺术工作者代表大会”之后，受聘来到学院任教。1953年9月，时名中央美术学院华东分院的中国美术学院开始将原先的绘画系分为版画、彩墨画和油画三科教学，张漾兮先生受命负责版画科。1954年，学院撤销绘画系，正式成立了彩墨画系、油画系和版画系，张漾兮先生出任版画系系主任。

将版画作为一门学科纳入大学教育，在当时的国内尚属首创。匮乏的师资、薄弱的群众基础、艰苦的教学条件、缺失的专业材料和设备、几乎为零的专业教学经验……摆在张漾兮先生面前的，是我们今天难以想象的诸多困难。但是，在张漾兮先生的努力下，更凭着一代版画人的智慧和热情，新生的版画系围绕着艺术教育的基本规律和社会现实的迫切需求，从草创到成熟，迅速建立了一套完整的以木版、铜版、石版等专门创作为依托的现代版画教育体系。而版画系的师资队伍、教学条件、专业布局和课程设置等，亦在很短的时间内得到了长足的发展，并迅速地以一种崭新的面貌，展现在了中国与世界的面前。

作为版画系的主要设计者和组织者，张漾兮先生十分清楚建设一支素质优良的师资队伍的重要性。在1953年筹备建系之初，他便以专业素养与思想品质并重的严格要求，挑选了毕业生曹剑峰先生，以及将于1954年毕业的绘画系学生洪世清先生留校负责铜版画和石版画的教学筹备。1955年，张漾兮先生独具慧眼地通过作品“发现”了时在金华师范任教的年轻版画家赵宗藻先生，聘其来系担任他的助教。1957年，又从上海商调赵延年先生入系。他们与学院的张怀江先生、夏子颐先生、丁正献先生、宋秉恒先生、邓野先生等版画家，以及先后毕业留校的张奠宇先生、林康华先生、张玉忠先生、潘长臻先生等年轻教师一起，构成了新生的版画系的第一代中坚力量——不管是卓有成就的版画艺术家，还是刚刚毕业的年轻学子，在张漾兮先生的感召下，他们为着新中国版画教育与创作的共同目标走到了一起，并由此奠定了版画系的坚实基础。

作为一位在新中国成立前即已创作了《人市》《抢米》等一大批现实主义经典作品的资深版画家，张漾兮先生对于“为人生而艺术”这一深刻的社会与艺术命题有着切身的体会和敏锐的感受，而毛泽东同志《在延安文艺座谈会上的讲话》精神，亦已深深地融入他的思想深处。他由此强调艺术与生活间的密切联系——“没有社会就没有创作”“美，在创造生活的人那里。”他推崇新中国版画艺术对于社会的责任与担当，注重版画教学与创作对于新中国现实的热情讴歌，并以其深刻的思想认识和独到的远见卓识，在建系之初即提出了“坚持深入生活，坚持洋为中用，坚持民族传统、发扬民族精神，坚持一切教学训练为创作服务”的基本教学原则，确立了版画系“实践——理论——再实践”的基本教学思路。

“学校是创作和教学的中心，教学中的一切都是环绕创作进行的”，在张漾兮先生的主导下，版画系的教学结构和教学安排始终围绕着“以创作带教学”的原则加以展开：强调下乡、下厂体验生活，要求从大量的写生、速写中提取创作主题；开设插图课程以联系基础课程与创作课程之间、学院教学与社会现实之间的结合。

与此同时，为完善新中国版画教学的种类和体系，张漾兮先生在筹划建系之初，即把“三种版画”——木版、铜版、石版确定为未来版画系的基本格局。并随即率领曹剑峰、洪世清两位先生投入到了铜版、石版工作室的创建与专业课程的筹备之中。经过半年的努力和奔波，在建系后的第一批新生入学之际，版画系的铜版画和石版画工作室得以初具规模。并且，洪世清先生将其反复研究和探索的经验，在日后凝结成了《铜版画技法》《石版画技法》等新中国的第一批版画专业教材。1954年，张漾兮先生被光荣地评为“杭州市教育先进生产（工作）者”。

在版画专业教学体系的建设方面，张漾兮先生强调专业训练与专业创作紧密结合的原则。一方面以专业训练与基础训练相结合为主导思想：“一年级石版画教材要结合一年级素描教材和适合一年级素描水平，二年级钢笔画同上，但要注意结合白描，三年级木刻同此……”；另一方面，在专业课程中设置了大量的写生和创作单元，以实现“技术要表现主题内容”的教学思路。本着“注重吸收与传承”“注重材料与技法研究”“注重各版种教学普及”的原则，在张漾兮先生的主导下，版画系开设了从临摹、写生直到创作的循序渐进的木刻专业技法课程；讲授干刻、蚀刻、飞尘、起底等技法的铜版画课程；讲授特种铅笔、解墨条、转写法、水墨法和套色等技法的石版画课程。同时，依据经典铜版画的艺术表现特质，还专门聘请了黎冰鸿等先生，在版画系开设了为铜版画表现做准备的钢笔画课程，以摸索、调整并逐渐完善版画的专业教学体系。

1955年，张漾兮先生出访罗马尼亚和匈牙利两国，深感中国版画必须“要有中国气派，要有民族风格”，版画系的教学与研究应致力于“在学习民族、民间传统下探索新颖的风格”。归国后，即在版画系掀起了版画民族化研究的热潮，开设了大量与民族传统相关的课程以强调版画教学与创作的民族性取向，并进而提出了版画民族化这一核心问题。而版画系的教学方式和创作面貌，亦随之发生了很大的变化，产生了很多新的气象。

为了把民族传统的绘画精神融入现代版画的创作和教学，在张漾兮先生的主持下，版画系先后延请潘天寿、吴茀之、顾坤伯、邓白、李震坚、方增先等先生前来授课，开设了白描、临摹、彩墨画等中国画课程；聘请王伯敏等先生开设了中国美术史、中国版画史等课程。1956年，张漾兮先生又委派夏子颐、张玉忠、曹剑峰等先生先后前往北京荣宝斋学习传统水印木刻技术，引进荣宝斋的全套技术，在版画系建立了“水印木刻研究室”，开设水印木刻课程，延请荣宝斋的技师前来现场传授技术。同时，张漾兮先生十分重视吸收古代石刻、画像砖等民族表现手法和民间艺术中的丰富养分。从1957年始，又委派殷光宇等先生收集了大量桃花坞、杨柳青、杨家埠、朱仙镇等地的民间木板年画，以及无锡的神马、漳州的粉印、湖州的蓝印花布等民间艺术作品，定期在系内进行观摩研讨，以强调在版画创作中融入民族的、民间的艺术样式。张先生并以水印技法创作了《新到的画报》用作教学的示范，这也是我国最早的水印创作木刻之一。而版画系53级学生吴光华的水印木刻《舞狮图》，在1957年的“第七届世界青年联欢节”上获得银奖。这件作品，连同当时版画系的另一件获奖水印作品《十里好风光》（集体创作的组画之一），是我国水印木刻作品在国际上获奖的最早记录之一，成为当时振奋人心的一件大事。

对于民族化意识的强调，同时落实于版画系的素描和色彩教学等基础教学课程。基于版画系“基础教学素描和色彩都是西洋的，中国传统薄弱”的现状，张漾兮先生在坚持写实的基础上，鼓励研究“汉代至清代中国人物造型手法”，以“最终创立自己的、新中国的”基础教学体系。1957年，张漾兮先生会同负责基础教学的宋秉恒先生、丁正献先生，以及最初的助教张奠宇、潘长臻等先生，依据版画自身的专业特点，制订了建系后的第一份《素描教学大纲》。坚持基础训练为创作服务的理念，提倡长、中、短期训练相结合，鼓励多样性共融，改变了以“契斯恰科夫素描教学体系”为标准的较为单一的长期素描训练方法。1961年，舒传曦先生从德国学成归国，由文化部分配至版画系任教。其重视“用线表现物体与结构”的教学理念和方式，得到了张漾兮先生的认同和重视，并加以积极的推广。这些有益的尝试，不仅为当时的素描教学融入了新的活力，也为日后版画系的素描教学改革的进一步深入，作出了良好的铺垫。

由此，在张漾兮先生的主导下，新中国版画系的学术策略，自觉秉承“新兴木刻运动”的光荣传统：一方面推崇艺术对于社会的责任与担当，注重版画教学与创作对于新中国现实的热情讴歌；另一方面，主动强调版画艺术的本土化建设，强调对于民族民间艺术传统的学习和借鉴。这种思想贯穿于版画系的整体教学大纲和教学计划，不仅为新中国的艺术事业培养了大批人才，也确立了中国现代版画教育与创作的一种新范式。

虽然，张漾兮先生在其52岁时英年早逝，遗憾地离开了他一手创建、忘我投入的版画系。但是中国美术学院的版画之路，却始终坚持由其启动的“以革命文化为其策源，以传统和民间艺术为其滋养，以多版种材料实验和本体语言建构为其基础，以民族担当的使命重负和中国精神的活化重建为其旨归”这一学术理想，在不同的历史时期里始终深切关注和把握时代精神和文化特征，在变幻不定的潮流激荡中始终注重张扬自身的文化特色；以最具本质意义和内在支撑力量的视角与立场，不断地返回事物的原点，并在这个重返家园般的过程中获得着最为开阔的视野，拓展着不断前行的空间。

谨以此文纪念张漾兮先生诞辰一百周年。

2012年11月25日

原载《刀锋民魂——张漾兮艺术研究文献集》，中国美术学院出版社，2012年

读张漾兮先生的黑白木刻作品《送饭到田间》有感

陈玄巍

经典的艺术作品是具有生命的，经得起时间的考验，也会不断启发有志于艺术的后学以新的思考，张漾兮先生的黑白木刻《送饭到田间》就是这样的作品。作为涉足版画艺术的晚辈，我在无缘得到版画前辈亲自面授的情况下，大多只有通过读画来和他们“相识”，领受他们的“赐教”。可以说，读画伴随着我在版画艺术上成长的每一步。通过读画，使我在专业上受益良多，随着实践经验的积累、专业技能的长进和个人阅历的变迁，自己又能从更多的角度与侧重点去解读类似《送饭到田间》这样的经典作品，这里就将我在不同时期读张漾兮先生《送饭到田间》这幅版画的变化的感触和心得略作描述。

我最早看到张漾兮先生《送饭到田间》这幅作品是在报考浙江美术学院版画系时，在一本美术史通用读本中看到的。虽然作品的印刷并非十分清晰，但我还是被深深地吸引住了。作品五六十年代主题性创作的特征是明显的，但是不同于当时很多作品直白的铺陈和繁复场景的渲染，作者更像在用清新优美画面讲述一个娓娓动听有趣故事，显得非常“特别”。张漾兮先生的《送饭到田间》传达农民群众对幸福生活充满希望的情感和辛勤的劳作，是通过撷取“送饭”这么一个容易被人们忽略的小场景来表现，这幅的作品能够抓住人的视觉很久，画面简洁而又不乏细节的刻画，我被画面中传神的形象、明快的节奏和自然活泼的动感所打动，更被画面传达出的一种和谐愉悦的情绪所感动，我甚至还很有兴趣研究画面中的器具，包括画中小男孩腰间别着的弹弓。虽然我当时并不能从版画专业的角度来解读画面，但却能深深地感受到作者高超的艺术造诣。这是我对《送饭到田间》这幅版画的第一次“品读”。

另一次看到张漾兮先生的《送饭到田间》这幅作品，是我一次印象深刻的读画记忆。那是在我考上大学后不久，在一本澳大利亚著名的艺术家兼艺术理论家德西迪里厄斯·奥班恩撰写的一本叫做《艺术的涵义》一书的插图中看到的。此书作者的观点犀利，批判性强，在中国美术“八五新潮”后的背景下在青年学生中还是引起不少共鸣的，作者的很多点也让我耳目一新。他的主要的论点是将绘画作品的情节性和文学性并称为“画匠的技巧”，强调作品精神的表现和“创造性”是真正艺术的终极目标。作者引用广泛，除了引用了不少西方经典绘画作品之外,也采用了不少我们熟悉的古今中国绘画。此书给我留下了最深刻的记忆的是缘于我自己观画的感受和此书作者观点的形成的反差——作者将张漾兮先生《送饭到田间》这幅作品作为其批评艺术创作追求情节和叙述性的反面例证列举的。他写道：“1949年中国的艺术家们为了宣传的目的盛行起俄罗斯人的模式，这种模式把绘画艺术降低到十九世纪资产阶级风俗画的表现水平。”对此我大感疑惑，作为还是一个刚考上版画系学识尚浅的初学者，还没有形成自己独立艺术的观，加之对“权威”的崇拜，我对自己的判断“真正”艺术的能力或者说对辨别“好画”的能力产生了很大的怀疑。为此，我特地在图书馆借来一本印刷质量比较好的画册，重新仔细看《送饭到田间》这幅版画，并且按照奥班恩在书中的观点来“上纲上线”，然后再看自己对画的观感是否有了变化。从画面的风格上来讲，张漾兮先生《送饭到田间》这幅画的叙事性特征确实很强，处理情节的技巧也是精妙和考究的。然而，这些特征并未使作品沦为乏味平庸的宣教和技巧的炫耀，使作品失去扣人心弦的生气和活力，这表明了作者是将真实的情感完全凝聚在画面的形式语言和处理技巧之中。因为我当时已经学习了黑白木刻，已经能够将这幅作品相关的木刻技法技巧诸如刀法变化、黑白组合作出简单的分析，我发现张漾兮先生《送饭到田间》运用的技法是有别于苏俄版画的，点、线、面等画面构成的更加凝练和概括。我察觉到隐现于画面之中的更有一种“平实中现写意、变化中有照应、素雅中透灵秀”的独特意象，这是我在很多杰出的中国传统绘画中所感受到的。这次读张漾兮先生《送饭到田间》，我内心对这幅画的喜爱依然真切，并且有了新的发现。我想到了中国常用形容艺术的特有词汇“独具匠心”，而不是“匠气”。由此，我不禁产生了这样的疑问：难道精妙的“叙述”技巧就一定会导致艺术的精神性的贫乏吗？难道真挚朴素的情感就不包含创造的精神吗？在学艺的过程中对这些问题的思考经常伴随着我。

我在研究生阶段专攻黑白木刻，一段时间专业上曾遇到了很大的困难，主要是没有办法将对形象鲜活的观察和造型功底转化为木刻特有的语言，结果是很多习作是有塑造而无刀法，有明暗而无黑白。总之，没有木刻的味道。虽然自己很努力地做了大量的练习，但始终没有取得多大进展，当时非常困惑和苦恼。我的导师韩黎坤先生也指明了我在木刻上的短板和缺点，并提醒我：“多读画。”当时我已有机会接触到更多的木刻名家的版画原作和更为精良的印刷品，我对中外木刻大师的作品进行了比较，仔细地梳理和品读，包括再一次重新读张漾兮先生的《送饭到田间》这幅画。这次读画我着重针对自己在刻作品时出现的两个非常具体的技法问题：其一是我在最能体现木刻运刀特点的“灰调”处理上比较茫然，再就是我在处理阳线的时候往往生涩僵硬而毫无把握。从木刻形式语言上来看，《送饭到田间》这幅作品在灰调刀法的组合和阳刻线条的运用掌控无疑是画面中的亮点，非常值得研究。张先生作品中在人物服饰的刻画中除了用长线条的疏密穿插与短线条的组合来产生灰的视觉印象外，还有一个特别的浅灰层次在画面中出现，仔细看这个较弱的灰层次同样能够“见刀、见形”，同时又减弱了画面中多余的空白，避免了人物剪影化容易产生的扁平单薄的弊病，有效地协调了画面中黑、白、虚、实的关系，加强了构图中由人物的高低变化、间距的开合造成的律动感、节奏感，是联络画面整体感的一个关键的活跃因素。因为对这种刻作技法全然无知，就此我特地请教了见过《送饭到田间》这幅作品原版的韩黎坤老师，韩老师告诉我这种灰调是受汉画像砖拓片的启发，运用浅刻刀法刻出的，相当于利用了木刻凸版的第二层次，通过拓印时手感来控制灰色的浓淡。另外，韩老师告诉我张漾兮先生在处理长的阳线条时，往往在线条的边缘用类似传统水印木刻用的一种薄刀片刮过，这就使得原本就勾勒传神、穿插得当的线条增加了顿挫、正侧、连断的丰富变化，线条的印痕产生了特有的金石味和厚重感，更加耐看。这幅黑白木刻作品以线为主进行人物神态、形体的刻画并带动了画面整体的黑白韵律、节奏变化，以刀法力度和拓印手法的控制造成的灰调子更是打破了当时普遍用小刀排线处理灰面的单一手法，摆脱了由光线、明暗来主导形象塑造，以及黑白构成的“苏式版画”的模式，这在当时无疑是一种大胆的创新，即便与同一时期有着相同想法与尝试的版画家的作品相比，张漾兮先生《送饭到田间》这幅作品无疑也是最为成功和出色的。在这次读画的过程中我有个明显的领悟，张漾兮先生在刀法、黑白等版画语言上的创造、创新有着深厚的中国艺术功底的积淀和民间文化的基因传承，也逐步领会到包括张漾兮先生在内的版画前辈在版画的创作和教学中强调民族性探索的学术价值。读画启发了我新的思路，借鉴中国画的笔意和笔势去解决木刻中遇到刀法和线条运用的问题。在后来的实践中我取得了比较明显的进展，刻作也能逐渐地入门了。

最近，我有机会通过网络文化平台欣赏到更多张漾兮先生在不同时期创作的作品，了解到张漾兮先生坎坷多磨的艺术人生，以及他为创建中国美院版画系所做出的卓越贡献。在心生由衷地敬佩同时我又产生了这样一个感触，包括张漾兮先生在内亲历“新兴木刻运动”的老一辈版画家们很少用艺术去表现他们个人生活的磨难，或者是为艺术而艺术的精神独白。在他们操起刻刀激情向木时并不只是着眼于“风格形式、语言技巧”。无论小品、大作，反映在他们不同历史阶段作品中情感、情绪起伏和艺术追求的倾向，更多维系于社会时政、国运民情，虽然这种自觉的共同选择导致了他们这一时期作品有着类同的题材与相近的风格面貌，没有西方艺术理论所推崇的纯粹的“个性表现”和“精神创造”，但是他们的作品并不因此而缺乏感动世人、启迪和激励后学的画品和人格力量。当然，这不是我们仅通过他们某一时期的单幅作品所能管窥的。

2012年11月

原载《刀锋民魂—张漾兮艺术研究文献集》，中国美术学院出版社，2012年

回眸东方

——刍议张漾兮民族性版画语言形成的几个重要因素

安滨

二十世纪五十年代，中国的版画界有一位才华出众的民族版画语言的倡导者和践履者，其作品产生了广泛影响并引起国内外版画界的关注，这位著名版画家就是张漾兮先生。从今天看来，尽管他在民族性版画语言的建构与求索的事业上捭阖纵横的时间只有二十来年，陨落在辉煌璀璨之时的壮年，令我们无限惋惜，但他那极具标识性的中国民族性版画风格的木刻作品和具有广泛影响的教学思想深深地影响着他的同代人和后学，这些中国版画家们共同拓展着他那未竟事业和宏阔理想。

毋庸讳言，中国三四十年代兴起的新兴木刻版画在很大程度上是参照西方创作木刻的式样发展而来的。正如力群先生在《回忆“木铃木刻研究会”》一文所言："当时他们刻木刻既无老师指教，又无创作经验，唯一的参考品就是鲁迅先生所介绍的《近代木刻选集》《新俄画选》《梅菲尔德木刻》《士敏士之图》。有不少人的作品是模仿《士敏士之图》中的形象和刻法的，但也有一些作者是描绘了日常生活中比较熟悉的事物，因而这些木刻就显得有一定的生活气息。此外也有一些会员的作品，是从外国油画中抄袭来的。”

不同民族、国家间的文化与艺术的相互影响总是受到各种需求、处境、动机等多种因素的制约，从而塑造出不同的文化形象。在中国上个世纪三十年代，新兴木刻是由于革命的需要，鲁迅先生的提倡和引导，以及众多青年人的参与、坚持而壮大成长的。从社会背景来看，“五四”时期的内忧外患，“使思想家主张打倒出世的文人传统艺术，并主张引进西方现实主义、古典写实主义以关注现实，二十世纪初的中国艺术家确实在关注现实精神上，把西方的写实主义绘画的观念与创作形式换成为那个时代的新的艺术”（栗宪庭语）。

也许我们今天会问，为什么我们那个时候要学习西方文化而排斥或轻视自己的文化？为什么在艺术领域会关注西方的现实主义创作观念和表现方法？其实，在上个世纪二三十年代学习西方的艺术观念与创作形式，以及将艺术作为投枪匕首的革命武器是那个时代的需求使然，它并不是一个孤立现象，而是中国新文化运动的共同特征。

1919年“五四”运动以来，西方各种哲学思潮、科学技术、政治思想、文学艺术观念纷至沓来，中国传统文化、价值观乃至社会制度面临着前所未有的冲击。儒家价值观和封建制度为西方的民主、科学、自由的新思想所挑战。中国的学者开始大量翻译介绍西方的各种哲学、文学和政治著作，西方的艺术观念和表现形式也被介绍到中国。同时，对于西方文明是否比中国的文明更进步，抑或说是否应该学习西方和怎样学习西方的文化，在中国的二十世纪初年引起了一场大论战。到“五四”运动前后，文化上的论战达到高潮，其规模之大，时间之长，在中国近代文化史上是空前的。“从1915年《新青年》创刊提倡以西方近代新文化——民主主义批判中国原有的旧文化《封建文化》为开端，争辩持续十余年，先后参与者数百人，发表论文近千篇，专著数十种，这场论战既是清末年‘中学’与‘西学’之争的延续，又是新的历史条件下，社会矛盾激化的反映。”这场中西论战中主要可分为两大阵营，“一是集结在《新青年》周围的新文化阵营，以陈独秀为代表主张学习、引进、吸收西方文化，提倡拿来主义，甚至全盘西化；另一个是聚集在《东方杂论》周围的旧文化阵营，以杜泉为代表主张维护中国传统文化，并认为纲常名教，不仅是中国的国粹，更是中国生存的关键，而且是治西方社会病的灵丹妙药。”“五四”运动，更多的人是站在新文化的阵营，对传统孔孟儒学为核心的旧文化发起了猛烈的抨击。新文化激流的来势之猛，时代精神的变化之快，都是非常惊人的。学习西方的民主，科学的呼声振聋发聩，新文艺之潮席卷中国大地，向西方的现代文明学习已成为势不可挡的基本主流。中国的新兴木刻运动正是在这种时代背景下孕育而生的，因而它必然富有那个时代独特的精神表情。中国的青年版画学生们效仿欧洲的现实主义创作模式，到街头画流浪者、乞丐和苦力工人，并开始创作一些反映中国现实生活和革命斗争性作品。因为西方的现实主义绘画的理念和方法最能表现中国的现实需求，所以中国的艺术家选择现实主义绘画成为主流。有了这样的背景了解，今天我们看到三四十年代的版画作品，我们就会对这些主题和艺术语言的版画作品理解得更为深刻。张漾兮就是那些有着“艺术为人生”的理想，投身木刻版画创作实践，“传播被虐待者的呼声和激发爱国人对强权者的憎恨和愤怒”的人。他与同时代的青年人一样，全身心地拥抱西方的木刻创作理念、创作方法和表现形式，来表现中国的现实生活，表达内心的悲愤和向往。这可以从他早期的木刻作品《擦皮鞋的孩子》（原名《两种孩子》，1945年）、《抢米》（1946年）、《人市》（1947年）等这些黑白木刻作品中看到这一突出特征。从这些早期作品可以看出，张漾兮先生的版画艺术语言主要受欧洲版画和日本版画的影响比较深。如创作于1945年的木刻作品《两种孩子》在上海展出并被选入1946年上海开明书店出版的《抗战八年木刻作品集》。在这本有100幅版画作品的画集中的75位画家的作者介绍中，评价张漾兮的木刻版画作品是“风格豪迈，有倔强的线条，正和他的困苦不屈的性格一样”（叶圣陶序）。这幅木刻作品主要以粗犷的线性造型，概括地表达了在现实生活中无数这样穷苦孩子的生活景象。这幅作品不仅体现了他的生活周遭的景象，同时体现了他的艺术趣味和语言特征，同时也看出张漾兮在版画的中国特点上已有一些考虑。事实上，西方版画在鲁迅的大力推介下进入中国伊始，就在民族性这个问题上有了相关的探讨。如鲁迅在中国第一个版画家作品集《木刻纪程》小引中写道：“采用外国的良规加以发展，使我们的作品更加丰满是一条路；择取中国的遗产，融合新机，使将来的作品别开生面也是一条路。”他在1934年给木刻家李桦的一封信中又指出：“倘参酌汉唐的石刻画像，明清的书籍插图，并且留心民间玩赏的所谓‘年画’和欧洲的新法融合起来，也许能够创出一条更好的版画。”鲁迅的观点在今天看来也的确是拥有宏阔的视野和清醒的头脑，对我们当代版画创作仍有启发和指导意义。张漾兮先生在三十年代末开始接触版画，无疑会受到鲁迅文艺思想的引导和启迪，他在木刻创作中注重民族性与表现语言的探索是随着创作不同阶段的认识而逐步加深的。

中国版画艺术家对中国自身文化艺术传统的态度，与外来艺术观念创作形式的利用态度在二十世纪是几经变迁的。四十年代延安解放区的木刻版画，在毛泽东提出的“古为今用，洋为中用”艺术创作思想引导下，艺术家主动地去表现大众生活，反映农民、战士抗战斗争。最突出的表现方法调整就是艺术家按照群众的需求，去掉“阴阳脸”，尽可能多地去掉明暗手法以适应中国大众的欣赏习惯。张漾兮先生也积极响应这种创作态度，开始对来自西方的现代版画形式进行改造以适应大众审美习惯，对西欧版画手法的利用和吸收也同样是围绕广大民众的接受能力和接受水平来思考和实践的。他完成于1949年的木刻作品《我们的队伍来了》表现一群老乡登高远望，以各种生动朴实的姿态表现了老乡们见到解放军即将到来时的那种喜悦心情。画面去掉了人物的许多明暗细节，背景更加概括洗练，没有以前木刻作品那些多层次的明暗排线，整个画面显得单纯爽朗，主体人物神态也更加突出。可以这样说，张漾兮在四十年代版画的民族性版画语言的意识和实践是基于学习、掌握西方创作木刻表现手法的基础上，初步注意和探索了中国大众的审美方式和表现方法，也是鲁迅的“东方的美”和毛泽东的“洋为中用”艺术态度与方法论的导引下的初步实践。

新中国成立后，“百花齐放、百家争鸣”“古为今用、洋为中用”“推陈出新”文艺指导思想引领着中国艺术家们满怀激情地投入到民族化、大众化的创作实践。1949年11月，中央人民政府文化部颁发了《关于开展年画工作的指示》，对社会主义新中国的年画内容、形式、生产方式及销售等方面都作了详尽的指示。从1950到1953年，新中国开展了第一个美术运动——新年画创作运动就体现了政府倡导和关注艺术创作为广大人民群众服务，运用人民群众喜闻乐见的美术形式表现新中国的新生活。无疑，注重人民群众喜闻乐见的形式，“洋为中用、古为今用”的文艺方针同样引领着张漾兮先生进一步思考版画的中国本体化语言的研究和实践。在这方面，张漾兮先生是用了心去思考并寻求了具体办法的。正如张漾兮在自己的个人木刻画集中的序言中写道：“我为了吸收中国民族艺术的养分运用于木刻中去，很长的一段时间不刻木刻，而去画中国画，看中国画的作品。这样一来，眼光就不同了，搞出来的版画作品也自然地具有中国气派。”

张漾兮先生1954年创作的水印木刻《牧歌》，这幅优秀作品（入选上海人民美术出版社出版的《十年来的版画选集》）即是吸收中国民族传统艺术养分运用于创作版画的研究方法所取得的民族性版画语言的优秀成果，作品具有很浓郁的中国气派和美感。这幅作品整体视觉效果清丽淡雅，表现了一个小山坡下两个牧童躺在草地上看小书，身边是一群牛羊在初春的草地上啃草，与山坡上高大的梧桐树和农舍人家构织成一幅诗意的图画。一派宁静的早春景象寓意了新中国的幸福祥和的生活。显然，中国传统绘画的研习对张漾兮的民族性版画语言的研究和探索起到了催生的作用，是他获得民族性版画语言的重要因素。他通过看国画、画国画来寻求视觉的感受方式与表达方式的中国性趣味。他在作品中的刀法运用也充满了笔意与神韵，色彩的运用更是淡雅简约，与色彩的套版与墨色主板的关系似乎有“色不碍墨”的法度掌控其间。

张漾兮先生进一步的民族性版画语言的探索和中国本土版画建构的理想是一次特殊的契机所推进的。1955 年，张漾兮出访匈牙利、罗马尼亚，并带去一批国内版画家的作品，与国外版画家交流。许多外国朋友看了这些作品后，不约而同地认为作品很好，可惜都是欧洲的风格，看不出中国的风格。他们说：“你们中国有几千年的历史，有极其丰富的民族文化遗产，为什么你们不去学习自己本民族的东西，而要模仿西方人的风格呢？”这引起了张漾兮的深思。他深刻感到，中国版画要屹立于世界版画之林，必须解决民族化的问题。回国后，他便改革版画系的教学方针，决定在版画系开少量中国画课。同时还为版画系大量收集古代画像石拓片和民间艺术，如天津杨柳青木板年画，苏州桃花坞木板年画，福建神马、灶马，浙江民间剪纸，等等，作为师生学习借鉴的资料。他身体力行，在创作中认真探索版画的民族风格。但他反对简单的照搬，反对表面化的模仿民族、民间的表现形式。他说："应当把民族、民间的艺术特色有选择地吸收到自己的创作中，使作品既带有民族风味，又具有自己独特的风格。"在张漾兮的带动下，版画系师生曾掀起一股探索版画民族风格的热潮，创作出许多富有中国气派的版画作品。这次出访带来的思考是张漾兮进行民族性版画语言探索的又一个重要因素，而且更坚定了张漾兮先生建构中国本土现代版画语言的教学与创作实践的意志与决心。

为了在教学上能有系统的传统水印技法制作技术的传承并运用于众现代版画创作，1956年，张漾兮出任中央美术学院华东分院（现中国美术学院）版画系首任主任的两年后，他安排夏子颐、曹剑锋、张玉忠老师专程去北京荣宝斋学习水印木刻技术，回来后在版画系建立了水印木刻工作室、水印工厂。将中国传统的饾板印刷技术、拱花印刷方法，传统的分版技术、拳刀雕刻技术引入中国美术学院，对浙江版画的本土版画语言的建构与承传起到了十分重要的作用。

张漾兮先生为了让学生对中国传统优秀文化艺术产生感情，发生兴趣，把苏州年画艺人请到学校。如陈聿强先生回忆道："张漾兮先生请来苏州的年画艺人，在美术殿堂印刷桃花坞木板年画。张漾兮先生对桃花坞木板年画感言：版画需要民俗特色。"

张漾兮先生本人在版画创作中的民族性版画语言的探索与实践也随着他的认识而不断推向深入，充满激情地拓展民族版画语言的新形态。五十年代中期以后，他继续向中国的优秀传统艺术汲取营养。这也暗合了当时国际建筑界提出的一个学术主张："回过头去寻找未来（Look Past for Future.）"。张漾兮开始对传统的汉画像砖的形式语言发生兴趣，他于1956年创作的《送饭到田间》木刻吸取了汉画像砖的表现语言，作品更具有淳厚的东方审美情趣与雕刻方法，版画作品的背景画面大块留白，人物外形以刀的摇刻形成的细碎残缺的刻痕，似有汉画像石般的趣味却不露痕迹。这幅版画作品在运用我国传统艺术元素而再造新的形式语言方面堪称为经典作品。其实，在五十年代中期，研究和运用汉画像石于版画之中的艺术家大有人在，如版画家马达的砖刻版画《屈原像》，正是吸取汉画像石的风格与造型语言完成的作品。他利用了砖刻这种材料，模仿汉画像砖的效果，画面还采用了中国画提款的形式。但使人感到不足的是他作品的语言和个性特征都尚显不足，还停留在初步模仿中国古代石刻效果的阶段。与马达的砖刻版画相比，张漾兮的木刻《送饭到田间》《采茶》则显得更加成熟。他是将传统的艺术形式元素巧妙地融合在自己新的创造中，而不是用传统的艺术样式直接套用在今天的人物和生活景象中，这正是他的高度所在。

今天，我们回忆并观察张漾兮那代人的学术理想与创作实践，无疑对我们的艺术实践是有启发和再思考的意义的。对于中国这样一个拥有悠久历史和艺术发展史的民族而言，我们“仅仅掌握西方美学和艺术式样思想是远远不够的，用现成的西方美学观念和创作方法来对应中国的艺术对象问题及表现，往往会丧失中国人特有的文化内涵及审美体验的共鸣”。我们的态度应该是既能以宽广视野全面地从世界各民族的艺术活动审美经验出发，认识并深刻理解不同民族的审美活动和表现方式、独特价值，吸取我们各自认为有价值的“良规”，同时能充分挖掘我们民族特有的美学资源，让中国的审美与文化内涵充分得到体认并活在我们的创造活动中，创造属于当代的中国人的艺术，这无疑是我们要做的事情，也拥有无限广阔的空间。

对中国版画前辈张漾兮先生致以深深的敬意。

2012年11月于杭州中大文锦苑

原载《刀锋民魂——张漾兮艺术研究文献集》，中国美术学院出版社，2012年

双重锤炼

——张漾兮先生的写生与创作

陈焰

翻开张漾兮先生的画卷，犹如展开一张历史地图，记载着这位艺术家的创作历程。作为版画家，他自觉跟随鲁迅所倡导的“新兴木刻运动”，以刻刀和画笔为投枪匕首，在社会激荡的漩涡中创作真切、深刻的艺术作品。张漾兮先生自20世纪30年代开始自习木刻，至40年代末先后任20种报纸和画刊的美编和漫画记者。在他作为媒体人和画家的创作盛期，漫画每天一张，木刻作品每周一幅，根据耳闻目睹的确凿新闻，以形写情、变形取神，针砭时弊，奋笔挥刀，创作和发表漫画作品1500幅左右、木刻作品110幅左右。1949年赴北平参加全国文代会后，漾兮先生执教国立艺专，于1954年领衔开创中国美术学院的版画之路，以艺术实践与美术教育终其一生。作为一个注重内涵提升的艺术家，他同样关注其他的艺术形式和手法，创作了多幅插画、连环画、水墨和水彩作品。

艺术是创造的精神活动，对思想性、艺术性、简约性和概括性有极高的要求。古今中外，艺术家们都在寻求着“咫尺万里遥”的途径和方法，追求以少胜多、计白当黑、含蓄尚简、画外有情、意在言外的意蕴。清人魏禧在《日录论文》中说：“东房言作文者，善改不如善删，此可得学简之法。然句中删字，篇中删句，集中删篇，所易知也；善作文者，能于将作时删意，未作时删题，便省却许多笔墨——能删题乃真简矣。” 其所谓删字、删句、删篇，乃形式上的“炼句”，比其难而重者，是“删言、删题”，乃构思上的“炼意”。阿恩海姆说：“由艺术概念的统一所导致的简化性，绝不是与复杂性相对立的性质，只有当它掌握了世界的无限丰富性，而不是逃向贫乏和孤立时，才能显示出简化性的真正优点。”达到技道融一是每个艺术家必须要历练的痛苦过程，包含着蜕变与再生。蜕变者，内涵改变也，将艺术家的艺术涵养，一层层过滤，去芜存菁，以至题材丰富、意境深远的境界；再生者，是经过不断的思索与尝试，终成涅槃，超越了自身、诸物的范围，将意涵、观念内涵通过个人的独特风格而达致更完美的艺术建构。

纵观漾兮先生一生的作品，可以发现对这种技道融一的自觉追求，对再生的不断尝试。无论是木刻、水墨、水彩，还是漫画作品，存在不少同一题材的作品以不同的媒材或者不同的形式进行的表达，或者不同题材在不同时期却以同一形式语言进行表现。按照作品的题材、媒材与形式语言，我们试做以下归类与解读。

一、同题材不同版本的木刻作品

以1949年前后为界，分别有4组作品至少存有2个版本。1949年前的木刻作品《哀苦》、《告地状》（1942年、1945年）、《擦皮鞋的孩子》（1945、1946年）、《吃大户》（又名《饥民》，1946年、1948年），先后都有两个同名版本问世。1945作木刻《街头疯妇》与1946年的《抗战遗孤》实为同内容作品。同样，作于1963年至1964年间的《开镰图》《抢救》《工地午休》分别有两个版本，1955年至1956年的石膏版画《冬——匈牙利农村》也是如此。

这些作品所具有的共性是，无论是在内容、构图的取舍，还是在画面语言的表达上，第二版的作品总是比第一版作品在画面人物形象塑造、气氛营造、构图构造上更为简约概括，也就更加具有绘画自身的张力。显然，1949年前的作品是揭露和控诉社会黑暗与丑陋的，画面常带有逼视观众的冲击力。比如《抗战遗孤》还有一件同题材的、尺寸为整开素描纸大小的彩墨画，占据画面正中是拿着“杀敌光”木牌的妇人全身像，披头散发扑面而来，用重彩塑造的她正愤怒逼视着观画的人，她的孩子伴随一旁，后面是一批用淡墨勾画的麻木的国人，正在无情地嘲笑这对母子。这个“紧握着世事的形象”，令人触目惊心地难受，不难想象那两件同内容的木刻作品是怎样在漾兮先生的手中推敲。1945年的木刻《街头疯妇人》还尚平静，“杀敌光”的木牌上是一枝凋谢的玫瑰，画幅较小，画面以横竖水平的稳定构成，装饰意味较强，画中的妇人与孩子还可以远离人群的嘲弄。而到1946年的《抗战遗孤》，瘦弱的孩子惊恐地拽住母亲大腿的手臂，与母亲的衣襟、后方马路之间构成画面的一道斜线分割并支撑着画面，已经造成动荡和不安。再加上画面右下角的黑色块的哮犬，远处人群中扔石头的孩童，以及妇人举牌的左手及其左右方向沿线，同构而成画面的另一道斜线，与前述的那道斜线汇聚在妇人直立的身体线上，从而合成一个喇叭状，构成掷地有声的呐喊。相较而言，1949年后的那几组作品气息祥和宁静。除了现实主义绘画的讴歌意味外，这些作品在语言的表述上尽管还有叙事的成分，比如木刻《抢救》的第二个版本，其画面大片去背景化的处理，人物简洁的线性造型，延续他《送饭到田间》的造型方式，已经充分表明漾兮先生在探索版画民族化语言方面的努力。同样，《工地午休》第一版和第二版的较为微妙的区别也验证了作者对创作的孜孜不倦，这件作品还有第三版没来得及铲底，是先生最后的遗作，体现了先生对高度简洁和概括的版画语言的追求。换言之，愈简约者愈能包容复杂的内涵。《老子》有云：“道生一，一生二，二生三，三生万物，斯理也。”

二、同题材、同构图、不同媒介的造型转换

1955年，张漾兮先生受文化部派遣只身出访罗马尼亚和匈牙利近5个月，带回水彩、彩墨、版画、素描速写作品百余件。其中有7组共14件作品的写生与版画创作在内容和构图上几乎一致。写生媒材为铅笔、水彩和水墨，版画为石膏版，以人物肖像为主。另外还有一件是根据几幅水彩写生，于次年完成的水印木刻《罗马尼亚农村收割图》。

先生时常随身带着画具逮着机会绘画，但同时又“有计划地收集素材，不仅画人物，且画一切与人有关的环境、道具和服装等等。使得零碎的速写成为画典，平时就进行创作题材的酝酿”。先生50年代的水彩轻松明快，寥

寥数笔，概括到位，勾勒几条线便可整理出一件敦厚朴实的版画意味的作品来。而先生的这几件东欧的石膏版画，多是在旅店休息时间根据写生刻画一气呵成。从水彩、水墨和素描的用笔转换到木刻刀的刻画，期间的笔与刀的游走变化没有半点阻隔与晦涩，尤其相比素描，刀痕凿凿的黑白对比完成了从写生到创作的转换。

此外，1954年的套色木刻《西湖风光》，1961年的水印木刻《三潭印月》，1963年的黑白木刻《村舍黄昏》，都各有一幅内容、构图相同的水彩作品。《西湖风光》取材孤山俯瞰西子湖，那件水彩作品是较写实的记录，虽然现在纸张已经泛黄，却依然看到透亮而冷静的色彩发散出被阳光沐浴的西湖风光。同一构图的套色木刻作品用笔较似西画的精雕细刻，色彩只有面积不大的蓝绿远山和一点红窗楼阁，但画面整体上的一道黄色的套印笼罩，尽显西湖的温暖和煦。这件作品属于先生在版画教学中作为启发年轻人而作的示范作品，是他“经常在探索新的表现方法和更适合于内容的各种艺术形式”的尝试，问世之时很有影响。

1960年套色木刻《西泠桥》完成后，漾兮先生自己却说那张《西湖风光》看起来就“蹩脚了”。那个时段先生已在养病，期间常习中国画。先生的遗作中，单单《西泠桥》作品中的的宝石山图，同构图的有一件水彩、一件黑白和一件设色的水墨。先生创作木刻《西泠桥》时，先在桥上取宝石山势，再退到苏堤取西泠桥，然后将二者合成一方印章般的构图。画面去除细枝末节，在木板上大刀阔斧进行大写意，最后在乌黑的油墨色块上着以油画色料，以“雨后千山铁铸成”（潘天寿评语）建筑出一个别样的西湖。1960年以后的《三潭印月》《村舍黄昏》等作品可以让人感受到他用色和用笔造型的力量。可以说，从水彩习作到木刻的完成，皆为具有中国画和民间版画艺术实验的典范。

三、同题材、不同媒材的写生锤炼

我们在漾兮先生的作品中，还可以发现大批写生作品都具有两个版本，其中的差别要么是所用媒材的不同：水彩与水墨或各一张，甚至不同程度着色的三张；要么是同题材、同媒材而构图稍有差别的几组。比如1955年出访东欧的人物和风景的水彩、水墨写生有8组20件之多。1962年赴桂林和广东体验生活的水墨、水彩画也有8组20余件。在访东欧笔记中先生提到彩墨画很受东欧艺术家赞赏。他的那批彩墨中的色彩混合了水彩和国画颜料，但更突出的自然是他的造型与克制、到位又清雅的用色。比如一个站立，一个用手支撑脸庞的两幅《匈牙利少女》，是人物设色水墨画的两件传神之作。而水彩《广东乡村工地》，以及描绘罗马尼亚集市的《托卡德集市》，小幅的画面传递出如此大的场景与气氛，显现出先生在色彩造型语言上的功力与修养。

漾兮先生对写生的重视程度，可以完全从他自己直接从生活中取材的创作中体现出来。同样，先生教书育人也强调创作训练比单一的技巧训练更为重要。他认为“速写是活的记录”。他要求练笔达到“闭目如在眼前，放笔如在笔底”，如此达到默写形象的能力。1962年的一组江岸《待渡》的作品，有铅笔、水彩、彩墨各一件，水墨两件共五件之多，其中的彩墨和水彩已经从写生转化成创作，成为两件独立的艺术作品。正如他笔记中提到的王铎所谓“触目纵横千万朵，赏心只有三两枝”，素材的提炼、取舍全在“赏心”二字所包含的意义之中。他提出的造型目标“捉形捉神，以形捉神，以形写神之形”，从而传达更深远的“意”，含有深刻的社会文化层面意蕴，和中国传统美学和艺术对意境和神韵的追求遥相呼应。

待渡　1962 年

先生从50年代初期在绘画系任教留下的一些水墨和水彩的人物课徒稿，已兼取了这两种媒材的某些画法。当时黄宾虹尚健在，先生带着作品登门拜访黄老取经切磋，那些仿黄老先生的山水笔墨实验表明他这个时期的探索和研究。20世纪60年代他继续实验，试图在传统水墨样式和笔墨中获取新的创作资源。比如同构图的《漓江奇峰》的黑白与设色的两张水墨已经显露出版画意味的过渡；水墨画《杭州饭店》已经有一张版画墨稿勾勒完毕，如果没有推测错的话，这应该是先生的未能完成的版画《西湖风景系列》计划中的一件所依托的水墨范本。

西湖风光　1954 年

事实上，漾兮先生对中国画的兴趣和实验可追溯到他的青年时期。留存至今的二十世纪三四十年代的那批大量的水墨人物作品中，同样包含出同内容、同语言反复推敲的面貌。《果贩》《民间琴师》《街头木匠》等都有同构图作品，分黑白、彩墨各一件，或者甚至二到三件的水墨作品呈现，其中《民间琴师》后来成为木刻《民间琴师》中琴师的蓝本。同样，先生遗作中十几幅困苦的窑厂儿童速写，显然是为木刻《瓦窑工人之子》（1941）提供的作品创作依据。1949年，曾由漾兮先生带去参加全国文代会时期举行画展的水墨作品《母与子》，与木刻《饥饿的愤慨》（1946）中的母亲同为母亲群体的形象典型。木刻《薅秧归来》有一件同样内容、构图相仿的彩墨作品，这是至今查知的唯一一组版画（1942）创作在先，水墨作品（1946）创作在后的作品，而且两件作品时隔四年之久。这件彩墨画属于现存水墨中的大尺度作品，也是先生自己满意的一件设色水墨作品。画中描绘辛劳农民放工时的群像，人物一字排开，与先前的那张小小的同题材木刻相应，也更像一幅史诗绝唱。值得一提的是，这个列队行进的图式在同期的多幅漫画中出现，1948年的一件木刻，以丰碑形式作鲁迅先生像的基座上也刻有一个“一”字型的行进列队，1956年的经典之作《送饭到田间》亦如此构图。先生对这种内容与形式的长达十多年的偏爱，也正好说明先生对艺术创作反复锤炼的态度与方式。

开镰图

漾兮先生说过，创作作为观念形态的艺术，是对自然形态艺术的加工，后者是前者的唯一源泉，正是它使绘画更具理想性、典型性和普遍性。创作不仅是“对客观事物的艺术概括，同时又必须是作者的主观感受的具体表现”。“画出活的感觉，更要画出你的智慧”，如果现实主义的绘画仅仅反映政治，就会狭隘化。绘画内容虽然是叙事的，直接反映自己所处的时代，但是绘画终究还是要回到绘画的本体语言。先生的画作呈现出形式与内容的高度概括的统一，在对人性的刻画中投射出对人的终极关怀。“真实是艺术的生命”，这就是为什么先生的作品在后期主题性那么强，却依然感动。画画的人，终究是“画天地间的关系”，先生如是说。

古人梅尧臣曾道出炼句要“言简意深”，要“意新语工，得前人所未道者……作者得之于心，览者会以意，殆难指陈以言也”。宋人陈骙在《文则》中对炼意有言：“文之作也，以载事为难；事之载也，以蓄意为工。”对艺术形式的“炼句”，以及对艺术内容的“炼意”，不正是漾兮先生在蜕变和再生的艺术历练中的双重锤炼吗？先生在创作盛年的不幸离世，大概是上苍对其生命的留白吧？他的艺术生命，也因此处的留白而富有更深层的意蕴了。

谨以此文献给我从未谋面的外公，以及为外公付出并承担一切的外婆。

2012年11月于西子湖畔

原载《刀锋民魂——张漾兮艺术研究文献集》，中国美术学院出版社，2012年

铁笔丹心照汗青

——纪念前辈艺术家张漾兮先生

徐翎 辜居一

前言

前些时候，有幸得阅张漾兮先生工作笔记数笺。在讶于其中不畏琐细的谆谆提点之言同时，也惑于一些不合时宜，抑或说只合于彼时时宜之语，如见于1953年笔记的造型艺术工作者对生活的观察方法必须是：1. 马列主义的；2. 形象的。就是说必须是群众观点、阶级观点、科学观点和从可视形象的角度看事物内在的本质，而且两者必须有机结合。没有马列主义观点就不能认识事物本质特征，还有不能从可视形象去认识事物的本质特征，就不能用造型艺术来表现它……如果不是此后还跟着一句“作品的感染力，完全是要通过形象塑造来达到的”，很难想象那是一位创艺多年颇有成就的艺术家所写下。当然，这里也缘由笔者自身的局限，对于五十年代初的社会氛围，终是难有切身体会。幸于漾兮先生的艺术家身份，认识感知漾兮先生，在文字之外，尚有他的艺术创作可言明自身；不止于此，漾兮先生同时也以自己在版画领域立系、教学等诸多业绩，向世人细述了他铁笔丹心的一生。于其间，其困厄辛苦的生活历程为憾为惜，而其方正真纯的赤子之心则可感可叹，令人景仰！

铁笔一生

从原名张国士到笔名张漾兮，是漾兮先生早年人生阅历的小结，也未必不是其内在性情的外化。

张鼓峰先生在写到父亲早年生活经历时说：“颠沛流离的生活，不幸的遭遇，使这个二十多岁的青年感慨万千。他深深感到，人生好比一条小船，在波涛起伏的大海里漂泊。'路漫漫兮，荡漾兮……'感慨之余，他为自己取了个笔名——漾兮，这个笔名陪他度过了一生。"[①] 以漾兮之名，映照一副铁笔、几块木版刻就的《断炊》（1935）、《拼刺刀》（1937）、《冲向敌阵》（1939）等早期作品（现已绝版），率直粗糙的艺术形象漾然溢出澎湃激荡的情感。这种直白的情感没有在艺术作品中过多艺术化，也不独见于漾兮先生。1935 年，中国木刻最著名的倡导者鲁迅先生在文中将此种情感概括为"艺术学徒的热诚"，他说："近五年来骤然兴起的木刻，虽然不能说和古文化无关，但绝不是冢中枯骨，换了新装，它乃是作者和社会大众的内心的一致的要求，所以仅有若干青年们的一副铁笔和几块木版，便能发展得如此蓬蓬勃勃。它所表现的是艺术学徒的热诚，因此也常常是现代社会的魂魄。实绩具在，说它'雅'，固然是不可的，但指为'俗'，却又断乎不能。这之前，有木刻了，却未曾有过这境界。"[②] 正是有此魂魄，新兴木刻时期的中国木刻虽起于一副铁笔、几块木版的简陋之中，却也达到从未曾有过的高尚境界。彼时，在以完善的艺术形象烘托作品感染力之前，独特的历史情境及充沛的个人情感之间的共鸣先声一步，夺了人的心魄，尤令青年人追慕。

艺术学徒的热诚并未蒙昧他们的双眼。一方面，有徐悲鸿等成熟艺术家指出此时木刻"构图皆具才思，而造形（型）欠精"的"普遍之通病"[③]；另一方面，木刻青年们也自省着，寻求解决之路。1944年前后，漾兮先生停下刻刀，放下"大刀阔斧、乱砍乱劈"[④]的创作习气，转向磨炼造型能力的素描，以及对民间年画、汉代画像砖和古代书籍插图的研究。这次的停顿可谓及时，且意义深远。这一刻的艺术领会，在日后漾兮先生的创作、创业、教学诸工作中时常展露身影，获益者甚众。

于漾兮先生，立时即见的变化可见诸于《擦皮鞋的孩子》（1945）、《饥饿的愤慨》（1946）、《人市》（1947）、《抢米》（1947）、《丰收果实》（1947）、《煤矿工人》（1948）、《咱们自己的队伍来了》（1949）等作品。铁笔刻白留黑之下，人物形象完整谨严、个性鲜明，画面逐渐去除轻浅的讽刺漫画味儿而代之以深重的时代气息和苦难情怀。至此，漾兮先生的木刻创作呈现出与其漫画创作有别的样式面貌，木刻之味渐浓，木刻之力量顿现。

漾兮先生1949年后的作品，最突出的一点变化是于黑白木刻之外，创作多了许多色彩。这个色彩既在他的木刻作品中展示，亦由油画、水彩、国画等多种作品样式呈现。套色木刻《修堤防灾》（1950）、《西湖风光》（1954）、《牧歌》（1954）、《采茶女》（1956）、《运粮入社》（1958）、《西湖西泠桥》（1960）等作品情味一转以往的沉重压抑而至温暖愉悦。这固然与作品题材相关，具体表现在技法上，还有刀法的相对细腻。《采茶女》中鲜明的传统年画韵味及人物类于京剧人物白鼻白额的形象，或是漾兮先生的另一种探索。

此期的黑白木刻也有了不同以往的韵律感和节奏。漾兮先生最著名的黑白木刻作品之一《送饭到田间》（1956），构图、技法均借鉴了古代长卷及汉代画像砖，渐次铺排于白底之上的大小人物与燕子，宛若行走于黑白键上的旋律之歌，长短相宜，轻重互益。另一幅《匈牙利陶器工人》（1955），从背景处排排列行器型各异的小陶罐，到前景地面高低错落的大陶罐，其间的黑白相映简直称得上合唱曲中美妙的和声；画面中间身着白色围裙的陶器工人，恰似声线清亮的领唱，拔高了整曲的声调。这样的韵律节奏以往不曾出现在漾兮先生的作品中，也少见于之后的作品。于此，或可一窥先生此时怡然的人生况味与情感走向。

而在这些优秀作品面前，漾兮先生保持着一贯的谦虚。他在个人总结中写道："1949年后，由于在学校担任教学工作，为了想使自己的作品和教学结合起来，作为示范，所以经常探索一些新的表现手法和适合于不同内容的各种艺术形式，以便给青年们一些启发。从《西湖风光》到《匈牙利陶器工人》《罗马尼亚农忙收割图》，以及《送饭到田间》《运粮入社》等等，都有其不同的表现形式和处理手法。当时探索的方向如一，就是想向民族艺术的各方面去学习一些东西。然而传统艺术是那么丰富，难以很快全面地去理解它、消化它，因此理解得不深不透，甚至错误地领会也在所难免”[⑤]。

从直白的革命情怀到蕴藉的艺术怀抱，漾兮先生的艺术之路回到了艺术之中。

令人扼腕叹息的是，漾兮先生脆弱的健康情况将这刚拔起的声调降了下来。未晚之年，严重的哮喘疾病就已开始消耗他的精力、体力。即使有着坚强意志带病工作，而创作之力到底不济，在病榻上勉力为之的《抢救》（1962）、《会诊》等作，谨严依旧，趋于僵硬。而漾兮先生终究不肯放下手中铁笔，未及铲底的《建筑工地》一作成为绝唱。

丹心一生

漾兮先生至今为人感怀纪念，其魅力处，不止在其艺术成就。在家人、画友、同事、学生的记忆中，不管个人境遇如何，他始终是个正直和善、坚毅克己的人。惟其如此，方能不改初衷，不畏苦难，怀抱理想，一步步行走在荆棘丛生的生命泥沼。

在摸索木刻艺术的同时，漾兮先生还以其多产的时事漫画和勤奋的办社团办刊物经历闻于人前。以人们口中描述的温和慈祥的漾兮先生形象，颇难推导出风格犀利的漫画家漾兮先生。那些面目丑陋的人物形象，与其说出自画家的刻薄天性，莫如说更多源自画家的使命感责任感，即揭示袒露出社会中的一切伪善。在此间，个人生活的不幸从未直接入题；并非毫无感知，只是相对于社会的不公、人世的离乱，它变得小了、少了，即使偶露身影，也投射在了普世的苦难之中。就在普世的苦难中，漾兮先生坚持艺术家的良心立场，以四川人的痛快麻辣，针砭世间丑恶，宣扬良善。起初1937年与画友乐以钧、苗勃然、谢趣生等二十多个艺术青年成立“四川漫画社”，提出“以漫画为武器，宣传群众、打击敌人、揭露汉奸、讽刺醉生梦死者，为掀起全民抗战的民族革命战争服务”口号，并组织作品巡展、义卖，切实地助力抗日宣传、救济工作。此后他又相继接下了抗日救亡爱国报纸《新民报》《国难三日刊》《时事新刊》《华西日报》等报刊的美术编辑或漫画记者工作，并与友人合作创办

《战时后方画刊》，同时给《星芒报》《华西晚报》《新新新闻》《英文日报》《捷报》等进步报纸投稿。1945年10月10日至1946年2月20日间，漾兮先生与翁耘圃、陈子涛、曾巴波等人共同创办《自由画报》，而创刊134天发表143幅漫画作品的高产经历，是漾兮先生艺术创作的又一次发力。在这样密集的创作活动中，首先得到锻炼的当是坚忍的意志力以及艺术主题的提炼能力，在未来的个人创作乃至版画教学中，都可找见这些经验的痕迹。据漾兮先生家人统计，从1937年至1950年，张漾兮共在成都、香港、南京、北京等地的20种报纸上发表了漫画、木刻和速写，如今能查阅到的作品多达1500幅以上。[⑥]

如果说漫画创作更多出于个人爱好，锻炼了漾兮先生提炼主题自创形象的能力，社团及办刊工作则多角度地锻炼了漾兮先生的组织、调度等多方面社会工作能力。正因如此，1953年漾兮先生受命创建中央美术学院华东分院（今中国美术学院）版画系时，能够白手起家，架构敦厚朴实的学风学貌，完成使命，泽福后人。

漾兮先生的热血丹心不止见于国难之时。虽然曾深受压迫，并祸及家人，但漾兮先生从未颓唐过。即使在生活中背负着沉重家累，漾兮先生对于艺术的真诚，对于他人的真挚，对于工作的诚恳，从未失去。很难想象他是如何做到这一点的，而他的确做到了，在后人的记忆中，总能翻到那些充满真切感情的温暖片段。

相对于个人情感而言，漾兮先生于乱世大义的清醒，更让人印象深刻。本文前言中笔者的惶惑即释解于这样的认知中。作为工作笔记，其文字大可看作笔记主人思索的方向及过程，而思考的结论，只见于其言其行。

因而，我们能理解，漾兮先生在谈到要用马列主义的观察方法观察生活的同时，教导他的学生“要在生活中形象地观察本真性情——内在思想感情。要冷静地观察，找出对象的形象特征，牢牢深记，则能达到‘闭目如在目前’。要经常如此才能达到默写形象的能力。也要经常练笔，反过来又使眼睛更加锐敏，脑子记忆更深，久之就可以做到要画什么就有什么”。[⑦]我们能理解，在学院取消国画专业之时，为何漾兮先生敢于聘请国画科的老先生们来给版画系的学生上国画课；我们能理解，漾兮先生为何能先见后日的凌乱，抢先收藏保护一大批民间版画原版及印刷品，使其免于绝世；我们亦能理解，在二十世纪五六十年代，艺术创作主题日益光怪陆离、夸张荒诞的社会氛围之下，为何少见漾兮先生的此类作品。

个性之真融于艺术之真的追求中，即使闭目，犹在眼前，漾兮先生又怎会失去自己的理想呢！为人的良善，求艺之真纯，生命虽短，却终其一生，漾兮先生以铁笔与丹心，写就一曲感人诗篇，汗青可载。时至漾兮先生诞辰百年，今人的缅怀，感怀之余，更多启示。为人，学艺，漾兮先生，当为先师。

原载《刀锋民魂——张漾兮艺术研究文献集》，中国美术学院出版社，2012年

注释

① 见张鼓峰《张漾兮（1912–1964）》，载于朱伯雄、曹成章编《中国书画名家精品大典（全4卷）》，浙江教育出版社，1997年。

② 见鲁迅《<全国木刻联合展览会专辑>序》（1935年），摘自郎绍君、水天中编《二十世纪中国美术文选（上卷）》，374页，上海书画出版社，1996年。

③ 见徐悲鸿《全国木刻展》一文："平心而论，木刻作家，真具勇气，如此次全国木刻展中，古元以外，若李桦已是老前辈，作风日趋沉练，渐有古典形式，有几幅近于Durer。董荡平之荣誉军人阅览室，乃极难作的文章，华山之连环图，王琦之后方建设，皆是精品，西崖有奇思妙想，再用功夫素描，当更得杰作，荒烟、傅南棣、山岱、力群、刘建庵、谢子文，皆有佳作，焦心河之蒙古青年，章法甚好，刘铁华、黄荣灿，雄心勃勃，才过于学，李森、陆田、沙兵、维纳、李志耕、万湜思及多位有志之士，俱在进步之中。构图皆具才思，而造形（型）欠精，此在李桦、古元两作家以外，普遍之通病也"，原载1942年10月18日重庆《新民报》，摘自郎绍君、水天中编《二十世纪中国美术文选（上卷）》，593–594页，上海书画出版社，1996年。

④ 见鲁迅1934年致郑振铎信："以为凡革命艺术，都应该大刀阔斧，乱砍乱劈，凶眼睛，大拳头，不然即是贵族。我这回之印引玉集，大半是供此派诸公之参考的，其中多少认真、精密，哪有仗着'天才'一挥而就的作品。"转引自汪刃锋《中国木刻之过去与未来》（1946），原载1948年上海金屋书店出版《南中国的画像》，载于郎绍君、水天中编《二十世纪中国美术文选（上卷）》，638页，上海书画出版社，1996年。

⑤ 见张鼓峰《张漾兮（1912–1964）》，摘自朱伯雄、曹成章编《中国书画名家精品大典》（全4卷），浙江教育出版社，1997年。

⑥ 见漾兮先生女儿张芦宛《画家张漾兮的版画与漫画创作》一文。

⑦ 见漾兮先生家人整理《张漾兮1953年笔记》。

艺术家的良心与责任：张漾兮先生的遗产

邵彦

（一）

学术界一般把民国后期的美术史按地域和社会环境划分为国统区美术、解放区美术两大块，还有抗战时期的沦陷区美术一小块。毋庸讳言，国统区美术在人才和水准上最具优势，包含的风格也最丰富多样。曾在第二次国内革命战争后期（1930—1937）以上海为中心，以鲁迅为导师，饱受国民党政府打击迫害的左翼美术，尤其是富于战斗性的木刻和漫画，在抗日民族统一战线的社会条件下又获得了艰难的发展空间，并且补充了许多新生力量，张漾兮先生就是其中很有影响力的一位。他代表了一批国统区左翼美术家的特点，可以说他们是身在国统区的解放区美术家。他一直生活、工作在国统区，只有在1949年前夕才一度避居香港。在抗战期间，四川是大后方，他生活的成都接近国统区的心脏重庆。他没有去过上海，没有见过鲁迅先生，曾经试图奔赴延安但没有成功。但是他的思想和上海的左翼艺术家，与延安的"鲁艺"艺术家们是基本一致甚至同步的。

从青年时代，他就以鲁迅先生为精神导师，画过多幅表现鲁迅精神和风采的作品。鲁迅介绍到中国的珂勒惠支、麦绥莱勒版画是他早年自学的对象。他在抗战前期的救亡宣传创作还更多地带有民族情感的自发性，对国民政府的芸芸大佬也不乏好感，如多达90幅的漫画人物头像中，大多为当朝政府高官，以官衔称呼之，尚有敬意。但大后方的种种黑暗现实使他逐渐对政府失去了幻想，思想和艺术上都发生转变。1944年初，张漾兮从朋友处得到一本毛泽东《在延安文艺座谈会上的讲话》和在《讲话》精神指导下发表的一批解放区的木刻作品，从此认识了共产党，获得了新的精神指引，从此更自觉地把深入生活，表现工农群众的形象与感情作为自己的任务，也更深刻地把批判的矛头指向了腐朽的社会制度。据其长子张鼓峰先生所写《张漾兮生平与艺术道路》一文所载："此后有一年多几乎没有动刀，把全部精力用于深入生活，画速写，这段时间他曾到川西农村、成都砖瓦窑、山区小煤矿去深入生活。农民、工人的悲惨生活和非人的劳动条件，给他留下了深刻的印象，从一九四五年开始，他的作品便以新的面貌出现，这一时期，他刻了《告地状》《擦皮鞋的孩子》《饥饿的愤慨》《丰收果实》《人市》《抢米》《煤矿工人》等较深刻的作品，这些作品受珂勒惠支影响较大。同时也吸收了一些汉砖的特色，形式上是粗细线相结合加黑块。初步形成了自己的风格。"

他对四川底层城市贫民、农民的痛苦生活的关注深入、持久而全面，画中不但充满了深沉的同情，也充溢着愤怒和抗争。究其原因，除了自身追求进步的社会责任感，也是基于长期托挣扎在贫困线上的生活体验。在20世纪30年代初，他就因为积极参加进步学生运动失去了文凭和稳定的工作（留校任教）机会，从此沦为社会下层的一分子，奔波劳苦亦难得温饱，这使他在思想感情和生活体验上与劳苦大众保持了一致。比起那些生活安定富裕的"成功艺术家"，他对当时社会的不平等与不正常有着切肤之痛。为艺术而艺术、为形式而艺术对于他来说是不切实际的奢侈品，以艺术为投枪、匕首，为改变社会不平而鸣、而战，是他自然的选择和内在的需求。他的创作和艺术道路，更真切地反映出国统区的人心向背，解释了中国共产党获得下层民众拥戴的"奥秘"。

他在1956年才加入中国共产党，但从40年代中期开始，他的绘画主题和行为方式已经很像一名共产党人。在政治思想上、艺术创作上受到延安的直接影响，也因锋芒太露而受到国民党当局的密切"关注"与迫害，不得不弃家逃亡，连累妻儿担惊受怕，以致妻子精神分裂，可以说他为早年的政治选择付出了惨重的代价。他没有任何政治上的背景与派系，完全是凭借在国统区进步美术的影响力，以“北古元，南漾兮”的声誉，被推举参加了“中华全国文学艺术工作者代表大会”（第一次文代会），参与了新中国文化建设的领导工作。

（二）

第一次文代会的召开“标志着毛泽东在延安确立的文艺政策正式成为新中国的文艺发展方向，同期举办的《中华全国文学艺术工作者代表大会美术展览》（第一次全国美展）则在美术领域展示了这一重大转向，参展作品都在说明、注解或表征《在延安文艺座谈会上的讲话》。这对于来自解放区的画家自然不成问题，但对那些来自国统区的画家就提出了考验……”展览图册前言指出“当时留在国民党统治区的美术工作者的作品，描绘的是当时在国民党反动统治下的社会动态及人民的生活斗争”，在这次文代会上，叶浅予代表国统区美术工作者所作的发言承认“由于客观的限制，我们常常不接近群众，也缺乏实际生活的深入体验，在创作上，也只能达到写实主义和自然主义的水平，有的甚至中了欧美没落的资本主义近代艺术的毒，钻进了形式主义的牛角尖，爬不出来”。[①]

在这个特殊的历史时刻，有一部分美术家，却因在国统区的黑暗环境里早已进行了英勇的斗争，完成了思想和风格的改造而扬眉吐气，在解放区美术家面前完全不必有如此的小心翼翼，张漾兮先生就是其中的杰出代表。他当年的创作和行为，并不是因为未卜先知共产党会那么快夺取天下，而是出于良心和责任感，自觉自愿地去做的。

解放区艺术家的作品大部分“反映中国人民伟大的解放事业和辉煌的社会建设”[②]，洋溢着新政权的蓬勃朝气与胜利的豪情；张先生在国统区创作的作品则显得压抑而愤慨，这些作品大部分是在非常恶劣的生活条件和社会环境下完成的，不管是精心创作、数易其稿的版画，还是急就章式的漫画、连环画，都具有震撼人心的力量。虽然其中的抗战宣传漫画和政治宣传漫画也充满战斗精神，但更多的作品则是表现四川下层民众的日常生活，描摹出了旧社会无边的黑暗与绝望，以及人民群众在绝境中的挣扎求生。

四川是抗战的大后方，四川人民不但付出了人力、物力的巨大牺牲，还要承受内迁官府的层层盘剥欺压。作为四川人的张漾兮，对此不但有阶级之恨，也有乡邦之痛。在表现日寇暴行和战争灾难的同时，他没有放过贪官污吏克扣粮饷甚至救灾款的恶劣行径；在歌颂抗日将士和鼓励支前的同时，他为生活无着甚至沦为街头疯丐的抗日军属大声疾呼；在宣传轴心国德、日、意沆瀣一气的国际形势以及日本国力吃紧的真相时，他的笔触也伸向四川城乡和煤矿中的贫苦大众，勾画出国统区民不聊生的现实。

虽然清初的战乱使四川人口锐减，不得不从湖广大量移民，清代以来的四川人与明代以前的四川人已经没有什么血缘关系，但在这块土地上的人民，面对生活的艰辛，总是抱着达观、乐天的态度，并创造出富于世俗生活情趣、真实生动又不乏夸张幽默的艺术风格，使四川地方文化传统保持了相当的延续性，从汉代画像砖、画像石到近代民间花灯、年画一脉相承。但是在张先生1949年前的创作中只能看到夸张和黑色幽默（最典型的是连环漫画《八老爷行状》），看不到乐天达观（连自私自利的八老爷的故事，也往往落入悲剧性结局）。到内战时期，他已经非常明确地表达了这样一种观点：这个社会制度是毫无希望的，下层民众仅靠达观乐天绝无改善生活之可能。

以1949年的《咱们的队伍来了》一画为界，他的创作迎来了一个崭新的阶段。虽然他的生活环境转到了灵秀的江南，但四川地方文化的乐天、活泼特性终于得到了自然的抒发。深入农村、厂矿、市镇写生，既是新社会的要求，也是这位四川籍艺术家“接地气、吸养分”的自发需求。1949年前黑暗压抑的风格一度仍然留有烙印，但“人间天堂”的平静生活渐渐平抚着他心灵的创伤。《送饭到田间》运用了画像石的行进式构图，《开镰图》洋溢着活泼欢快的气氛，《一年之计在于春》和《采茶女》运用了民间年画的活泼造型与色彩，人物似乎在载歌载舞。他临终前不久创作的《抢救》前后两稿，从黑色底子变为白色底子，宣告了这种转变的彻底完成。可惜，命运留给他的时间不多了。

对张漾兮艺术的严肃研究不能回避一个问题，即与“大跃进”相关题材的创作。我们惊奇地发现，他并没有留下任何夸张到荒诞的作品。仅有一些农村写生，如水彩《绍兴南池乡为了保证亩产1200斤，在耘田时节开展田间整风》表现农民的思想政治动员，版画《小宣传员》表现天真活泼的少先队员，版画《农民学会了装电灯》表现农村的生活进步，作为一个时代的写照，它们显得真实而平静。最夸张的要算代表杭州美术学院工作队制作的木版宣传画《武松打虎靠勇猛，实现千斤要干劲》，红底黑图，甚是醒目，但似乎他能想象的高产也不过亩产千斤。还有《挖座大山炉里烧》，一个普通农民被夸张成了双手擎山的巨人，曲折地歌颂大炼钢铁。那个年代大多数疯狂元素，如亩产万吨之类，被他悄悄地过滤掉了。

我们不难想见，张漾兮曾经以多么激动的心情迎接解放，紧绷了多年的神经终于可以放松，1956 年入党更是会给他提供“从此只要跟党走就好”的想象，对党的政策是积极拥护和执行的。据他的学生李宗杰回忆：“1958 年‘大跃进’时，张先生和我们在绍兴农村，当地要求我们给农船画画，张先生不顾自己有严重的气管炎，首先带头跳下冰冻的河水中给农船绘画，同学们以及当地农民都很受感动。我们对张先生的印象是太深了。”这样玩命，很大程度上是基于对农民的真挚感情，并不代表他丧失了知识分子的思考和批判能力，在 1949 年前夕的复杂斗争形势中，他就注意调查研究、明辨是非，既要保持队伍的纯洁性，又不给同志制造无端的政治麻烦。（见陈肇源，《绵阳遇险与上海释疑》）在 1949 年后的政治风潮中，他以巨大的勇气，始终坚持正确的办学方向，不怕得罪领导。他免于成为右派只是出于偶然的幸运。李宗杰说：“张先生敢于说话，敢于向上级提意见。1957 年，学校先开‘神仙会’，发动老师们提意见，然后划右派，一夜之间划了许多右派分子。当时张先生正带我们学生去江苏体验生活，回来时，学校已经在搞大批判了，不然定会划上右派的，听说原来已经被排上队了……”（见《张漾兮先生的勇气——中国美院校友李宗杰访问录》，2008 年 4 月张芦宛采访）

我们无法想象，如果天假以年，这位正直的艺术家会在后来的政治风浪中作出怎样的选择，经历怎样的噩运？也许，英年早逝、功成身退，是上天对他苦难一生的最后眷顾吧！

（三）

张先生是四川土生土长的艺术家，没有去过新文化运动的中心上海，也没有去过现代美术教育的重镇杭州、南京和北京，但他又是依托现代教育制度（四川美术专科学校）和现代媒体（画报和报纸）成长起来的艺术家，前者赋予他基本的创作技能，后者是他生活的来源和战斗的平台。这个事实是饶有深意的。

通过现代教育制度和现代媒体工作，他已经不是传统社会中的画工，而是一名有独立精神、自由意志的知识分子。用画笔和双手谋生只是表象，作为知识分子的新型画家，负有批判社会、改造社会的责任。抗战的特殊历史环境和共产党的感召影响，又把这种责任具体化为以画笔唤起民众。他参与组织过的两个社团机构——四川漫画社和木刻界抗敌协会成都分会，规模和影响力都不算太大，使他走上时代风口浪尖的，是一系列进步报刊，如《华西日报》《华西画刊》《时事新刊》《自由画报》等，它们的寿命大多不长，发表的文字和漫画、版画刺到当局痛处就被查封，但是张漾兮屡仆屡起，转移阵地不断战斗。

知识分子是社会的良心，在张先生1949年前的创作中，这一点表现得极为深刻。也正是这种良心和责任感，使他不顾自身的贫困，多次组织义卖，帮助抗战难童，使他不惮于走上一条东躲西藏、受尽迫害的正义之路。

1949年后，他才拥有了一生中唯一的稳定工作——中央美术学院华东分院（浙江美术学院）教师，又得以为现代教育事业贡献力量。

他的创作就此进入一个新阶段，领域更加广阔，除了以前的版画、漫画，还涉猎水墨画、水彩画、素描、连环画和油画。他涉猎的门类，以前是由于从事记者、编辑工作的需要，现在则是由于教学、科研的需要。原来他的创作主题与风格都泼辣生动，科班训练的痕迹很少，散发着来自生活的泥土气息。在学院的环境下则有了明显的变化。他虚心学习美院其他教师的长处，比如他的水墨山水画就受到黄宾虹和潘天寿先生的影响。

与创作上的开放性相一致的是，他在日常教学和中央美院华东分院版画系的教学建制上，也不囿于条条框框，注重实效，甚至不怕政治上的风险。一方面他在中国画前途未明的时候就大胆将中国画课程引入版画系教学，又积极吸收优秀的民族传统，包括属于文人艺术的传统山水画和高档水印木刻技艺，以及属于民间艺术的传统木版年画印刷技术，并提出“版画中要有中国气派，要有民族风格”这一明确主旨。

20世纪50年代初苏联式素描体系被引入中国的学院教学，并占有压倒性优势。1961年舒传曦先生从德国学成归国，张漾兮先生就借助他将德国素描教学体系引入美院和版画系，使石版、铜版这两个新专业在造型思维上与其欧洲传统相衔接。教学上的兼收并蓄是为创作实践服务的，他率先提出不以材料而以画种（功用）划分工作室的设想。

政治上的胆略反映出的是无私无畏的胸怀，学术上的大胆探索反映的是开放广阔的胸襟。也许，人才辈出、硕果累累的中国美院版画系是他留给后人最大、最成功的一件作品，就像一位母亲最成功的作品是她的孩子一样。虽然他抚育这个孩子的时间只有十余年，但是给它留下了最好的基因：对艺术的虔诚、勤奋，对社会与人民的爱与责任感。

公元2012年是张漾兮先生诞辰百年，《讲话》发表七十周年，张漾兮子女、孙辈两代人经过多年的搜集整理，将他的作品整体捐献国有，以便后人充分研究、学习他的艺术，这一高尚行为延续和发扬了张漾兮先生的社会责任感，家风不坠，足可告慰漾兮先生于泉下。

2012年

原载《刀锋民魂—张漾兮艺术研究文献集》，中国美术学院出版社，2012年

注释

① 吴雪杉:《吴作人〈捷报〉与第一次文代会》,《学问与传承——薛永年教授70寿诞从学50载执教30年祝贺文集》,河北美术出版社,2011年,第261、263页。

② 吴雪杉:《吴作人〈捷报〉与第一次文代会》引《中华全国文学艺术工作者代表大会美术展览》图册前言,出处同上,第263页。

游于版画间的智者

——张漾兮先生作品所呈现的印痕思考

张敏杰

时至今日，当权威人士盘点上世纪新兴木刻运动后在本土恒久闪耀发亮的版画作品时，不得不让人们想起了中国美术学院版画系的奠基者、著名版画家张漾兮先生的作品。

亦是画缘，先生的画作最早是我于中央美术学院读书时在徐冰老师画室见到的，异样的名氏和富有个性光泽的作品印象深刻。那些在上世纪30年代抗战时期，40年代国统区反压迫时期，50年代新中国成立和平建设时期，60年代讴歌新生活时期的作品，其浓郁鲜明的艺术风格成了我那一时期创作与学习的最好摹本之一，今日再赏其作品亦无不令人感叹并不时怦然心动。新兴木刻运动以“新文化创造”的“创作版画”，以直面人生的现实主义观念，秉承“革命性、战斗性”的版画理念，以鞭挞时代伤痕得以迅速传播。无疑，此时期张漾兮先生是创作版画的重要代表。

我以为，先生作品各阶段风格迥异可划分为四个时期：三十年代“揭露”表现时期；四十年代“伤痛”批判时期；五十年代咏歌生活时期；六十年代诗性激情时期。事实上，先生的艺术思考和实践，将四个时期串联起来完全是一个有关于艺术本质命题讨论的生动案例。

应该说，1931年先生自四川艺专毕业即已宣示着其作品未来创作的高起点走向。1935年《断炊》、1936年《孙中山先生》、1937年《救护伤员》《妇女自卫军》《肉搏战》、1938年《日寇兽行》、1939年《前方浴血抗战，后方加紧生产》《冲向敌阵》《桂南战役》《鲁迅像》《西北道上》等作品，以表现底层民不聊生状态的作品，以关注国家命运忧患意识的作品，以民众奋起抗战的作品，其具象写实的表现足以看出其扎实洗练的造型功底。尽管画面中有着麦绥莱勒的黑白布势和“欧化的痕迹”，但那独特的风骨却有着雄魂的感召力，如同时期评论家所言“张漾兮像一头沙漠中的骆驼，托着沉重的家庭负担，一步一个脚印地缓缓前进”。面对江河破碎，内忧外患的动荡年代，张漾兮先生以直刀向木的激情透射出他在民族危亡时刻的拯救与坚韧。

作品中，我最关注他第二个时期既四十年代黑白木刻人物的表现与拓展。1942年《老厨娘》《村头小贩》《薅秧归来》《公教人员的妻儿》；1944年《运炭夫》；1945年《告地状》《成都车码头》《擦皮鞋的孩子》；1946年《母女卖场》《抗战遗孤》《饥饿的愤慨》《民间琴师》；1947年《丰收果实》《人市》《枪米》；1948年《上工去》《拾弃物》《煤矿工人》《吃大户》《路是人走出来的》；1949年《解放》《我们自己的队伍来了》。作品中具有强烈表现力的意象写实造型，没有描摹和“尊从”，以一种率真朴实的奔放刀痕在黑白中显现出直抒胸臆的艺术主张。这里，你能听到它的诉说和呐喊，它掷地有声，会让你在瞬间感动。我猜想先生作为时代的“愤青”在此时的激昂，想象着先生在游离的状态下凑近油灯，在木凳上手握刻刀奔放不羁的专注。作品以批判性语言揭示社会黑暗，以具有哲学意味和深度的思考强化了个性主张，拥有着形而上的气质。这种深厚的学养积淀和作品隐构的艺术特质之谜在我与先生外孙女、油画家陈焰教授交谈时得到了答案。

在四十年代这种以“伤痛”批判和承载民族使命的作品中，或揭露社会黑暗，或针砭时弊，或为大众呐喊。先生的一生可谓丰富而坎坷，从幼年孤儿到考取艺专，从学潮奋起到四处流离，从颠沛求职到漂泊打工，从抗日救亡到画刊编辑，从大陆遭禁到香港画会。这种人生状态和社会背景形成了先生作品惯以一种不均衡的构图，和交错的刀触与体态的扭曲，施以凝练的刀痕纵横、涩驰交错。我们仿佛看到先生在捏刀向木的刹那，内心长久的积淀至最大程度的释放，形成作品以畅怀率真、袒露飘逸的默契气质，进而渗透出先生沉稳睿智的情绪表达。尤其是作品《人市》《煤矿工人》《吃大户》《抢米》等作品，利用圆刀和角刀的扭动穿梭，跳跃的情绪在呼唤中奔涌流淌，构成了人们在茫茫长夜中的迷惘困惑和徘徊不尽的画面语言，具有了苦涩和磅礴之美。

我不曾忽视先生刻刀在作品中的“法度”，这种多变的刀法运用正是构成作品人物造型粗犷、形神兼备之情感的有力支撑。应该说，先生在新兴木刻运动所赋予的崇高使命中，以刻刀为武器在作品中显现出他审视自我的力度，和勇于挑战复制木刻拷问历史的勇气。这里，作品将被动与固化的技术语言成为具有表现情感的工具随性挥洒，使之成功转化为内心世界直接诉诸欣赏者的视觉图像。作品没有无病呻吟与做作，完全是一种率真的情绪表达，他的刀锋不仅含着辛酸、坚韧和使命，在有关人群、乡野、市井的画面中还渗透出真挚的情感语言而具有史学家的气度，他将叙事的文学性与有深度思考的哲学性完美地融合，令欣赏者在感动之后意犹未尽。

我特别关注此时期先生作品中人物神韵的表现与扩展。我以为，因为木刻雕版的作用，作为版画的核心技术中人物造型神韵的塑造是否成功，是版画表现力获得极大解放的转折和标志，是艺术表现得以根本提升的关键所在。这是在人与画合一过程中，并非只是在构图、描板、刻制、印刷反复博弈且与技术磨合的结果，而是作者历经人间沧桑与生命感悟的心灵映像。透过这一时期的作品我能读到《告地状》主人公内心的不安、无奈与惶恐；《成都车码头》黑衣老汉诸人物的不幸与无助；《擦皮鞋的孩子》中贵妇的冷漠高傲与鞋童的辛酸，画面上不拣浮华的刀触招摇，却有着深邃撼心的审美效应。

事实上，先生的“表现”是生存轨迹的袒露，亦是个体生命的历练。回过头来看，作品《人市》前后酝酿半年有余。他出没于“人市”观察记录，在贫穷、饥饿、战乱的年代，先生以体验者和亲历者的目光，以现实主义手法将人性的描述和世间痛苦的碎片链接，将大面积黑白灰刀痕并入昏沉压抑的场景中，以刀痕的奔走和空间的散乱交织呈现出被暗地买卖落入圈套妇女的无奈、惊恐与绝望的神情。在顿挫交叉的印痕中辅以深色基调，将沉重、冷酷、悲凉的情绪反映深刻地揭示了主题。1946年间先生根据在目睹奸商囤积并哄抬粮价，迫使百姓铤而走险发生抢米事件的现场感悟，在避居乡间创作了《抢米》，作品以超然的夸张再现将世态沧桑的瞬间诉诸图像中。我们看到，在画面呈放射状的人群中，抖动的构图和凝重的残刀余痕奔涌而来，将老人、妇女、孩童之造型以娴熟的刀痕大刀阔斧地表现，突出了重在势、语在形、意在神的艺术处理。这里不仅在“抢”与“逃”的动态描写上，还在人物形象的细节处理和面部神情的深度刻画，成为撼动欣赏者的视觉和情感的有效手段。难以想象1945年先生为创作《煤矿工人》是怎样到原始状态下的川西煤矿搜集素材的。在疲惫惆怅与沧桑中，在牛马般生活与饥饿中，无望的悲惨写照于黑白的疏密表现，将低沉的画面带入一种悲哀的情绪中而撼动人心。在此我们可以清晰地读到青年漾兮先生在燃烧着满腔热血的背后，是一种脉搏与民族同跳动与民族同呼吸的拯救，是投枪与匕首架构起的时代“宣言”。这里不仅是一种进行时态艺术家情感过程的“叙述”，是在压抑冷漠的画作后显示出极强的社会批判，亦是在版画本体印痕语言表现的深度思考。正因为如此，以上作品入选了1948年12月美国出版的《新共和》杂志。

“新与旧”的更替为先生持续践行的艺术主张搭建了尽致表现的舞台。1949年《解放》《我们自己的队伍来了》作品，以一种畅怀的语境一改往日之风，将从黑暗走出，渴望解放、奔走相告的人们融入奔放的刀痕直线中。浓重的粗线施以强烈的明暗渲染，嵌入明朗的黑白对比传达出激动的情绪表达，似乎空气中飘逸着一种盎然与清晰。从艺术表现上，早期德国表现主义的“欧风”影响痕迹和模仿意味渐渐远去，代之而来的是奔放自由的刀法处理和具有深邃内涵的人物形象塑造。1949年正值中国艺术一次大的转型期，先生从全国文代会后受聘于中央美术学院华东分院（后更名为浙江美术学院，现为中国美术学院）任教，到1954年该院版画系的创建，应该说身份的变化愈加拓展了先生对版画艺术探索的空间，亦是先生创作转换至对新制度的讴歌与赞颂的新时期。

新生活让先生兴奋地穿梭其中，我们能感受到他沉浸在新中国带来新思想的湖泊里悠然地畅行。1950年《修堤防灾》的探索勾勒出被长久隔离的喜愉，多版套色的人物场景塑造横扫以往沉闷的基调，以充满阳光的抒情性色彩，以圆刀为主的跳跃式漂移，以严谨写实造型的自由表现精准地和现实空间诸元素的合理组合，悠然轻松地叙说着在富有节奏的语境下映现出的创作心迹。我们看到，作品在灵活概括的造型中最大限度地将创作意图表现出来，七色套印的背景冷暖色彩在刀痕中渐变，似舒缓的情感呼唤着田园的草香在轻轻流淌，画面清新且富有张力。1954年《牧歌》在表现生活方面显示出先生对版画审美性的新追求，截取近景与中景放刀施印，在均匀有度、虚实相间的背景中托现出孩童传神的动态描写：一方面巧取平庸之奇，一方面将浓郁的视觉审美升华至诗性的意境之中，可谓匠心独具。《新到的画报》以极简手法，以少胜多地构成了诗性语言的又一佳作。画面轻松怡然，充满欢快的色调表现了人们精神层面的浪漫情怀。四少女不同的神态造型严谨细腻，以畅然的体态肖似地勾勒出江南古城人在阳光的滋润下超然的精神生活；婉转的表现手法以淡墨施以微妙的明暗淡雅而神秘，充满着激情与幻想。

我以为，1956年《鲁迅与瞿秋白》亦是先生艺术创作的新拐点。作品不仅从现实社会的描写转向对作品形式语言的深度探索与表现，转入对内心世界的探寻与表达，将浪漫主义的抒情性和现实主义的精神性主题和谐地构成了非凡的视觉图像。作品中两位战友的视线交织，以向心的斜线交叉对应，似乎彷徨者的怅然在历经了长久的空寂后得以再生。画面以平刀、斜刀的刮刻和概括，以一种具有内在爆发力的粗犷与细微刻画，闪耀出特别的凝重与精神性成为经典。用现在的眼光或语言评价，图像是时代的，它并非转瞬即逝，它在带来精神愉悦的同时，亦可带来视觉上的滞怠。图能“赏”亦能“品”，用现代的“赏”去链接此作品所闪烁的思想与所引发的哲学思考，“品”在此时，正合时宜。

在这样一个背景上，先生画作中的“现代”意义就凸显出来了。1956年的《送饭到田间》依先生所云：“……学习民族传统的石刻，砖刻艺术的简练手法，不论在人物刻画方面或有关的环境和气候特征方面，都想力求简练而又能表现内容。”作品将背景随风飘荡的垂柳和田野嫩草删除，重在人物细腻的肖像传神和优雅的动态描写，当印痕显露并在刹那间将作品激活。这件作品在朴素的语言背后透露出先生宁静平和的创作态度，以概括写意的手法摆脱了旧有惯性模式，以抒情幽然的意境构成了先生在冥想中寻觅的心境。

进入60年代，《一年之计在于春》《西湖西泠桥》《开镰图》《抢救》《工地午休》等系列作品，再也搜寻不到在阳光下的忧郁与悲凉，多以构图简洁明快的意境和洒脱。在似雅幔中包裹着悄然无声的西湖里，在乡野如火如荼激情宣泄的田间，在茫茫长夜病室的紧急抢救，在建设工地午休的瞬间，作品构成了刀痕静谧酣畅、色彩叠加空灵的图景和激情喷薄的独特意境表达。以飘逸浪漫的图式呈现了先生一气呵成的刀随心移，喻表隐于情的境界。

借助现实编织心灵图景，透过现象探索精神空间的静穆与魂魄是先生谱写的一部人生交响乐。先生作品改变了“模式”带来的沉闷与表象外化，进而被深层情感的描写所取代，艺术的创新中唯有剥去“模式”的外衣才能彰显并使其升华至高的境界。纵观先生四十年的作品跨越，以意象精神串联起四个阶段互相缠绕且遥相呼应，创造出一个不比戏剧还戏剧的精彩空间，他以叙事性的作品体现出一种精神性语境来链接时空而独具特质。正因为如此，先生以精神性语言表述抵达了适意的终点，因此呈现了不可呈现者。

先生这里不用远溯至遥不可及的长路之上去寻求主题，而是在人生的漂泊中找到了答案。

先生是一个“智者”。他以黑白与色彩的印痕，将“内隐”的关联性支持之“韵”架构在作品之中。不论是《修堤防灾》《牧歌》《新到的画报》，还是《鲁迅与瞿秋白》《送饭到田间》都极具“韵味”，作品用

“韵”来支持了画面结构的呈现。韵是声音远逝而余音复来的声外之音，韵使“短暂”成为“永恒”。这里，我们在先生的作品中看到并听到了“声外之音”。

“原计划沿着红军二万五千里长征路上走一趟，创作反映红军长征史诗般的作品”，先生让我们在其作品和计划中看到了生命，看到了青春，看到了岁月，看到了激情，看到了理想，并且让我们听到了先生粗犷的呼吸和雄浑的呐喊。面对先生远去，其荧光却在走近，当你在这一刻置身于历史，和漫长的苦难与先驱者的脉搏一同跳动时，似乎先生艺术人生的不断求索正伴随着我们与之在激情中共舞，并一同以优雅的脚步走上明天。很是庆幸，当年翻阅先生那泛黄画页的感动，在几十年后让我进入与先生同一所学院任教，能零距离地拜读先生的大量原作，这真是一种缘分。

从生命出发，先生以作品激发了人们在焦虑、困惑与梦魇中出走，他以精神性的印痕将累累硕果永恒地布陈至整体的民族文化语境中。张漾兮先生以“智者”与“坚守”的艺术品格，开创了当代中国版画的一代新风。他的主题与叙事性版画的探索与锤炼不仅几十年来成为学院的优秀范本，同时影响着当代中国版画创作拓展的进程。对此，我心中充满敬意，他激发着后来者像先生一样以襟怀坦荡、心性磊落地努力实现着艺术本体的生命意义。

现代性是“从短暂中抽取永恒”，这“短暂”中的“永恒”恰是作品跨越时代并在美术史上能够恒久发光的作品。无疑，张漾兮先生的作品就是新中国版画史上具有这种特质的经典艺术。

原载《刀锋民魂——张漾兮艺术研究文献集》，中国美术学院出版社，2012年

与张漾兮先生“相遇”

鲁利锋

还在读书的时候，“两张两赵”就为版画系学生所熟悉，其中张漾兮先生的声名更是不绝于耳，他们为版画事业做出杰出贡献，是版画界版画系的骄傲。那时由于年轻和阅历的短浅，张先生作为著名的版画家、美术教育家，中国美院版画系的创建者，符号化地存在于我的脑海中。我也曾经以一个青年学生的头脑想象过张漾兮先生，一个严谨的人，一个充满激情的艺术家，一个敬业的教师，一个亲切的朋友——其中有些是相像的。2011年，我参加了版画系出版的大型画册《重负与重觅》的编辑工作，主要编写“新中国”一章，其中接触了大量张漾兮先生的资料。在无数的资料中，在字里行间，我似乎穿越了时空，真切地看到那火热的年代，看到张漾兮先生辛勤忙碌的身影，和张先生“相遇”。经历了很多次的感动，每当看到他的坚定、真诚和忘我；也无数次地感到欣然，读到他又解决了问题，又推进了工作。我很感谢时间给我的优待，在我也做教师十年之际如此接近的去理解张漾兮先生，使我对教师，对版画艺术对人生都有了新的认识。

在系里，我主要从事石版画的教学工作。工作室的建设也是经历了多年的积累逐渐完善的，其中的重重困难我历历在目。这更让我想到创系之初的步履维艰，让我知道白手起家，从零开始，需要多么大的勇气、创造力和辛勤的工作。现在的学生们可以使用日本、韩国进口的机器，使用各种专业耗材，可以在石版和铜版上自由创作，但他们不会想到1954年新生的版画系没有任何石版铜版的器材，没有教材，甚至不知道什么是石版画，什么是铜版画，这对我来说同样难以理解，直到看过张漾兮先生的资料之后。我知道现在版画系的仓库里还躺着最简易的手摇式石版印刷机，那是张先生与洪世清先生一起多次赴上海中华印刷厂反复协调、软磨硬泡调配来的。棕黑色的机身，锈迹斑斑，结构简单，木质的手柄被磨得很光亮。机器操作起来很费力，曾经我和另外两个同学一起连拉带拽地印刷作品，很觉苦累。然而，就是这样的机器也是来之不易，就是这样的机器凝注了张漾兮先生等老一辈版画家对中国版画艺术教育事业的执着与汗水，也就是这样的机器开创了中国版画艺术教育的先河，将版画艺术引进学院体系，为而后的中国版画艺术发展奠定了坚实的基础。

1954 年建系之处张漾兮先生就决定创立石版和铜版画专业，我很为当时张先生的眼光和魄力而感叹，因为那时对这两种版画艺术形式的认识非常少，经验等于零。机器上的配件很多不是原装的，那是两位先生四处寻找改造来使用的，包括维护维修，张漾兮先生也经常参与，这在很多老先生的回忆中屡屡被提到，感人至深。工作室现存的石版中有一部分还是当时引进的，有些已经磨得很薄了，我用过很多块，想象着当时这些石版运来的时候张先生一定很开心，脸上一定展开着笑容，一定用手抚摸过这些无价之宝，也一定从中看出未来的希望。耗材复杂多样是石版画和铜版画艺术的特点，我们现在可以使用到进口材料，学生们也能在网上订购国外的产品。我真希望张漾兮先生有知，他一定会为现在版画的发展感到欣慰；也真的希望建系初他和洪世清、曹剑锋两位先生能够少费些经历去寻找资料，少跑些路去凑足原料，少熬些夜做实验，少闻些有害的烟气粉尘。从防腐沥青到绘石药墨，从石版蜡笔到飞尘软蜡，全部自制，体现了张漾兮先生带领年轻的建设者们自力更生艰苦创业的精神，也正是中国人民争取民族独立和建立人民共和国的不屈不挠的时代写照。1955 年，张漾兮先生和洪世清先生被评为杭州市教育先进生产（工作）者，这是时代对先生们为艺术教育开创新天地的忘我工作的嘉奖，是为我们后辈树立的楷模。在编辑《重负与重觅》过程中，我曾赴金华洪世清先生胞弟洪世川先生家征集资料，找到了 1955 年的奖状。保存完好，纸张已经发黄，红旗的颜色已经褪淡，“浙江省杭州市人民委员会”的公章几乎变成深褐色，市长的签名完全模糊不清。将奖状捧在手中仔细观看，感觉它在慢慢变重，变模糊，我似乎看到了那火热的年代，看到张漾兮先生的身影。他和青年人开怀地谈论着版画系的美好蓝图，他们顶着烈日在旧货市场寻找材料与零件，他们扇着冒烟的铁皮炉灶熬制试剂，他们深夜不寐在灯下研究教学与课程。正是因为有张漾兮先生这样的开拓者，这样的导师，使得版画系从建系之初就树立了刻苦钻研、勇于探索、求真务实、脚踏实地的优良作风。学院几经搬迁调整和扩建，当年的痕迹几乎已经毫无存留了。有时候我去仓库取材料，还会不经意间看到那几架老旧的石版机，或许再过一些年连这些机器也不在了，可是我不会忘记张漾兮先生，他永远和版画系在一起，和版画艺术在一起，同生长同延流。我捧着奖状，洪世川老先生在回忆以前的生活，也回忆张漾兮先生的旧事，苍苍的白发，平和的语气，让我忽然想到张先生如果在世的话将要一百岁了。

张漾兮先生不仅是我国卓越的版画家，而且对版画艺术在中国的发展具有高瞻远瞩的理解和认识。这在版画系建立之初表现得淋漓尽致。在他所创建的教学理念和体系中，为中国美术学院版画系在正确的道路上不断发展和前进打下良好的科学的基础。

作为艺术家，张先生强调深入生活。他本人的作品是与国家民族和人民的命运紧密结合在一起的。他认为“生活是创作的源泉，没有社会便没有创作，那些闭门造车的作品是不能感动人的，到生活中走马观花，浮光掠影后生产的作品也是肤浅的，缺乏深刻内涵的。只有真正深入到生活中去体验，观察，了解一切人和实物，有了亲身体会和感受，在经过自己的分析，去粗取精，才能发现有意义，有典型性的题材”。他的作品反映了这个主旨，其中《人市》《抢米》《我们自己的队伍来了》《送饭到田间》等名作广为人知，影响深远。张先生将他的艺术理念倾注到版画艺术教学和实践中，强调深入生活反映生活是版画艺术生命力根本之所在，强调“学校是创作和教学的中心，教学中的一切都是围绕着创作进行的”理念。欣赏张漾兮先生的作品，在高超的艺术造诣之外，还像展开一部中国近代史，那里面充满对民族和人民的爱，充满不屈不挠的力量。不管作品表现的是什么内容，画面采用的合众手法，都会深深地引起我的共鸣。我曾很用力地去想这个问题，为什么？因为他的作品中显示了真诚、责任、爱憎分明，因为他的作品与时代和国家民族的命运融合在一起，因为他的作品反映对理想和光明的追求，因为他的作品体现出了人类不断前进的脚步。

张漾兮先生认为“版画中要有中国气派，要有民族风格”，这是具有超前意识的论断。我们新一代所受的训练基本是建立在西方的造型基础之上的，更倾向于西方审美价值体系。三十年前国内接触到了西方现代艺术和艺术史，产生了巨大的影响。那时候就想终于打开了一扇门，终于看到了外面的世界，呼吸到新鲜的空气，大家都兴奋异常。现在，中国已经成为现代艺术的乐土，我们用了短短三十年的时间将艺术现代了。在各种艺术活动蓬勃兴起的时候，我个人倒觉得有些迷失。迷失于我自己的文化身份之中……我做的有意义吗？还是只是机械地前进，或者仅仅是借以谋生？或许是别的？我又无法去贩卖中国的传统形式与符号。这是我的疑惑，或者是我的多虑。张漾兮先生在五十多年前就意识到了这个问题，也是他营建的新中国版画教学体系的核心问题，要“中国的版画”。为了实现这一理念，他在版画系教学中聘请了潘天寿、吴茀之、顾坤伯、诸乐三、邓白等开设国画白描、临摹、彩墨等课程，他认为吸取国画的营养“是想让它改变发展的用在版画中”。而且注重对古代石刻和画像砖的学习与吸收，宗旨鲜明地、全面地建立起具有中国特色的版画艺术教育课程体系，使民族的精髓潜移默化地浸润每一个学生。

编辑《重负与重觅》时，我负责清点系资料室中的藏品，主要是民间艺术收藏和“文革”版画部分，有研究生本科生做助手。随着打开一个个抽屉逐一挑选拍摄登记造册，大家的惊讶就随之增长，最后就像发现了一个宝库。原来知道系里有此类收藏，也间或看到过几次，但对如此门类齐全且数量庞大竟没有心理准备。桃花坞、杨柳青、杨家埠、朱仙镇等民间木版年画，无锡的神码、漳州粉印、湖州蓝印花布，还有大量剪纸。大家都像经历了一次旅行，在各品类各地区间游走，品味民间艺术的风味，舒畅、甜美、惊诧，赞叹。这批收藏为教学提供了良好的支撑，显示出张漾兮先生在向中国传统艺术学习的同时注意吸取民间艺术养分的深刻思想。这些收藏大部分是他1957年委派殷光宇先生等赴各地考察进行民间艺术收藏的成果，大家都不禁为张先生艺术修养的全面和远见卓识及切实的工作由衷地敬佩。藏品中还有一些未完成或印制过程中的版本，既是学习的好参考又是很有趣的艺术品。我也喜欢漳州的粉印，古朴典雅，色彩迷人，充满浓郁的地方特色。

1956年，张漾兮先生委派夏子颐和张玉忠等先生去北京荣宝斋学习雕版水印，并全套引进技术和设备，成立了“水印木刻研究室”。1994年研究室更名为“紫竹斋”，将传统雕版水印及饨版技法完整地保留下来并融入教学，为国内很多院校所倾慕。形成现在版画系平、凹、凸、漏、传统水印和数码版画为基础的教学平台。

张漾兮先生是一位勤奋的教师。我们现在用电脑，教案备课都是电子文本，还有PPT等多媒体的演示，而那个年代只依赖于一支钢笔。所以，在我面前展开的是几十本写得满满的笔记本，泛黄的纸页，淡蓝色的字迹。从素描速写的基本功能和要求，到钢笔画在铜版艺术表现中的作用；从意境与思想情感的关系，到版画造型的特点；从对民间造型手法的吸取，到观察至默写的联通，事无巨细，张先生将他的思考与体会记录下来。有些问题反复讨论循序推进，有些重点则反复强调不厌其烦。当我面对着数量庞大的文献时眼前不禁有些模糊，我看到的是张先生对事业的执着追求、高度的责任感和呕心沥血的工作。他具有超人的精力，在主持一系工作的同时进行教学研究，付出的是超过常人的努力和心血。看着这些泛黄的书页，我心里生出惭愧来，因为自己无法做到张漾兮先生那样无私付出与忘我工作；我也感到开心与幸福，有现在如此好的工作和教学环境，不必像张漾兮等先生们那样艰辛，这是他们留下的财富，也是他们奋斗的理想。我不知道个人欲求的发展是不是人类的进步，当我看到那种充满理想主义的、忘我的、无私的行为的时候，内心总有感动，总有敬仰。

文字语言很难还原出张漾兮先生的工作与生活，很难还原出张漾兮先生对事业的追求与创造，也很难还原那个时代。能够接触张漾兮先生如此大量的资料和文献，是我个人的幸运。记得当时每天工作到深夜，一个人在书房里一边阅读一边记录，很多时候不觉到天明，虽然疲惫但精神很亢奋，因为，我在这故纸堆中与张漾兮先生“相遇”。

2012年11月于杭州

“路漫漫兮，荡漾兮”

——张漾兮百年艺术展前言

范迪安

纵观20世纪中国美术的发展历程，版画艺术显现出特殊的意义和价值。在20世纪前半叶中华民族奋起抗争外来侵略、争取民族独立和解放的烽火岁月里，新兴的版画运动以反映现实民生、激励救亡图存成为启蒙社会、唤起民众的先锋号角。在新中国成立之后，艺术形式上不断拓展的版画创作以清新活泼的语言赞美和歌颂了新的时代生活，展现出绚烂的光彩。贯穿这个进程并为之付出毕生贡献的老一辈版画家是我们永远敬重的前辈，他们的艺术成果是我们民族艺术的宝贵财富。张漾兮先生就是其中的一位代表。

在张漾兮先生诞辰百年的日子里，我们高兴地举办他的艺术展，以回顾和缅怀他为中国版画作出不懈探索的人生，领略和欣赏他在20世纪中国版画创作群体中独特的艺术风格。

张漾兮生于四川成都，于1928年至1931年求学于四川美术专科学校，在《拓荒者》《大众》《萌芽》等进步书刊的影响下，开始自学木刻，尤其深受鲁迅思想及其所倡导的新兴木刻运动启发，开始以木刻和漫画创作投入拯救民族危亡的斗争，在报刊发表木刻作品。

抗战时期的四川成都作为大后方，汇聚了许多画坛名家，在巴蜀之地掀起进步美术的波澜。张漾兮通过艺术活动参与了社会进步思潮的宣传与传播，投身“时代画会”，成立“四川漫画社”，参加了庞薰琹、刘开渠、吴作人等人成立的“现代艺术会”，创作了大量漫画、木刻等宣传抗战的革命美术作品。他或以画面直击战争的残酷、歌颂革命者的无畏，或以抗战大后方的生活为创作源泉，关注战争环境下人民大众的生活景象。这些作品体现出画家深刻的人文关怀。抗日战争期间，张漾分先后出任《新民报》《国难三日刊》《四川日报》等进步报刊的美术编辑、记者，并为《星芒周报》《抗战漫画》等供画。1945年，他还曾参与创办《自由画报》，并任该报主编。据统计，抗战八年中，张漾兮在报刊中发表作品就达1500余幅，足见在刀笔耕耘中集注的激情。

四十年代后，受到毛泽东同志《在延安文艺座谈会上的讲话》精神的感召和解放区木刻的启发，张漾兮的作品在思想性和艺术性上得到升华。这个时期创作的《丰收果实》《抢米》《人市》《煤矿工人》等作品，画面的场景更加阔大，由群像构成的气氛更加浓郁，刻印的刀法也更加丰富，堪称四十年代中国版画的经典。

以1949年初创作的木刻《咱们自己的队伍来了》为转折点，随着新中国的诞生，张漾兮的创作由揭露苦痛转变为抒发喜悦。他考察研究各地民间年画，尝试从形式上改造既有木刻风格，不仅做套色木刻，还进行了水印木刻的尝试，以水印套色木刻《西湖风光》（1954年）为代表，从前期的粗犷古拙转为清雅细腻，拓宽了版画的表现维度。在技法和语言上，别有刻印的大写意新风，可以说是中国传统绘画意境与版画形式表现力的交辉融合。

“路漫漫兮，荡漾兮”，张漾兮先生为自己所取之名，来自对人文经典章句的感怀，也印证了他视坎坷为历练，化波折作助力的人生历程。他于正值创作盛年的1964年52岁时离去，堪称中国版画界的一大损失。蒙亲属悉心保存他的作品和文献，尤其是承张漾兮先生奉献的精神，将他的作品先后捐赠给浙江美术馆和中国美术馆，捐赠给中国美术馆的计有版画、水墨、水彩、素描、速写、连环画等多门类艺术作品180幅，连同原有的馆藏版画31幅，很浓缩也很丰富地构成了张漾兮先生的艺术序列。这对于后学的研究，对于向公众介绍张漾兮的艺术与20世纪中国版画，将起着重要的作用。这些历经时代沧桑的作品将作为20世纪中国美术发展历程的重要见证，永载史册！

谨此代表中国美术馆向张漾兮先生的亲属致以崇高的敬意和衷心的感谢！

2012年12月

原载中国美术馆编著《张漾兮——百年回眸》，文化艺术出版社，2012年

路漫漫兮，荡漾兮

——张漾兮百年艺术展学术研讨会

中国美术馆，2012年12月25日下午

张晴：各位老师、各位朋友，大家下午好！由中国美术馆主办的“路漫漫兮、荡漾兮——张漾兮百年艺术展”刚才举办了一个隆重的开幕仪式，现在张漾兮百年艺术展学术研讨会，有请中国美术馆馆长范迪安先生致词。

范迪安：各位专家、各位学者、张漾兮先生的亲属，今天是西方的新年，很快也是我们的新年，张漾兮先生的展览可以说是跨越2012年到2013年的一个跨年展览，我觉得选择这么一个时间来举办这样一个展览可以说很好地反映了我们美术界，特别是美术界晚学和后辈们的心情。对我们一大批为中国美术事业做出毕生贡献的前辈艺术家，我们今天不仅在道义上、情理上要缅怀他，更重要的是要在学术上传承他们的精神，这一点越来越成为我们美术界的共识。纪念张漾兮先生一百周年诞辰的活动跟其他一些活动有相同的地方，就是它要成为我们美术界的重要的学术活动，但是也有些不同的地方，那就是更多的建立在对张漾兮先生艺术的研究，对于张漾兮在美术教育上所做出的努力的研究的基础上，来进一步认识他的重要性。所以今天我想各位专家学者可以看到，一共有三本画册，由中国美术学院出版社出版的、浙江美术馆编的《浙江美术馆藏张漾兮版画综合卷》，以及今天刚刚出版的《张漾兮百年回眸》这三本画册，我想大概能够在这个时期比较好的集中张漾兮先生在创作上的大量成果。这几天我一直在学习中国美术学院出版社的这本《张漾兮艺术研究文献集》，是由中国美院版画系具体来筹划，同时联合了浙江省版画家协会主编的，我想几本画册加上这本文献集，的的确确让我们要重新掂量张漾兮先生的艺术分量。尤其我看到这个文献集里面集中了整个版画界，当然突出的是在中国美术学院教学、研究、创作几十年的一批艺术家、艺术教育家写的回忆录，不仅是一般的在情感上面怀念张漾兮先生，同时钩沉出许多国美版画的历史史料，也更进一步对张漾兮先生的艺术贡献做了深度的解读。这里有两个序，一个是许院长的序。一个是孔国桥先生的序，我在写北京展览的前言的时候前后不差一个月，在比较短的时间里我们能够紧锣密鼓对张漾兮做研究，我觉得这是张漾兮百年诞辰纪念活动的一个特殊之处，这样比较集中地来认识张漾兮是可以展现很多话题的。

2012 年 12 月 25 日，中国美术馆举行张漾兮诞辰百年展览学术研讨会，范迪安馆长（左二）主持，左一为中央美院李树声教授。

中国美术馆“张漾兮百年艺术展学术研讨会”现场

今天特别感谢在北京的版画界美术史研究界的这么多长辈、先生们能够聚在这里，我们一起来做交流、探讨，也一定能够进一步丰富对张漾兮艺术的认识。谢谢大家！

张晴：感谢范迪安馆长的致辞，下面请中央美术学院教授李树声先生发言！

李树声：我非常遗憾，这一辈子没见过张漾兮先生本人，因为他去世得太早，1957年上半年我去浙江美院拜访很多老师，也没有见到他，但是张漾兮先生从很早，甚至我还没有学美术呢，已经见到他的作品，就在脑子里留下了非常深的印象。对他更全面、更细致的了解还是最近这些天中国美院提供的有关的出版物，才细致地了解到张先生是从年轻的时候就心怀国家和民族的命运，就把自己从学美术开始就有的明确目标，就是为了国家的存亡，为了民族的复兴，这在宣传画、大布画，张贴在街头的，包括最流行的样式布画这些他都做过，后来在报社又做了很多讽刺画、漫画，中国美术界的两大轻武器，漫画和木刻是两个战斗的武器，张漾兮先生从年轻的时候就拿起了这两个武器来战斗。他接受鲁迅先生的思想，虽然他是第二代版画家，自始至终眼睛朝下，他看到的都是社会的不平等，看到的劳苦人民的贫困、饥饿、受压迫所带来的社会现象，一直关注生活现实，就是从现实里吸取创作题材。对劳动人民充满了感情，他的爱憎非常鲜明，在他的画里也表现得非常清楚，对旧社会的揭露，他是抓住最可以暴露黑暗的地方，他都充分地做揭露。他非常深刻的作品《人世》，等于把成都一个最黑暗的角落用绘画的形式表现出来，底层的人民不是可以作为买卖的东西，那是最不尊重人的地方，他把它用形象的绘画表现出来。

第二代的漫画家从抗战以后做版画有一个明显的特点，这一代的版画家他们已经有了一种很好的学校的训练。因为张漾兮先生是读过四川艺专的，他是油画系毕业的，虽然是学油画的，但是他的造型能力和塑造人物的形象就不是概念，是非常有性格的，每个坏人、社会底层受压迫的人，都是通过形象来表现出来的，使中国版画进入到一个新的高峰。比30年代初鲁迅先生刚开始提倡的时候，那时候大家就是凭热情，表现的是一种激情，他在版画的技巧上，在艺术人物的性格刻画上比较概念，你看张漾兮先生的每一幅作品就已经相当有个性。这种变化就是说它的版画已经把版画进入到和当时的版画家一起推到一个新的高度。

另外，这次我也了解到张漾兮先生身边等于有一个小的进步团体在他的周围，这就是四川的那些要求进步、要求革命的这些年轻人。现在大家都非常熟悉的王朝闻同志、洪毅然先生，漫画家谢趣生，还有真正在鲁迅先生主办木刻讲习班的13个人中的2个都回到了四川，所以鲁迅先生对他的影响也可以通过他们带到了四川，所以他身边有这样的一批进步人士，他虽然没有到解放区，但是在大后方，他所起的作用同样是非常重要的。

张漾兮先生的作品让人非常钦佩的就是每一个历史时期都能够找到他那个时期的代表作，他的代表作也就是那个时代的代表作。我编这个版画，我跟这些老先生编版画，后来到我自己独立办《汉经大地》，我都体会到你要想找这个时期的最能够代表这个时期的人物，张漾兮一定会被选中。但是1949年以后，大家都知道中国版画经历了一个从战争年代到和平年代的转型，这个转型期间，张漾兮先生的作品，《送饭到田间》又是能够代表我们新中国成立以后的欣欣向荣，表现和平建设时期人们喜悦的心情。包括他带着同学一起到工厂、到农村、深入到基层，做了很多调查工作，这个也是很直接感受当时的生活，所以他的作品又反映了新中国新时代的面貌。

这位老先生不但值得纪念，而且非常值得我们永远向他学习，因为他身上有很多作为一个艺术家所必须具备的一些条件，而这些条件我们现在有的东西已经越来越弱了。比如速写，这次看到张漾兮先生画那么多速写，他的作品也是直接到生活中，通过自己的观察，抓住生活最生动、最活泼，最能够适合绘画表现的一些瞬间，所以他利用速写的形式把它记录下来。这些形式不但该发扬，而且作为造型艺术、作为学画的人应该必须具备的条件。但是因为现在的数码相机把人弄得越不使劲越好，有很多技能都要失传，这是非常让人担忧的。但是我希望将来艺术院校还是要按照艺术规律，虽然现在西方的影响，现代科技带来对绘画的影响，但是绘画终究是绘画，永远是绘画，电脑做的或者电脑画的永远是电脑做的画。我在学习张漾兮先生的材料的时候，我也非常受教育。那一大厚本我还没有看完，我看到的也都是张漾兮同志。许江同志现在看到《人世》的时候还非常感动，还能受到很深的感染，说明这些作品是超时空的，不是只感染一代人。

张漾兮先生的精神我们绝不会白纪念，我想对年轻人都有影响，因为要是不纪念、不宣传，慢慢会被人遗忘。我们这代人是受过张漾兮先生的影响的，也知道他是怎么回事，包括他跟李桦先生一起筹建版画系，作为学校教育设立版画专业的两个院校，就这么两个院校有版画系，他们是两个系主任，当然现在都作古了，可是这都是非常值得我们从艺术教育上值得纪念的历史人物。谢谢大家！

张晴：非常感谢李树声教授的精彩发言！下面请中央美院教授宋源文先生发言！

宋源文：我也没有见过张漾兮先生，最早见作品是1948年看了《抗战八年》，那里有《擦皮鞋的孩子》，那几个形象我印象特别深刻，再就是1949年《我们的队伍来了》，这是民主革命到社会主义革命的转折时期，四九年中华人民共和国成立，这是很经典的作品，很有历史意义，画面也在我的印象中很深刻。1949年后，我脑子里记忆比较清楚的就是有一个《涛声牧歌》《西湖风光》，再往后就看过画集，五六十年代多数都是在报纸杂志上见到他的作品。我印象里，我关注张漾兮先生，我觉得他是开一代新风的优秀版画家、版画教育家。版画特别是新兴版画，因为当时在民主革命时期，版画和漫画当时是两个武器，他两个都占了，这个很不容易的，很多搞版画的不一定能画漫画，画漫画的不一定能搞版画，当时搞漫画和版画意味着什么？我记得六二年，我听王琦（音）先生说，当时在国统区搞木刻就是搞革命，他也一直是这样的，走南闯北，不像现在有组织，他完全是自发自觉做这件事情。

今天谈张漾兮先生，他有很多文章，好像我们现在来看张漾兮先生做的事情和作品，究竟要学习他什么，哪些东西我们今天还是有用的，值得借鉴和发扬的。我记得1991年，那时候中国美协和中国版协给三四十年代优秀版画家发奖，那时候李桦先生有一个讲话，他当时讲了版画传统如何继承的问题，他自己理解是辩证地看这个问题。后来多少年我也听过，各种意见也有。现在我就想时代变了，当年那些题材肯定现在不会再去作了，当年语言形式也不会做了，但是它究竟给我们留下了什么样的遗产，这是新兴版画界今天要谈的。我自己觉得它是有使命的艺术，是民族的觉醒，带着一种文化的自觉。这个“使命的艺术”后来很多人看法不一定一致，有的人认为使命太强了，画不好画，但是使命艺术跟没有使命的艺术起的作用也不一样。

在那个历史时期，版画为什么能给中国社会整个民族的觉醒，改变中国历史的命运，与中国的历史结合在一起，这是我们需要研究的。今天社会形势变了，但是新的时期也需要民族的觉醒，也需要表现出民族的魂，也需要有脊梁，大的历史洪流，新兴版画这段历史跟我们近代怎么继承，张漾兮先生做得非常好，他当时也不是共产党员，也没有参加革命队伍，他就是这么自觉地去做，跟人民群众联系在一起，跟中国历史联系在一起，非常有觉悟的一代知识分子。我看了新兴版画很多都是这样，比如李桦先生当年到日本留学，“九·一八”事变以后他马上从日本回来了，刚回来就刻了《怒吼吧中国》，跟义勇军进行曲是一个时代的，后来到了部队，抗日战争结束马上出来揭露国民党的黑暗。这些优秀的版画家，他有民族的使命的责任在肩上，这种精神我们今天应该要继承。而且这种艺术真是取决于艺术家本身的价值观，和他的情操有关系，不是简单的艺术形态，他那个时候就忧国忧民，也是一种爱国爱民的。所以我想这一点，今天要研究他，我们照样可以学习和发扬。

关于教学，当年50年代初的时候，版画纳入正规美术教学，它当时不同于油画和国画。油画是西方的教学体系可以拿来，因为有很多人到西方去留学过，国画有非常深厚的传统，也可以拿来教学，版画是没有可供参考的东西，但是版画有一个好处就是它有新兴版画现实主义的传统。看了张漾兮先生浙江美院版画系的孔国桥同志写的文章，他建立整个教学体系，当时的教育方针，要“二为”“双百”方针、洋为中用、古为今用，这些都做得相当好。六二年我去过中国美院，他们有传统版画的工厂，中央美院1956年的时候有人去中国美院学过，但是并没有建立一个工厂和研究所。那时候张漾兮先生怎么样建立一个中国版画教育体系，怎么样吸收先进文化，中西文化结合起来，特别是要建立一个有中国元素、中国价值观主导的教育体系，我觉得这一点很值得我们现在来考虑一下，我认为是可以借鉴的。

还有一点就是在教学上，浙江美院版画系凝聚了一批为建立版画教育体系而奋斗的团队，这一批人又培养出一批人，比如胡瑞清、赵建峰，这都是新中国版画教育里有代表性的，做版画教学研究。比如胡瑞清做版画技巧研究，做铜版画，我们之前没有铜版画，尤其教学里，他把这个课题都做了。我想这个恐怕是一个非常重要的事情，一个教学单位要没有一批人能够为它奉献，而且是在基础课、专业课、传统课各个方面全方位的贡献，这是我们做教育的人也需要学习的。

有一点我很感动，他到最后逝世那一年还作了一张画，没有作完，现在有多少在岗位上的青年教师也好、中年教师也好，是不是坚持去做版画，因为你在作为一个教育工作者，一个教师，像张漾兮先生这样倾注全力，以身作则，这样才能教出中国美院后来一批批这样的学生出来，这一点很可贵，他的经验也是很全面的。教育是百年树人的基础工程，要研究这个问题要着眼于历史的进程和艺术的规律，因为中国新兴版画大概在20世纪里有几次大的融合，比如他30年代就把西方的现实主义艺术引到中国来，完全从传统版画到新兴木刻，这是一个革命性的转变，现在看起来这个时间并不是很长，因为它把西方现代艺术引进来以后马上跟中国的社会实践、革命实践结合起来，所以它很快进入中国。我一直认为新兴版画是引进先进文化在中国实践的一个最新成果。

第二是中西文化很重要的标志。50年代初，我们把版画纳入正规教学里去，这是对版画专业素质的培养，培养新型的版画专业人才，这是一个很重要的标志。这个阶段张漾兮做得非常好，前一段时期他把创作做得更好，这一段是在教学上做了非常好的示范，而且摸出很多规律性的东西，基础课与创作课的关系、课堂教学和社会实践的关系、传统与外来借鉴的关系，都是比较辨证的，处理得很好。这一段教学的经验，我想今天来总结的话，可能都不是用现在的某些观点、观念去套艺术性，更是眼前需要什么东西才行。我们要看到历史上哪些东西是进步的，是可以肯定的，是属于规律性的东西，哪些东西是属于比较长远起作用的东西，需要很好地总结，需要学习。

所以我想今天看到这个展览我非常感动，要对这两个方面的使命感和他在教育上所建立起来的成就能够很好地总结起来，值得我们现在搞教育的同志很好地去研究、发扬的。谢谢大家！

张晴：感谢宋老师的发言！下面请中央美院教授谭权书先生发言！

谭权书：张漾兮先生的展览，从来没有看到他那么完整的作品。刚才范迪安先生在开幕式讲的那段话很全面，犹如打开一个历史的画卷，从一个角度打开，你就能看到从30年代鲁迅提倡的中国现代版画经历80年代历史到今天不同时代所取得的进展，能看到前辈版画家他们怎样地奋斗能做出现在这样的贡献，这些东西我认为现在已经变成我们一个精神传统。看到这些第一代大师一步步都远去了，我们看到的是他们的背影，在现在这样一个很纷乱的社会环境下，我们的步伐都很仓促，觉得我们在前行，这些作品使我们感到我们要慢下脚步，甚至要停下来。所以你站在他的作品之前，你会有一种深思，你能够思考到许多问题，这个展览的意义远远超过它本身，所以在想我们现在培养什么人的时候，大家常说我们培养的是精神贵族，进行的是精英教育，实际上很虚幻。

看到张先生的作品的时候，你觉得他每个历史时期都走到前列，他既有人生的使命感、正义感和独立的意识，为人民呼号，而且具有宽厚的爱心。不管从哪面说，他已经具有先锋艺术和艺术精英的品格。鲁迅先生给陈启霞的信里谈到一段说中国版画面临什么问题呢？就是不可堕入知识阶级以为非艺术而大众不懂的绝路上来，这是值得我们警惕的事情，我们的艺术教育和艺术创作是否堕入那个怪圈。国有国魂，画有画魂，人有人魂，那本厚厚的书，大家的回忆基本是回忆录，他写的是《刀锋民魂》，这是对于张漾兮先生来说非常之贴切的。

张漾兮作品仔细看具有这“三魂”，所以他是值得我们敬佩、很难忘的榜样。在他这么多成果当中，我们现在从一个角度来谈他关于提倡版画民族化和民族画探索方面，中国现代版画的语言转化经过中国新兴版画这七十几年的实践，获得了历史性的经验，远远超过其他画种。这个问题我跟宋老师说，我说想到鲁迅。鲁迅真是大师，他当年关于民族话题的若干问题，基本都是回答给那些青年作者，我们现在的努力仍然在这个大方向之中。实际上他做了两大部分的事情，一部分是把欧洲最优秀的版画、最进步的版画告诉我们，介绍那些大家，比如珂勒惠支、毕斯凯莱夫，介绍法国、德国、匈牙利、荷兰的一些著名版画家的作品，他光收集苏联版画，看那个展览拿出了一百多幅；另外他让你的眼界看到另一个方面，就提出中国木刻这样的作品如何适应广大群众的欣赏习惯，解决民众化的问题。实际上1930年鲁迅先生在中华医大的演说当中就提出了关于旧形式的利用问题，告诫版画的青年们要注意社会现状的表现，在形式上宁可用旧瓶装新酒，不以旧酒盛新瓶。他谈到最终的是我们的旧艺术应该整理、改革，重始于新的创造，美术才有希望。现在看，他看得是很高的，至于你怎样去整理，你怎样进行改革，怎样进行新的形式的创造，这个空间实在是太大了，但是它是一个整体的方向。

其实最充分的一封信就是给李桦先生写的，他说，“对于怎样是中国精神我实不知道，因为看起来在新兴版画运动的初期已经谈到如何实现中国精神”，这个作品应该体现精神的问题，但是他底下谈得就非常具体，他说倘若参照汉代石刻画像、明代书籍插画，流行于民间所谓的年画，和欧洲新法融合起来，他提到了两点：一个是参照，一个是融合，目的是使人物显出中国人特点来，使观众一看便是中国人、中国事。参照和融合到现在我们还在做这个事情，不同时代有不同时代的方法来做这个事情。陆第（音）写《新兴版画史》的时候说，“鲁迅提出这些方面的问题，有人认为他是向封建主义投降的机会主义观点，并没有引起更多人的注意”。在抗战时期，由赖少奇、刘定安他们在桂林开展版画活动的时候他们就实践旧瓶装新酒，他们做了抗战门神，这个扩展到湖南、湖北、浙江都改革了。他们做完以后也有很好的总结，就说美术的大众化、民族化应该反对全盘西化，也应反对成为旧形式的古老，所以大众化不等于利用旧形式。在延安解放区部分，罗工柳、胡一川等沿着黄河进入晋东南，创作了新年画，木刻从欧化到民族化就是从这儿开始的。这段引述有什么价值呢？现在反过来看张漾兮先生的作品，我们看他作的1941年的《告地状》，发展到最后，1945年他又做了第二次《告地状》，就是这张画，一个妇女拉着一个小孩，他的转化非常明显了，已经克服了苏联的表现光影作为主要表现手段的办法，他已经初步具备了张漾兮的雏形，他以后的成熟点是从这儿开始的。这段实验对于他后来形成《送饭到田间》的作品打下一个基础，做了一个充分的准备。王琦先生评价张漾兮先生作品的时候说他的作品是属于“古拙古之，苍劲有力”。

这段实验有什么价值呢？张漾兮提出民族化的教学也好，新的创造方向也好，是在1953年以后，他作为版画系主任的时候，在他之前实际上他已经进行这方面的实验和探索了。他就提出这种传统版画的样式如何接受新文化的挑战，不然它就无法继承。如果说在1949年区进行的这种民族化的探索，是以民间年画和窗花剪纸作为主要借鉴的话，那么1949年以后所进行的探索蓝本就改变了，是以中国传统版画，16世纪胡正岩的《石漱斋》出现了七色套版，以这个作为蓝本，实际上这个石漱斋画谱的彩色套版的实现，开拓了整个世界彩色版画的新纪元。他辅助的东西是什么呢？它依靠是中国传统绘画，所以请了潘天寿等这些老师讲课；李桦先生请的是李苦禅先生，李依仗的是传统绘画的造型手段。胡正岩的东西没有了，最后荣宝斋保持得很充分，所以最后都到荣宝斋。这一段探讨出来的结果是什么呢？是从大概1953年到1957年的创作高峰的出现，就是中国套色水墨木刻他进行了中国民族化的第二轮突破，这是整个大的背景，从这个背景当中我们能够看出来张漾兮先生所起的作用，这些作品现在已经变成了我们的经典了。

夏子颐先生去荣宝斋取经，把成套水印的桌都回去仿制，把一系列完整的技法带回来。实际在这同时或者之前，黄永玉先生已经在荣宝斋待了半年了，这两个学校原来是一个学校，它的艺术构想是非常一致的，那种想象、定位和办法是相当有一致性的，当时在中国新兴版画的高潮在那些作品上，比如黄永玉先生的《阿诗玛》、古元先生的《玉带桥》、李桦先生的《一楼盖成一楼又起》，浙江方面比如张漾兮先生做的《牧歌》《平湖秋月》，相互呼应，当时就代表了“文化大革命”以前中国版画民族化最具有代表性的作品，是相互呼应，整个全国跟着搞。所以张漾兮先生是掀起中国版画民族化第二高潮的一个主流大家。

刚才宋老师说张漾兮先生在浙江美院提出了版画民族化的教学主张，1958年在浙美建立起水印工作室，连续到今天可称为他在中国版画教育当中的首创思维。当我们认识到这个问题越来越重要的时候，在中央美术学院我提出要建立木板水印工作室或者木板传统版画研究室已经是1997年的事了。目前中国高等美术院校我还没有听说有第三个这样的传统版画工作室建立，这实际上是我们教学的一个缺失。张漾兮先生1958年就建立了，也培养出了几代优秀的人才，在座今天来的浙美的老师都是在这个潮流之下做出自己优秀的成绩，都是几代的精英。作为创作观念，他脑袋比别人多一根弦。看得出来，浙美师生的作品就是多一根弦，中国传统版画的意念形成了教学的基础，学版画得先学这个，必须先具备这个意识，从教学中落实，我认为是从张漾兮先生开始，这个就有划时代的意义。

它处在历史的时代当中，不断研讨、探索、发展的过程当中，我们从这个当中看这个人的作用和他的价值，所以这是很细致的，不可能展开。朱玉鸣写的文章，给张先生评价也很贴切，他说“张漾兮先生是一颗不灭的星，他是浙江版画的精神领袖。张漾兮先生也是全国版画界的精英，是我们的前辈中最重要的人之一。他铁笔一生，不为名、不为利，在创作、创业、教学、诲人，为中国木刻寻找如何进入世界艺术主流区的方向竭尽全力，这就是张漾兮先生的领袖风范”。所以我觉得他的作品、他的业绩将在中国美术史上放出光芒。谢谢大家！

张晴：非常感谢谭老师讲的张漾兮“三魂”，非常精彩。下面请中国美协美术编审夏硕琦先生发言！

夏硕琦：我觉得在中国20世纪的画坛上，新兴版画运动具有划时代的意义，它使中国美术史揭开了新的一页。它是最富有生气、最受到大众关切的一门新的艺术，而张漾兮这样一个多产的画家，有那么多优秀的作品，使他成为这个运动中非常具有实力的一员骁将，他的贡献应该是载入史册的。这是第一点。

第二，从他的创作、他的追求，体现了中国知识分子的风骨和精神，中国知识分子有舍生取义的传统，而在张漾兮这一辈老艺术家里体现出了这种为民族的生存，为呼唤大众团结起来抵御外侮，救亡图存，做人民的代言人的精神，他的艺术非常富于动情力，起到了匕首投枪的作用。所以我觉得在今年张漾兮先生百年诞辰这样一个活动，这份精神遗产对我们是非常重要的。我们有古代知识分子的精神遗产，另外也有以张漾兮这样一批版画家这样的精神遗产，他的文集里介绍，他创作了很有影响力的宣传画，尽管他成绩优异，但是他始终未获得毕业证书。他冒着被抓捕、坐牢、贫困，没有所图，他有一些很精彩的代表作品是在躲避被抓的环境下创作的，这是一种什么精神，这就是中华民族知识精英的一种精神。我觉得现在这个纪念活动对当今中华文化的复兴，我们知识分子的良心、责任，他的历史使命感、责任感确实需要我们纪念、学习、发扬光大。

第三，非常欣赏谭先生说的关于民族性的问题。民族性是在艺术创作里很关键、很重要的问题，但是这个问题在我们近百年的历史中可以说有几次反复，比如在80年代，那时候我做编辑工作，就经常提到这样，认为“民族化”这个口号是错误的，是一个防御型的口号，应该用国际化才是最先进的、眼光高远的，提民族性好像是理亏的，有这样一种感觉。实际上我觉得属于国际性，是一种共性，没有离开民族个性的所谓的共性，那是子虚乌有的东西，我觉得在张漾兮先生这么一个艺术家，他即使在社会、政治生活这些方面有他的为平等、正义、人的尊严而战的精神，同时在艺术方面也有一种民族、文化的自觉意识，那种责任意识。一个大国，假如自己的文化，没有自己独立的品格和风骨，它是不可能被世界所公认的。

他早期就关注这些问题，而且在自己的创造里做了实践性的探索，这是非常可贵的。特别是《送饭到田间》这样一幅作品，从他的环境的处理、线条，都体现出一种民族、文化的韵味、民族性，特别是那个线条，和中国的石刻艺术和中国画都有相通的地方。所以在他的教学里，他能够把潘天寿、诸乐三这些国画家引入版画教学，这个建议是很高的。我看他自己画的一些山水，有些意境很新，笔墨形态也很新，是一个非常富有创造精神的画家，这样一件作品，中国书法讲了，用笔之道，不外疾涩二字。他的线条非常有意思，既有力度，又非常苍劲，所以用毛而不光的那种效果，所以很耐看。特别是在整个构图、人物之间的关系的处理，都非常具有民族的特点。所以我觉得民族性的问题是一个文化自觉的问题，是一个大问题，在纪念张先生这个活动的时候，他的这个思想和实践都是值得认真研究和学习的。谢谢大家！

张晴：非常感谢夏先生发表他非常振奋人心的发言。下面请人民美术出版社编审刘龙庭老师发言！

刘龙庭：各位先生，我不搞版画，但是上中学的时候，我就知道有几个版画老师："二张""二赵"。我也很喜欢看版画，到了中央美院以后，版画成为20世纪中国美术的很有力度、很有民族气节和风骨的一个重要的画种，它因地制宜、刚健明快，特别是在抗日战争和解放战争中配合了中国的革命，这是其他画种无法比拟的。从鲁迅先生提倡版画一直到今天，从1928年算起，不到一百年的时间，但是这个画种在中国人民的心中扎下了根，所以有很多画在现在来讲，也开始有时代的意义。一看到版画，我就想到了《游击队员之歌》，想到了毛泽东对鲁迅的评价"向着敌人不屈服的斗争精神"。作为一个学生和旁观者，我也同意夏硕琦先生说的，今天我们要继承张漾兮先生的优良传统，他在1949年以前主要是配合着抗日战争，配合着民主革命；1949年后筚路蓝缕，创建了中央美术学院华东分院的版画系。为了搞好版画系，一个是组织班子，组织老师，再一个是广泛对艺术本身做了深入的探索，到荣宝斋学木板水印，亲自到山东潍坊木版年画社研究、考察民间艺术传统。当然，他是随时随地画速写和写生，今天看到的他画了很多水彩和素描，非常严肃、非常认真、非常有个性，这不是带有玩艺术、很不严肃地糊弄观众的东西，我觉得老一辈的艺术家跟今天一个很大的不同就是对艺术事业的奉献精神、严肃精神，一种使命感。1949年以前的使命感是挽救民族危亡，1949年以后版画系就是深入研究民族的艺术，使新兴版画继续向前发展。

20世纪的美术史成就很大，但是在一些观念上，关于外来艺术和民族艺术的关系问题，我认为它到现在还有需要思考的地方，我们从张漾兮先生的教学观点、教学方法、创作方式方面体会外来艺术和民族艺术的关系问题。以中国画来讲，正是20世纪产生了黄宾虹、徐悲鸿、陈师增、傅抱石、李可染、齐白石等一大批画家，为了抵抗中国画复兴产生了这一批大师，但是我认为他们体现了中国画深厚的潜力、无限的民族文化的一种贯续。50年代反右当中一个争论就是说中国画不科学，中国画需要改造，经过了“大跃进”，这种理论慢慢削减下去了，但是中国画不科学的论点在某些人心中根是没去的，因为他拿着西洋画的标准来看待中国画。张漾兮先生不是这样的，到了80年代，改革开放，西方现代艺术我们广泛引进、广泛学习，在一批青年艺术家当中又出现了“与国际接轨”的论调。我们想一想是需要跟哪个国家接轨呢？是跟美国接轨还是跟俄罗斯接轨？我们对外国艺术了解很有限，但外国人对中国艺术了解得更有限。所以这三个阶段，这些问题我们通过张漾兮一百年的展览，使我们提出了一些思考的问题。

今天我一边看着画一边想这个问题，我们国家处在奔小康、民族复兴的时候，我们也要树立民族的自尊心、自信心和奋斗的精神。

谢谢大家！

张晴：下面请四川美院教授王林老师发言！

王林：我对张漾兮先生的作品引起比较大的关注是2002年，因为四川美院给我一个任务，让我主编一套六卷本的四川美院的艺术创作的历史过程，当时我们第一卷就是1938年至1959年，因为四川美院前身是成都艺术专科学校，西北军校的艺术团后来在重庆建立西南艺术学院，然后它就成为四川美院了。在梳理这段历史的时候我就注意到，1943年以前有两个非常重要的阶段，一个是成都艺术专科学校，一个是西南艺术学院。成都艺术专科学校其中最重要的就是在成立四川省艺术专科学校以后，后来又改成成都艺术专科学校的过程。张漾兮先生在建立这个艺术专科学校的时候被林有希这一批艺术家聘请为教师，聘请他为教师是因为他在成都非常有影响。

大家都知道张漾兮先生有一个特点，他在成都是跟媒体有关系的，为什么在40年代创作了大量的艺术作品，而且作品量非常大，其中一个原因就是他一直在从事媒体工作，当主编、当编辑，而且每天一画、每周一刻。40年代在成都从版画创作来说，其实最有影响的、最有力量的一个人就是张漾兮先生，不光是他的大量创作，而且是他借助媒体所产生的这种影响力非常巨大。我觉得研究这段历史的时候，我只提两点，因为前面的老先生们都谈得非常好，第一点我想从他的艺术成就来说，我觉得可能要注意到那个时候他创作了很多小尺度作品，看了以后我觉得非常激动，因为那个作品看着尺度不大，实际上他有非常大的气度，所以张漾兮在那个时候创作的一些版画，你把它放大到三米五米仍然是非常有力量的，可以看到他艺术上的功力。他的小的版画有一种壁画效果，放大以后非常完整而且非常耐看，我做这块历史的时候，我选择这个图，拉长以后仍然非常饱满，后来我看了他们的展览，把这个画放到五米那么长仍然非常有力量，这是非常值得我们研究他艺术创作上的功底、力量，这种非常强烈的气势。我觉得在这个方面可能很少有版画家能够比得上他，我们随便拿一张版画，放大到五米的时候还能不能站得住，我觉得这是一个考验。

第二，我想提一下，我觉得张漾兮先生有一个很闪光的思想，因为他在做媒体的时候，他创作的高峰有两个时间作品是非常多的，一个时间是当时蒋介石当省主席的时候，跟地方军阀有一个矛盾，媒体就比较开放，说地方政权力量为了反对蒋介石的专制主义，所以对社会媒体就比较开放，那个时候是张漾兮作品最多最好的时候；还有一个时候是国共和谈的时候，后来蒋介石又控制很严，到了国共和谈的时候，审查制度取消掉了，这样一取消，又有一个时间，张漾兮创作非常活跃。我看到张漾兮在1953年的时候，在他的笔记里谈到了艺术家的目的，第一条他说的是民主主义的现实主义，我觉得这个概念是他非常闪光的思想，就是我们的现实主义还要加一个前提，是民主主义的现实主义，而不是专制主义的现实主义。我们到“文革”的时候已经变成了专制主义，所以我觉得这一点可能是我们在研究张漾兮先生的时候应该把它提取出来，作为我们面对今天的艺术现实的时候，特别是我们倡导现实主义的时候非常闪光的思想。谢谢大家！

张晴：非常感谢王林教授提出民主现实主义的议题，下面请中国美术家协会理论委员会副主任、前美术杂志主编王仲先生发言！

王仲：我换一个角度来谈一谈对张漾兮先生的见解。我有幸很小就见过张漾兮先生，那时候这个名字我们不能直呼其名，都叫做张漾兮伯伯。40年代末期的时候在香港，我父亲当时的住处经常是香港文艺界、美术界的聚会的地方，因此我们小孩可以见到很多画家。在这些伯伯、叔叔里有几个四川人我的印象特别深，一个是版画家……，一个是美学家洪毅然，还有一个就是张漾兮先生，他们到我们家里就是一口四川话。黄永玉到我们家也讲四川话，他是湘西，湘西离四川就很近，但是到我们家都是四川人，所以他也讲四川话。所以对这几位讲四川话的伯伯叔叔我们印象很深，尤其张漾兮先生，因为当时他的家属没有来，他的夫人和几个子女都在成都，张漾兮先生只身到了香港，另外又是四川人，跟我父亲又特别谈得来。所以张漾兮先生就经常到我们家去吃饭，所以我跟我哥哥对张漾兮特别有印象，他也特别喜欢小孩，我印象里对张漾兮先生印象非常深。

我听我母亲讲过一个趣事，当然她是带着很有趣味地讲这个事情。我父亲和我母亲为一个小事口角，张漾兮先生就介入其中，但是他的方式很有意思，通过这个小事可以反映张漾兮先生这个人的性格和品德，他是一个直性子、忠厚、老实、不圆滑的一个人。在我父母吵架的时候，我母亲就开始埋怨他，说他不为她说话，为我爸爸说话，说张漾兮先生还要讲是非，当然我母亲并不是记恨张漾兮先生，她就说这个趣闻。从这个也可以看出张漾兮先生为人说话、做事，是特别有原则的，家庭纠纷也要讲个是非。

在香港时期，我印象里的张漾兮先生非常有意思，他的形象就是他标准的那张照片，围着那个围巾的照片，我印象特别深。我今天还带了一张照片，1948年，64年前，张漾兮先生和我父亲在我们家的楼顶阳台上照的相，鄙人也在镜头里。所以今天纪念张漾兮先生一百周年，我也是非常感慨，在中国版画史上一位杰出的版画家的一生，到现在已经一百年了。我昨天晚上跟我的父母通了很长的电话，我的父母在电话里不断地回忆跟张漾兮先生的点点滴滴的事情，讲张漾兮的经历。我父亲还跟我讲，张漾兮先生在1945年编《自由画报》，当时在重庆影响非常大，上面发表的版画作品、漫画作品非常多，对当时的美术界起了非常大的推动作用，而且我父亲告诉我说《自由画报》我父亲有全套的，一期不落。

张漾兮先生的作品是非常优秀的作品，非常有艺术质量的作品，我父亲跟我讲了两件事情，一个就是当时版画界流传的一种叫法叫“北古南张”，北古就是古元先生，作为解放区的代表，南张就是指张漾兮。张漾兮先生的作品，我们过去在报刊上见得比较多的就是那几张《两个小孩翘着脚看书》《西湖风景》《我们的队伍回来了》等等，我今天也是第一次这么多地看张漾兮的作品。我父亲告诉我“北古南张”，我当时不能有一个很强烈的印证意义。今天我看了这些作品，方寸之间很有内涵，经得起放大，很小的作品，就像有一位老先生弹古琴，很单调的一个古琴弹的曲子《十面埋伏》，就展现出多声部的交响乐。我看张漾兮先生的作品，他一个是造型能力强，一个是构图非常丰满，当然，后期他也有留白比较多的，早期构图还是非常满的，整个场面的控制、黑白效果的处理非常精彩，当初版画界流传这样一个说辞确实有根据。

再一个证据就是1949年后，江丰先生非常看重张漾兮，就把他专门调到华东分院（中央美术学院华东分院，现中国美术学院），后来廖宾生讲过说江丰先生做了一个非常有见地的事情，慧眼识英雄，把张漾兮调到了华东分院，果然张漾兮先生到了华东分院以后，把华东分院的版画系建构起来，而且对版画教育（以上几位先生都谈到了）做了很大的贡献，有的已经开了一个口，但是没有延续下去。

所以张漾兮先生在中国版画史上确实贡献很大，昨天晚上我父亲在电话里讲，说张漾兮先生一个是死得早，宣传不够，对于他的评价不到位，还应该加大对他的宣传和研究。我一看这个资料，他52岁就走了，很多事情都没有展开，他是一个很有想法、很有作为的人。中国美院做了一个非常好的事情，趁张漾兮先生一百周年的时候搞了这么一个非常有学术性的展览，先在成都搞，现在又拿到北京来搞。我想凡是在中国美术史上做出贡献的，我们都不应该忘记，张漾兮先生的名字也会在美术史上永远光辉地存在。谢谢大家！

张晴：下面请华东师范大学张嵩祖先生发言！

张嵩祖：张漾兮先生百年艺术展让我又有一次机会看到老师创作的特殊性的作品，这个作品在今天还是非常有现实意义的，我作为张先生古稀之年的一个学生，看到这个作品心里感触很多。我是1955年考进了中央美术学院华东分院版画系的，刚好是张先生组建好版画系开展版画教学。当时我们那个系里面，学生只有24个人，从绘画系转过来的53届10个人、54届8个人，我们55届的同学是6个人，加在一起只有24个人，加上老师也不到40个人，就在张漾兮的带领下，为新中国的版画开始奋斗、努力学习。那时候张先生亲自带着我们，因为张先生知道这个业务很重，因为接手的都没有接触过版画，所以他必须要白手起家，把我们领起来。所以当时有好几个很细节的事情到现在非常难忘。

第一个细节就是他强调的搞版画创作必须做好基本功的训练。怎么开展训练呢？光这样讲是不行的，那个时候版画系比较简单，但是有一个角落他一定留下来，这个墙上挂了一张小版画，这个版画是张先生非常喜欢的小版画，这个版画也不是老师刻的，是刚刚毕业的方增先刻的。方增先是中国画画家，当时刚刚绘画系毕业，考上了彩墨画系研究生，当时他没有什么事情，就跑到版画系，刚刚建成，他在那里拿起刀就刻了一幅《西湖之春》，这张画就挂在这个墙上，张先生就介绍这张版画说这个方增先是学国画的，从来没拿过木刻刀，但是他在版画系拿这个刀刻出了一张非常好的《西湖之春》，什么道理？就是因为方增先的素描基本功非常扎实，他的中国画的素描非常好，所以这张画刻出来的时候线条的疏密、粗细，用刀的流畅，整个画面非常好，没有一点学过什么苏联版画或者是珂勒惠支的东西，是非常清纯的一张画，我们版画系就要培养这样的版画学生，必须首先抓好基本功。这样以后，他就对赵宗藻、曹建峰等统一思想，除了学生画素描之外，画木刻课的老师，画的第一张必须是素描，第二张是从素描演化出来的黑白稿，然后再考虑上版。曹建峰搞铜版画的时候一定要画钢笔素描，要求画版画，在石版画上必须要有一个素描的慢写的稿子，这个慢写稿子必须要把对象非常高度概括才能到石板上去搞。正是因为在这样的要求下，按照这个程序，大家感受到了这里从写实的到后来演化过程中自己美的感受的东西都在上去。但是刻好这个东西以后再找几张有代表性的外国木刻小的作品再来临摹，临摹之后再进行外国木刻的东西和我们自己学好版画、学好素描刻的东西做对比研究，就是这样的研究，我们很快地，同学就有了提高。因为当时是24个人，张先生有时候给三年级上课的时候，下课了我们会跑到那里去，跟三年级的大哥哥、大姐姐看，有几个同学很调皮，把张漾兮先生讲浓重四川话在那里学，所以当时学习气氛，24个同学都成了兄弟姐妹，学习气氛非常浓。这样的话，很快在第二年、第三年版画系很多想不到的第一出来了。由尹华先生成为编委的《版画》创刊了，第一期里有一个“新年新作”栏目，就选了我们三年级的一张版画，是张新宇的，接着就是吴光华的两张水印版画，在世界青年美术展当中得了金奖，因为抓了基础练习，同学们在表现技巧方面就显得比以前成熟多了。但是这样还不够，张先生还随时检查我们每一个同学的速写本，要求每个同学速写本带在身上，见到哪个同学就说你的速写拿来看看，经常检查速写，可能一个不行，要多画好几个，你画的速写就像一般人看的生活，那不行，画家要有画家看的生活。后来还觉得不够，刚好浙江昆曲团排好了一个昆曲的演出，正在那儿排练，他把我们版画系三个年级的同学都拉到那里去，你们带速写本去那里看戏，然后把速写给画出来，这个戏看得大家满头大汗，因为这个戏当中的动态、形象就很难抓。就是因为平常看生活的时候看得不细致，现在舞台人物他们都是经过观察好生活，表演出来，你们先看看，这样一段时间练习以后大家对生活速写的感受完全不一样了。后来毕业以后，好几个同学在上海，我们经常受到上海《解放日报》邀请画那些舞台速写的报道，就是因为在这里得到了这个好处。

对于民族性问题，我们毕业的时候，他就要求我们说你们到敦煌去学习、去临摹，赵先生就带着我们去敦煌了，接待我们的常先生见到我们的第一句话就说为什么是版画系的学生来而不是国画系的学生来，赵先生马上解释说张漾兮先生要求我们同学包括高年级必须要向传统学习。常先生说我们敦煌研究所开所到现在第一次接待你们版画同学到这里实习的，你们都去画，哪个洞都可以，所以给了我们二十天在洞里临摹。这次对我们学习收获很大。等到回来以后，赵先生就搞了一张《四季春》，张先生很高兴，因为他要想什么东西，这几个老师都可以把它实现出来。

另外张先生作为一个老师，我总觉得我们作为学生，常常被老师一句话、两句话就很感动，甚至于终生难忘。1963年我就毕业了，我是1960年毕业的，在山东艺术学院当教师，那时候正好要开人体课，山东没有人体模特让我们画，就到中央美院华东分院请，我们就回去看到了张漾兮先生，张先生就问你还搞版画吗？你素描也是为版画做创作，你的老师两个赵先生都是一面教素描一边搞创作，什么都搞。临走的时候他送我出来，他身体很好，临走到了门口站在那里还在讲“张嵩祖，版画创作贵在坚持”，看了张先生这个形象，站在门口给你讲，心也非常感动，这样的老师我们一生一世忘不了。

所以在这次浙江杭州和北京搞百年展的时候，给上海的版画校友震动也很大，现在版画校友已经计划好了，明年三月份把张先生在浙江，从1955年至1963年的九年当中的指导过的毕业生，他们都把这个作业拿出来，进行回顾展。三月份搞出这个展览，现在正在筹备，所有这些同学都在那儿研究，一面研究一面非常感动，说我们都70多岁了，一定要用这样的展览会来表达我们对张先生的怀念。

张晴：下面请《美术》杂志执行主编尚辉先生！

尚辉：因为写了《新中国美术60年版画艺术》，所以对张漾兮先生作品还熟悉一些。今天让我们在中国美术馆有幸非常全面地观赏了张漾兮先生的版画作品。第一个感受就是他的作品不仅仅是有版画，而且有素描、色彩、水彩，让我们看到的是四川美术学院、成都美术学校那样一个环境，在30年代的美术教育的情况下，可能我们在对版画家研究的时候，缺少了对美术教育前期的关注，这个关注比如我们对上海美专、对国立杭州艺专乃至国立北平艺专的美术教育相对来说比较熟悉，大家对于成都美术学校就不太熟悉，但是通过张漾兮的作品，现在遗留下来的素描、水彩以及他的版画让我们能够触摸到在西南四川的美术教育的现状。张漾兮作品中一个最重要的特点就是他的造型能力，在他同期的新兴版画运动画家中是比较强的。这是第一个感想。

第二，我对张漾兮先生如何走上新兴版画运动是比较感兴趣的。我看了年表上，1928年开始自学木刻，可能受了《萌芽》等杂志的影响，如果1928年他开始自学木刻的话，那他早于鲁迅先生，这是非常重要的历史节点，在他同时期的新兴版画的先行者中进行一些比较，如果1928年就开始的话，应该说是中国新兴版画运动更早的一个先驱者。他是1936年，今天我们在展厅里看到了他的第一幅作品是1936年创作的《孙中山先生》，从这样一幅版画可以看到张漾兮先生因为有了很好的写实功底和素描功底，能够用肖像的方式塑造这样一个领袖人物的形象，这在当时新兴版画的画家中是比较少见的。

第三，张漾兮先生因为有各种原因没有去成延安，本应该是在1941年，和王朝闻先生一起去的。但是张漾兮先生的版画自觉，就是说他的本土化的自觉应该始于40年代初，刚才有的学者也谈到了这个问题。我还是以他的版画作品来说话可能更有说服力，他是作为一个国统区的新兴版画画家和在延安的画家实际在民族化的探索上并不完全一样。1942年延安文艺座谈会讲话前后，之前有些画家意识到这个问题，之后都很有意地向民间年画和剪纸靠拢。民族化的样式实际以削弱人物形象的造型特征来加强民族化的趣味，比如人物的简洁化的处理、平面化，完全去掉光影，形象上相对来说很单纯，但是有的时候也比较单一。这是我们所看到的延安木刻运动对于民族画的基本倾向。但是国统区的木刻家也受到延安文艺座谈会讲话的影响。张漾兮等人作为一个艺术家、中国版画家，对于文化的自觉精神，我们看到了张漾兮先生在1940年前后的诸多版画作品已经梳理了德国和苏联版画的排线和光影的影响，比较有代表性的作品比如《人世》《吃大户》等等，都是这个时期新兴版画具有民族自觉意识的代表性作品，这种自觉也强调用线，强调轮廓线，但是它并没有消解人物造型的结构和素描的关系，尤其是你看它的人物，怪才张漾兮一生版画创作的素描式的黑白木刻，这种素描式的黑白木刻绝对不像苏联版画也不像德国版画，它是中国式的，强调了轮廓线，但是强调轮廓线的同时也注重一些大的体量关系的运用，所以张漾兮先生的黑白木刻在处理外轮廓线的同时，内部的线的处理也是非常巧的。我们说黑白木刻有黑白灰，在如何处理灰上是能够体现个性的，比如排线，排线是均衡的斜线构成它的灰色块面，很多版画家喜欢刻树枝，也有很多画家在表现人物形象的时候也是靠网状的灰调来形成它的结构。我觉得张漾兮个性风格的形成在40年代初就成型了，就是说他在粗线外轮廓的同时强化了轮廓线内部随着人体动态变化的线，这种线像排线，但是又不完全是排线，这种线都是用三角刀来刻，同时用圆口刀来排这样一种排线的关系，所以它形成了张漾兮特殊的灰调。新中国以后，国统区和延安木刻合并，当时很多版画家对于民族艺术的探索可能更加深入，张漾兮先生《送饭到田间》这样一个名作，比我刚才说的40年代这样一个时期更往前发展了一步，完全去掉背景，更加突出它的轮廓线的应用。但是我觉得张漾兮唯有这样一张《送饭到田间》特别像简约的线的方式，但是他更多的还是回到他带有造型的这样一种线的关系的处理上。所以我觉得张漾兮先生，今天来看，他有些作品依然在美术史上有非常大的意义。比如在揭露旧社会黑暗的统治方面，我们比较熟悉的上海的杨可扬、赵克平、赵延年先生，他们都是以上海为中心的江浙沪这一带，也知道对广州的新兴版画的群体，但是对于四川这样一个群体当然也知道，张漾兮先生确实是那个时候的一个代表，比如《人市》这样一件作品，把一个女性作为一个奶妈在市场上进行贩卖，还有一个男性去摸乳房看看这个人有没有奶水，这样一个非常直接露骨的揭露可能是在中外美术史上都具有悲剧性也带有深刻揭露的意义。还有《吃大户》也是这样，表现饥饿，上海也有表现抢米，表现劳苦大众挤破大户的门，显示的是大户桌上丰盛的晚餐，在图像揭露社会上这是不可磨灭的一个图像。

张漾兮先生的艺术特性，在坚持造型的基础上强调用刀的语言，他的作品都有塑造感，他是特别强调用三角刀来处理画面形象的木刻家，那种三角刀的力量，那种刀和木板接触瞬间所形成的力度，像中国画写意的笔墨一样，把一种苍劲的精神能够灌注进去。所以我觉得张漾兮的版画之所以能够让我们印象深刻，不仅仅在于他的揭示社会的图像性，更在于他用版画纯粹的语言、用刀的语言来体现他的木刻精神，在这方面可能是他能够把“两张”“两赵”整个中央美院华东分院版画系在新中国成立初期乃至于新中国版画史上能够有突出地位的一个重要的领路人。谢谢！

张晴：谢谢尚辉先生。下面请北京大学教授丁宁先生！

丁宁：我讲简单的一个感想，我首先有一个非常感触的地方，因为我曾经在原来的浙美、后来的中国美术学院在80年代末、90年代工作过十多年，然后调到这儿来。在那个学校工作的时候，我经常有一种精神上被感召的感受，因为林风眠、潘天寿、黄宾虹他们都已经过世了，似乎他们的精神依然在某个地方在感染你，这也是为什么后来这个学校名纵四海的原因。今天的展览让我非常有感触的是，即使你在那里工作了十多年，也听说过“二张二赵”，但是这么重要的艺术家，如果没有今天他们家属无私的捐赠，我们大概还是一个相对比较概念化的印象，而不是像今天在中国美术馆一个圆厅里，还不是他的全部作品，我们都已经感到这是一个非常沉甸甸的一份艺术遗产。我觉得这也是在浙美后来的中国美术学院一直非常令人向往的一个地方，就是它的传统积淀非常非常深。

我以前一直觉得做中国古代史大概是寻找美术史当中比较重要、比较缺失的灵魂，可是我最近一些经历也发现中国的现代美术史甚至包括还有人在世都目击了那段历史，已经有非常多的缺失环节。前些年我参加过一次国际会议，碰巧遇到了曾经有可能是当时国立艺专的校长的一位画家，曾经给罗斯福总统、给丘吉尔首相在抗战时候送过画的，这两幅画现在在英国和美国。美国美术史根本不提他，中国现代美术史里根本没有他的名字，他明明在艺术上有很大的影响，也创立了一个叫做“白社”这样一个很重要的组织，后来在三峡，因为他在重庆工作过，在三峡做了一个很大的展览，后来又移到了浙江，捐了35幅给浙江美术馆。我以前听范迪安馆长讲过，他说他要在当中国美术馆馆长的位置上实现一个很大的愿望，就是要把新建成的中国美术馆，现在好像方案已经通过了，在那个里面起码有一个常设展，把中国现代美术史上最重要的这些作品能够作为一个常设展览做出来。我想张先生的这些作品理所当然地会成为将来常设展里面的一个有机组成部分，我觉得这是非常重要的环节。因为无论是对一般的欣赏还是做专业的研究，这是一个非常重要的可以实证的东西。

今天的捐赠、今天的展览有多重的意义，对于将来会留下很多可以研究的空间。

我最后想讲一点，张先生在艺术上的才情，如果把他界定成一个版画家和版画教育家，大概我觉得还不足以说明他在美术史上的地位，因为我们看到他跟黄宾虹的交情，看到他画的非常有才情的水墨画，也有非常非常精彩的人物的水墨，甚至我在想后来浙派人物画的形成要追究起来也跟张先生有关，所以他是才情非常多方面的一位艺术家，不仅仅是版画，他在水彩、国画，他也尝试过油画。这样一位艺术大家的研究我们刚刚开始。

我曾经看过一个展览，外国观众最多的就是新兴版画的展柜，那个展柜很低，可是其他的画都是非常大的体量，非常引人注目的展览空间，只有那些小的版画围的人非常多，我由此就想到了版画的这块部分在国际上的地位或者影响我们是最低估的一个部分，其实它的实际的价值和应该具有的影响我们自己反而忽略了，今天更多的是看到的版画以外的画种，比如国画、油画。版画的研究现在相对比较冷落，是不是跟市场有关系我不知道，但是这也是一个现实。今天有这么集中的捐赠，把一个艺术家主要的代表作集中捐赠出来给中国美术馆，我想这样一个研究现状因此会有所改变，这也是功德无量的事情。谢谢！

张晴：下面请中国美院俞启慧教授发言！

俞启慧：刚才很多专家、很多教授讲了很多，我很赞同。而且对张漾兮先生的历史定位、1949年前的革命战斗性以及1949年后办学，以及走民族民间道路的肯定。我和张嵩祖是同班同学，1955年考入中央美院华东分院，进来以后，张漾兮先生那时候已经当了两年系主任了。我们刚进来的时候，总感到张漾兮先生是一个非常忠厚的长者，对当时的学生爱生如子，是这样一个长辈的期待，而且对学生非常关怀。当时进来以后，我觉得感触比较深的一件事，一个就是一进来以后，我们当时的版画系就像一个大家庭；一个是教学方针上，走民族化道路。他就想建立民族化的版画教学体系，这一点非常突出。同时他在整个系里面建立了勤勤恳恳的奋斗的集体的系风，那时候我们的版画系和其他系的学生不一样，特别是在张先生感染下，在具体的启示下，当时在我们学校里，最勤勤恳恳埋头苦干的就是版画系的学生，因为张漾兮先生当时我们进来的时候他已经身体很不好了，气喘得很厉害，跟我们讲话讲了几句话以后就喘不过气来，要歇一会儿，然后再接着讲下去，他作为这种非常感人的作者、老师、系主任起到这种示范作用就影响了我们这些学生要认认真真学习。进来以后他曾经给我们讲，他说搞版画的就是像骆驼一样，就是要一步一个脚印，不能心血来潮，突然一下子就到画院画几下，作品还没做完就放下了，这样绝对出不了成果，就是要一刀一刀刻，一步一步走，一个环节一个环节做下去，一直到最后成功为止，到你的作品出效果为止。现在看了张漾兮展出的作品，很多作品不是一次完成的，有的是第二遍，有的是第三遍，刻了好几遍来改正他自己觉得比较不满意的地方。这个精神当时对我们学生非常有教育。所以当时他们概括起来说，国画系“国”，油画系“游”、版画系“板”，我想国画系可能比较会包装自己，穿着袍子，仙风道骨，版画系一天到晚埋头苦干，在桌子上就拿着刀刻，形成了非常踏实的一种精神。

第二就是传承民间传统，他的观念非常明确，就是先入为主。你在安排民族民间的时候一定要在低年级的时候，因为那个时候的学生基本按照苏联那一套教学模式。他素描选择的两位老师也不纯粹是苏联的模式，这两位老师到中央美院跟徐悲鸿学过，不完全是苏联的模式，另外就是在我们低年级的时候，二、三年级的时候，就安排中国画系的老师给我们上课，诸乐三老师当时给我们上了三个学期的课程，让我们一开始接触版画，思想观念上就是要走民族、民间的传统，以及后来的到敦煌、到龙门采风，这些都是他建立民族体系的版画系的一种观念。

另外，他的版画有一个很突出的东西，当时我们都还没意识到，因为张先生在1949年前都是在民间从事版画，都是欢庆的，跟民间的关系是他追求的一个方向，因此他在我们版画系开门办学，当时是“文革”期间，把老师拉到绍兴，老师、学生都在社员的家里画壁画等。当时我们也没意识到，老师布置任务我们就去画，实际他就是在打破我们学校将来走“金字塔”的道路，他希望我们这个版画就是跟民间更多地接触，应该到民间中去，跟他革命战争时期的观念是完全一致的。我们现在的版画大家都有一种感觉，开始走向“金字塔”，老百姓都看不懂，不喜欢，不要说老百姓，我们搞专业的老一代的画家也很难接受。我觉得他的思想非常明确。

他贯彻的一条路线，一个是民族、民间。另外，我们学校原来是林风眠当校长，我们进来的时候林风眠好像到上海去了，没在我们学校。我们当时在学校里版画系贯彻了一条线，就是张漾兮先生说的，一个是革命的版画这条线，另外就是延安带过来的。因为中央美院和中央美院分院领导都互相交流，实际上灌输的是这样一条线，革命的版画的这条路线。这条路线又不是完全像非常简单地去贯彻，也是结合他自己的实际创作当中的体会来贯彻。比如他的代表作之一《送饭到田间》，他的思想很明确，鲁迅先生也提出，鲁迅先生两次提出向民族、民间学习，首先提到了汉代石刻，我们如何创作汉代石刻的东西，我们可能会创作一个更好的。当时我们翻开1949年以后的版画史，包括1949年以前，真正首先按照鲁迅先生提出来的东西，然后通过艺术作品来反映，我觉得这个作品是非常好的。1949年前有一个专刊，也是用拓印的方法，但是1949年以后，真正首先是张漾兮先生这件作品，而且这件作品产生的时候，甚至引起过非议，认为这个作品是有点搞形式主义。但是张漾兮先生对自己的作品、对这些自己的探索、对建立自己民族、民间的教育体系是胸有成竹的，有一整套完善的观念。他这些作品经常在我们版画系起着非常重要的作用。孔国桥那时候跟我讲，他说张漾兮先生了不起的地方就是他一开始建立版画系，确立了一条版画系建系的发展道路，我们版画系一直奉行到现在，根本不需要再改动了，一直按照这条路线在发展，这是很了不起的。谢谢！

张晴：下面请李允经先生发言！

李允经：感谢给我这么一个机会来学习张漾兮先生的精神和作品。我看到他的《人世》就想到了鲁迅先生的揭露黑暗，我看到张先生的《送饭到田间》和《牧歌》，我就想起了鲁迅先生的诗"只言……做君山？"，就是要创新，我看到张漾兮的《咱们自己的队伍来了》，我能够想到董希文的《开国大典》。我觉得张先生最具代表性、最伟大的作品，永远在版画史上闪光的作品就是《咱们自己的队伍来了》，这是一个时代的总结，是一个向新时代过渡的代表性作品，是里程碑，是不朽的。

我们今天纪念张先生，我觉得应该学习他揭露黑暗、争取光明的精神；学习他热爱祖国、热爱人民、热爱生活的精神。我们要学习他走出象牙金字塔、走向十字街头的精神，我们要谨防我们的版画艺术再回到象牙之塔。改革开放以来，版画界颇有影响的理论家提倡版画的转型和接轨，转型的内容就是说要从战斗型转向抒情型，从民族型转向国际型，从具象型转到抽象型，我认为这些看法不能说是绝对错误，至少也是相当片面的。我觉得是不可取的，我很同意刘龙庭先生的意见，接轨不能让外国人来跟我们接接吗？中国版画是世界上最好的版画，也许我们可以说大多数版画家还没有达到珂勒惠支那样的水平和高度，但是不亚于苏联版画，不亚于美国什么版画家，中国现代版画发展了80年，在鲁迅先生思想的指引下取得了辉煌的成就，推动了我们这个民族走向解放。抗战时期、解放战争时期，油画在哪里？雕塑在哪里？国画在哪里？不就是版画和漫画吗？就是漫画也要版画家刻出来才能印到报纸上。我们不妨查一查30年代、40年代的刊物和报纸，上面所有的图画难道都不是版画吗？你能看到几张国画？几张油画？而这些版画是战斗的、是民族的、是具象的、是人民可以看得懂的。所以鲁迅不仅在文学上代表全民族的大多数，而且在美术上是代表全民族的大多数。所以我建议，我也不知道现在美术院校有多少院校有版画系，反正有版画系的也不少，我建议美术院校的版画系每一届的学生入学的时候，能够请史论的老师给他们讲几个讲座，讲一讲鲁迅的版画理论和美术思想。谢谢大家！

张晴：下面请中国美术学院美术馆馆长杭间教授发言！

杭间：我有一个最深的感触是我们去杭州以前，几乎每个月都在这个地方会参加艺术家的讨论会，像今天这样张漾兮百年艺术展的研讨会开到现在这么长时间，每个人讲的都不一样，而且都有东西可讲，而且每个人都是发自内心的，我想在这个地方开会是不多见的，我想在座的夏老师、刘老师我们可能都有体会。但是话虽然这么说，轮到我这儿，刚才各位前辈和前面的专家确实已经把一些张漾兮先生非常杰出的艺术成就概括得非常完整、非常好了。

我就讲两个自己的感想：第一个感想是从王仲老师那儿来的。王仲老师的发言我突然意识到张漾兮先生的百年艺术展除了各位专家和先生讲的方方面面意义以外，刚才李允经先生也点了这一点，就是把20世纪以来中国以鲁迅先生倡导的版画运动通过张漾兮先生的这次展览，把南北的创作尤其在20世纪后半期的创作路径启发和梳理出来，这一点在今天是尤其需要的。刚才俞启慧先生呼吁各个美术学院的版画系应该请史论专家来，今天的版画界的交流、传承以及面向未来的即便是在当代艺术层面上的创作，是否50年代古元先生、张漾兮先生他们那一代人在当年创作的意义，如何在继承鲁迅先生所倡导的版画传统，如何在解决民族化的问题，如何在结合西方、德国甚至50年代以来更多的那些版画运动上的非常具有启发性的东西，我想在今天已经没有了。当然，我到了杭州以后，更多地了解了中国美院在版画系、在继承前辈传统上还是保留得非常好，但是其他院校我想也不用我多说，大家都比较清楚。

另外我想更难能可贵的是，其实张漾兮先生的杰出还不仅仅在版画，他在水彩、漫画都有非常杰出的成就。今年“人间画会”好几个成员也都重新做回顾展，张先生是一个非常独特的，是我们自己培养的艺术家，他没有西方留学的背景，但是他又是在中国推行现代美术教育以后培养的艺术家，所以我们可以看到他当年甚至在40年代就已经开始从他的素描、水彩以及他的国画传统里，除了他的个人才情、他的天分对这些门类都有非常好的建树以外，其实他也开启了某些领域创作的先河，就像刚才许江先生在杭州的展览中提到的那样，他的国画创作甚至对后来的新浙派的人物画创作都非常有影响。我刚才在展厅里看到了他40年代的一张国画人物，那个技巧、颜色可能跟当时同时代的一些北方比较好的人物画家相比毫不逊色，他的漫画我想大家在手上也都有拿到，他的漫画无论是语言以及漫画关注的题材，在今天看来都是人们有继续重读、再读的优秀之处。大家都还看到他的国画，即便是后来的山水画的创作，根据前面几位老师说了他如何追求民族化，从他对中国传统绘画里的构图方法的选择都有非常重要的可以研究的内容。

另外我想是张漾兮先生的艺术教育思想。刚才各位先生包括当年张先生的学生提到了关于张先生对于50年代版画建立中国自己的一个格局，对于民间东西的吸收，对于中国古代东西的吸收，对于西方的东西的吸收，我想这一点都不用再继续重复了。但是如果我们从艺术史的图像角度去看，张漾兮先生对于中国现代美术教育的改革和推进可能还会进入到一些更为细致的空间和场面里面去，包括他的有些中国画和版画里面构图的作品的处理和试验，我想这一点可能是可以看出更多的张漾兮先生在艺术教育领域里面有一个开创性的因素在里面。

我在北京的时候，对张漾兮先生早有所闻，知道的并不多，到了杭州去了以后，也通过几个展览更多地知道，今天我的第三个感受也是在座各位很多人的感受，就是我们的艺术史对于这样一个曾经发现的艺术家，确实我们的再读和再认识是有非常大的必要的。因为这两年，似乎是谁说话说得多，哪个媒体对某位艺术家推广得比较多，似乎艺术史尤其20世纪后半叶的艺术史就已经变成了一种约定俗成。但是我想通过像张漾兮这样的杰出艺术家的不断、完整、重新的展览和发现，我想我们未来的艺术史是会重新来书写的。这样一个书写不但是艺术史界的责任，也是全体艺术界的责任。所以我刚才在这儿发了一个微博，我的微博里面特意引用了张漾兮先生的夫人的祭文里的一段话，我觉得只有张漾兮先生的夫人在那样一个困难的情况下，如此特完整地把张漾兮先生的作品保留下来，这为我们未来重写艺术史，为未来书写艺术史里面应该有的、好的、真正的留下艺术创作成就的艺术家确定了非常重要的作用。这种文献性以及对于这个艺术家遗存的保留是非常非常重要的。从这个角度来说，也是我们做史论研究的非常感谢张漾兮先生的家人。

张晴：下面请《美术》杂志副主编赵权利发言！

赵权利：我不是从事版画研究的，我没有从事版画创作，仅仅作为一个美术史研究的工作者，就以往对张漾兮先生有限的了解，我今天来参加这个活动是对张先生怀着敬仰的心情，特别是听了以上各位先生的发言，在今天比较集中地看到了张漾兮先生的一百多幅作品，更加深了这种体会。我就谈一点我的感想。

第一，我觉得张漾兮先生是现当代中国美术史上一个非常重要的画家，在艺术上有杰出才能的一位画家。他的贡献不仅在于他的艺术创作方面，而且还体现在他在美术教育方面也有不可忽视的贡献。我觉得至少在现在我们对张漾兮先生的研究，我觉得还是远远不够的，可能是由于各种各样的原因。就张漾兮先生的艺术成就和他在中国当代美术教育上的贡献都是值得重视和进一步研究的。

第二，张漾兮先生的艺术成就比较全面，他是一个才能比较全面的艺术家，在他现在留给我们的这些作品中我们看到版画、水彩、漫画和水墨人物、山水画甚至还有花鸟画等门类非常多，在各个门类中，从艺术这个角度上都是非常优秀、非常杰出的，我就不具体阐述了。他的艺术上的贡献还是比较集中地体现在他的版画创作上。他的版画创作从各个角度上来评价是相对来说比较成系统的，能够集中体现张漾兮先生在艺术创作方面的成就。

第三，张漾兮先生是一个有非常强的社会担当意识的现实主义的艺术家。他在艺术思想方面，我们从他创作的版画中可以明显地感受到这一点。比如说他的版画，我们如果把他创作的分期，以1949年为一个界限，我们可以看到在1949年以前所创作的作品和在1949年以后所创作的作品，体现了张漾兮先生对社会现实的不同的认识，把这种认识都通过他的版画非常深刻地表现出来。在1949年以前更多的是反映劳苦大众处于水深火热中艰难的生活和抗争的精神，1949年以后，他的作品更多体现对于新中国的劳动人民生活的赞颂。所以从这个方面看，张漾兮先生是具有非常强的现实主义的精神，一个非常有社会责任的艺术家。这是我今天看这个展览的体会，时间关系我就不过多阐述了。谢谢！

张晴：下面请北京鲁迅博物馆萧振鸣研究员发言！

萧振鸣：我谈一点感想，首先，鲁迅博物馆是收藏鲁迅当时所藏版画最多的。北京鲁迅博物馆收藏的鲁迅当时自己存的外国版画有2000多幅，鲁迅藏的中国现代版画现在在上海鲁迅纪念馆也有2000多幅，这个量是巨大的。鲁迅博物馆成立以后，我们又陆续收藏了很多现当代版画，我说一点小小的遗憾是张漾兮先生这样一位伟大的艺术家，捐给浙江这么一大批版画，捐给中国美术馆也有收藏，我们馆仅有张漾兮先生的两幅鲁迅像的作品。我从这个展览上看到了五幅，刚才幻灯片展览的时候又多出一幅，有六幅，如果还有副本的话，希望鲁迅博物馆能够入藏几幅画。

第二，说了这么多话题，关于版画的都绕不开鲁迅，我觉得鲁迅最大的功绩就是把创作版画引入中国，使中国的版画有了一个新的纪元，所以他是一个划时代的人物。谈到版画，这么多年来基本都是在美术家群体当中比较多，我觉得鲁迅当时倡导中国现代版画，培养了中国第一代创作版画家，那时候叫萌芽木刻，我们从中国版画史上现在的作品来看，从那个时期到现在最震撼的作品，还是鲁迅那个时代到包括鲁迅时代延续下来的。到了抗战木刻这一块，就是说1949年以前的。去年我们在浙江美术馆搞了一个“鲁迅的面容”这样一个展览，基本是以鲁迅之前，当时我们馆藏的有20年代的一些鲁迅的形象，一直到当代的，其实那个展览虽然说是鲁迅的面容，它表现了中国美术发展的历程。虽然说中国萌芽木刻很粗糙，鲁迅当时也希望青年人提高技法，实际上那时候粗糙的东西、萌芽的东西表现了版画在那个时代，就是一种艺术的童真。我们现在的技法等等这些方面都上去了，但是我觉得我们缺失了那些最童真的东西。1949年以后张漾兮先生的东西我们可以看到他是批判、揭露，鲁迅当时提倡的现实主义传统现在还有没有，我们艺术发展的方向，我们现在的版画有没有腐败的题材。前几天十几个孩子掉在水里，有没有这种题材呢？这种东西我觉得才是留得下来的东西，才是先锋的艺术。谢谢!

中国美术学院版画系主任孔国桥：这段时间其实对张漾兮先生有太多的东西想说，在版画系而言，从去年纪念中国新兴木刻运动80周年的时候，我们学校对从1928年开始到1929年的木艺木刻研究会开始一直到今天的版画历程，这个过程中已经对张漾兮先生有了一个相对比较全面的认识。这个工作对我个人来讲非常有意义。我从80年代中期进入中国美院版画系念书的时候就知道张漾兮先生，就知道他有《送饭到田间》，他对我们来说就像一个符号。通过从去年开始一直持续到现在的张漾兮先生对我们在新兴木板这么一段历史上的位置，对中国美术学院版画系的贡献慢慢变得清晰起来，因为我在读硕士生的时候，我的导师是赵先生，他跟我讲的东西，去年我们在做国美版画之路的时候我就发现和张漾兮先生当时的历程是非常相似的。这个也是有传统、有责任的一个学院的非常可贵的东西。

今天来，我觉得更多的是学习，我听到也看到我们北京这么多专家、这么多前辈对张漾兮先生的艺术成就也好，各个方面也好，做出了非常深刻的阐述，对于我们的研究会有非常大的启发。就像我在开幕式上讲的一样，我们梳理我们的传统，梳理我们的历史是为了明天，不仅仅是为了梳理历史，因为历史到底是怎么样其实永远是一个活的东西，是因为面对着现在的问题我们去看我们的历史，从历史中寻找答案，这是真正梳理历史的意义所在。历史是活的，未来是不可知的，所以我说一句话，以历史的态度面向未来，这是我个人的一个看法。

感谢大家！

张晴：下面请中国美术学院蔡枫教授发言！

蔡枫：本来今天的发言是让我准备一个PPT介绍杭州为张漾兮做的百年美术展的汇报，时间非常紧，我就不汇报了，我简单地的把这个板块的基本内容介绍一下，然后我再说两个我个人的想法。

“刀锋民魂——张漾兮百年艺术展”在杭州展览的时候，定的调子是许江院长定的调子，我和陈焰老师做了这个展览。这个展览的规模就像我们看到的PPT一样，有三个展厅，有大概一千多平方米的展览规模，另外是他的作品，在他的800多张画里我们遴选了作品将近200张，展示的时候尽量考虑到板块主导的概念。第一板块主要介绍张漾兮在1949年以前的两个路线，一个是作为新兴木刻，第二他是一个斗士式的媒体人。我们知道在烽火时代的背景，做版画和做漫画其实是非常有风险的而且非常尖锐的，借用浮朗德里克的说法就是，当时在中国那个背景，版画和漫画其实是最相近的媒体。有一个美籍华人学者提出了鲁迅先生当时为什么不用照片，不用电影，而选择版画，他提出了说最先进的媒体应该是影像，我明显感觉到这个媒体在当时是最先进的，但是不是最普及的，是最实用的，所以我们在导演里说到“版画是引路的先觉，版画正是适合现代中国的一种艺术”，这是鲁迅对中国新的艺术的一种设计和方案，我们看到了他对中国艺术的思想和理念。

这是第二组板块，我推出一个数字更能说明一个斗士式的媒体和一个用新闻来说话的艺术风格。

《新民晚报》《华西日报》《国难三日刊》等等，1937年他创立的四川漫画，1945年的时候《自由画报》是他主编和创刊的，我们从文化研究的角度看待这个历史，确实是在美术史上有些东西被遮蔽了，美术史是不是跟媒体史应该有交叉，因此我们看到了另外一个题目。

在第三板块是拓荒者。我们主要讲的是张漾兮为了中国美术学院版画系的建制做的贡献以及他教学，对版画系的教学的理念定位以及他的创作实践里呈现的东西。这里有一个敏感的情况，我们称为中国画人物版画的开拓者。他后来优秀的学生，比如周昌谷、李震坚已经非常有名了，其实都是通过这个脉络的，他的艺术特征很有意思，他是用写实主义的风格，用中国画的笔墨，在这之前他也曾经用笔墨，他是用中国文人画的笔墨的方法来写作，这跟40年代他用素描的方式、用水墨来作的人物画有很大的区别。我们知道蒋兆和先生在很早的时候，也就是说在1937年的时候，他跟徐悲鸿先生有一个接触，徐悲鸿先生鼓励他要用西方的艺术方法来用于中国画的创作，对他的影响非常大。我们也能看到蒋兆和和张漾兮先生同时代的作品里有非常接近的风格，我不知道这是不是一个巧合。张漾兮也是四川人，蒋兆和先生也是四川人，这是很奇妙的。有意思的是，他们50年代的作品就跟40年代的作品截然分开的，完全是另外一种态度。我用三句话，一个是现实主义观照的方法；第二个是用文人画的笔墨进入他的艺术；第三是强调生活的概念。40年代是水墨的素描，带有光影的水墨画，50年代的作品如《挑杆的老农》《站岗》等等这些作品，既可以说是他的创作，也是当时他创作的上课的课图。

举这两个例子，我想说我的一个观点，一个艺术家在怎样的程度上，在他怎么样的话语环境里他的艺术的变化。如果说1949年以前，张漾兮我更愿意把他看成一个先锋画家，当然更接近于政治行为而不是艺术行为。非常有意思的说法，但是比较尖锐，从一个艺术家到一个艺术工作者，我觉得还是有特别危险的地方，但是张漾兮做得非常好，他同时做到了两点，用一句话来说就是艺术的社会性和艺术的主体性两者都兼得。谢谢大家！

张晴：下面请张漾兮外孙女、中国美术学院陈焰老师发言！

陈焰：谢谢主持人！谢谢各位前辈和专家的发言。我作为张漾兮的外孙女，就谈谈这两年在整理他的作品和笔记中的体会和收获。

打开我外公张漾兮先生的画卷，犹如展开一张历史事件地图，记录着中国二十世纪三四十年代至五六十年代岁月的跌宕起伏。纵观他一生的作品，可以发现无论是木刻、水墨、水彩，还是漫画作品，存在不少同一题材的作品以不同的媒材，或者不同的形式进行的表达，或者不同题材在不同时期却以同一形式语言进行表现。前些天在浙江美术馆举办了“刀锋民魂——张漾兮诞辰百年艺术展”画展，蔡枫老师和我策展，方案的一个亮点，就是依据漾兮先生的这个创作特点开展的，归纳如下：

首先，同一题材、不同版本的木刻作品。比如三四十年代的木刻中的同一题材不同版本的《哀苦》《告地状》《街头疯妇》和《抗战遗孤》，以及具有两个版本的《擦皮鞋的孩子》和《吃大户》，这些作品所具有的共性是，无论是在内容、构图的取舍，还是在画面语言的表达上，第二版的作品总是比第一版作品在画面人物形象塑造、气氛营造、构图构造上更为简约概括，也就更加具有绘画自身的张力。

其次，同题材、同构图、不同媒介的造型转换。

1955年漾兮先生访问东欧所作的石膏版画，多是在旅店休息时间根据水彩或者水墨写生刻画一气呵成。此外，1954年的套色木刻《西湖风光》、1961年的水印木刻《三潭印月》、1963年的黑白木刻《村舍黄昏》，都各有一幅内容、构图相同的水彩作品。《西湖风光》这件作品属于先生在版画系为师生做示范，“经常在探索新的表现方法和更适合于内容的各种艺术形式”的尝试。从水彩、水墨和素描的用笔转换到木刻刀的刻画，期间的笔与刀的游走变化没有半点阻隔与晦涩，尤其相比素描，刀痕凿凿的黑白对比完成了从写生到创作的转换。

第三，同题材、不同媒材的写生锤炼。

张漾兮先生的作品中，还有大批写生作品都具有两个版本，其中的差别要么是所用媒材的不同：水彩与水墨或各一张，甚至不同程度着色的三张；要么是同题材、同媒材而构图稍有差别的几组。比如1955年出访东欧的人物和风景的水彩、水墨写生有8组20件之多。1962年赴桂林和广东体验生活的水墨、水彩画也有8组20余件。描绘罗马尼亚集市的《托卡德集市》，小幅的画面传递出如此大的气场，显现出先生在色彩造型语言上的功力与修养。

1962年的一组江岸《待渡》的作品，有铅笔、水彩、彩墨各一件，水墨两件共五件之多，其中的彩墨和水彩已经从写生转化成创作，成为两件独立的艺术作品。正如他笔记中提到的王铎所谓“触目纵横千万朵，赏心只有三两枝”。素材的提炼、取舍全在“赏心”二字所包含的意义之中。他提出的造型目标“捉形捉神，以形捉神，以形写神之形”，从而传达更深远的“意”，含有深刻的社会文化层面意蕴，和中国传统美学和艺术对意境和神韵的追求遥相呼应。

我们做好文章要删字删句，这是形式上的“炼句”；而更难者是“删言”“删题”，这是构思上的“炼意”。对艺术形式的“炼句”，以及对艺术内容的“炼意”，正好体现漾兮先生在蜕变和再生的艺术历练中的双重锤炼。换言之，愈简约者愈能包容复杂的内涵。《老子》有云，“道生一，一生二，二生三，三生万物”，斯理也。这是先生对技道融一的追求。

张晴：下面请张漾兮孙女、上海师范大学美院张忆周老师发言！

张忆舟：谢谢主持人给我这么一个难得的机会，前面听了那么多专家前辈的发言，我非常感动。我觉得作为我们晚辈来讲，可以从许多前辈身上学到非常多的优秀的艺术品质和精神，同时这次展览也加深了我对爷爷张漾兮的艺术和人生道路体现出来的一种执着精神的追求。我有一种深刻的体会，我觉得作为我们现代的年轻画家来讲，在从事一些当代艺术方面可能更多考虑的不是说去贴近于一种社会，去贴近于一种生活，去关心一种大众，有的时候会以一种小我的视野去描绘我们周边的世界。老一辈的艺术家他们都是以一种宽阔的视野去观察这个社会、描绘这个社会，这一点上爷爷张漾兮很深刻地体现出这一点。他的一些画作在中国三四十年代战乱的年代是非常具有时代精神的，而这种时代精神使得他的画作在那个年代体现出那个年代的当代精神。我们现代社会当代艺术体现一种当代精神，我觉得这种当代精神也应该更多地关注一种社会而不仅仅停留在一种小我的视野。

这是我从爷爷的作品中得到的启示和体会。他早年跟其他的先辈创立了一些杂志，创办了漫画社，他的主要目的不仅仅只是说去反映生活，更多的是去警醒世人，警醒国人认识到当时社会黑暗的一种现实和人性的本质。他在他的作品中充分体现了他在这些方面的特色，挖掘中国旧社会的社会本质和人性的本质。

另外爷爷张漾兮是一个非常具有忘我精神的艺术家。我主要是觉得他后来的一些学生，我认识一些老教授，我从他们身上感受到了这种精神，比如俞启慧老师、张嵩祖老师，我觉得他们的精神世界跟我们年轻一代的好像有很大的不同，使得我也是在深深地反省我们现在年轻人是不是也不要太从一种现实的角度去考虑自己的艺术。有一些年轻艺术家可能还会想我这次的画是不是入选了，或者说这次展览这个主题是从什么方向走的，或者艺术道路上我是不是应该遵循这个道路走会更好，这种趋势可能功利性目的太多了一点。作为我们晚辈来讲，年轻一代的艺术家更多的应该从艺术的本真角度表达自我，关注社会，关注大众，这才是作为一个艺术家应该真正体现出来的精神，我觉得这也是作为真正的当代艺术应该体现出来的精神。

我所了解有一些当代艺术，可能他们现在也是有一定的宣传，好像他也是肩负某一种社会责任，可能走到后来，在市场大潮当中就会把这个方向给走偏了。作为年轻一代的艺术家，怎么样坚持艺术本真的执着精神是我们应该去深刻反省的。可以从老一辈的艺术家，不仅是从爷爷张漾兮身上，还包括其他的老一辈的艺术家，他们的身上都充分体现出来这种精神。我感觉爷爷张漾兮先生有一点，他的人生品格上面，我概括起来是三点：不趋炎附势，不哗众取宠，不沽名钓誉。我觉得这是当今的现代艺术需要秉承的一种艺术态度，应该将这种不趋炎附势、不哗众取宠、不沽名钓誉的艺术精神去纯净我们的心灵，维护艺术的纯真，这是作为我们后辈能够从他身上继承下来的最宝贵的精神遗产。谢谢大家！

张晴：下面请张漾兮先生的儿子张鼓峰先生代表家属致感谢词。

张鼓峰：我代表张漾兮的家属，我也代表张漾兮的在天之灵和我们的母亲、张漾兮的夫人雷朝仪女士，向今天各位对张漾兮的崇高评价表示深切的感谢。谢谢大家！

张晴：我们今天能够会聚在这里，请到了来自北京、上海、杭州三地的美术理论家、版画家和张漾兮先生的亲朋好友以及张漾兮先生的弟子，在一起对张漾兮百年他做出的艺术贡献和艺术实践、教学成果各个方面做了一个很丰满、完整的学术研讨会。我们从张漾兮先生各个时期的艺术创作可以看到20世纪中国社会的变革和人民群众的风貌，他的作品代表了我们民族的精神，代表了广大人民群众的诉求和审美，代表了20世纪中国美术的主流，因此，我们要重新认识张漾兮先生在20世纪中国美术史当中的学术贡献和历史地位，这是我们今天在座的这些老前辈、理论家和他的晚辈共同构成的对张漾兮先生一个很好的学术评价。

我代表中国美术馆感谢张漾兮先生的家属对我馆的捐赠，让我们馆丰富了20世纪中国美术的经典作品的收藏，让我们馆可以进一步做好张漾兮先生的艺术研究和传播工作。最后代表中国美术馆谢谢各位今天与会的老前辈，很多家属、很多老前辈由于时间关系没有发言，所以在这里一并感谢大家！

张漾兮先生百年艺术展学术研讨会到此结束！谢谢大家！

（本文由中国美术馆根据研讨会现场录音整理）

张漾兮的艺术人生对当代艺术的启示

张忆周

作为年轻一代的画家，我想从当代艺术的角度谈一下我从张漾兮的绘画作品和艺术人生中所得到的启示。

张漾兮是属于20世纪的人，他的作品在今天看来是历史的，但并不是传统的、守旧的。怎么理解呢？我认为他的作品是属于20世纪的鲜明的“当代艺术”。也许大家会对此感到费解，我做一下解释。其实，在英文中“当代”一词对应的单词是“contemporary”，其中的词根“temporary”有“暂时”的意思，这就意味着“当代性”是在演变发展中的，而“当代艺术”不应特指某一时期某种类型的艺术。广义地理解，每一个历史时期不同的社会背景都会产生相应的时代性格鲜明的“当代艺术”，具有时效性，真实反映某个时代的社会生活，具备当代精神，其艺术表现形式反传统，开拓了全新的视觉审美方式。我觉得张漾兮的艺术作品就是20世纪上半叶中国的“当代艺术”的典型，其作品内容具有时效性，风格具有变革性。同时张漾兮更担负起一份忘我的艺术家的道义感、社会责任感和时代使命感。

从“当代艺术”的时效性角度讲，张漾兮的版画作品集中反映了中国从20世纪30年代到50年代动荡变革的社会面貌。这段历史我没有亲历，但能理解。也许现在很多年轻人对那段历史既陌生又感到无趣，甚至觉得那时期的黑白木刻已经过时，俨然成了革命宣传画，没有艺术价值，只是被政治利用了。我觉得这样的想法是一种割断历史的片面认识。张漾兮和所有那个时代的文艺工作者一样，用发自内心的真挚情感，描绘着国家的困苦灾难，他以一个艺术家敏锐的观察力去洞悉那个社会。他的作品不是“小我”姿态的哀叹自怜，而是以宽广而深入的视角去展现他所处的整个时代、整个中国。回顾美术史，每个时期的伟大艺术家都会肩负一份社会责任感，自发地去展现历史，虽然他们的艺术样式风格大相径庭。德拉克洛瓦的《自由引导人民》、毕加索的《格尔尼卡》就是鲜例。张漾兮的《人市》《抢米》虽然题材没有那么宏大，也同样尖锐展现了旧中国的真实面貌。而他的另一些小幅人像木刻，更是那时中国众生百态的鲜活写照，夸张而生动，又带有凄楚和辛酸，很像契诃夫笔下的小人物，又如卓别林演绎的悲情喜剧人物。张漾兮一直深受鲁迅先生影响，因此他的版画作品不仅仅是真实反映那个时代那个社会，更是去唤醒民众认识社会，用鲁迅先生的话说就是“不在沉默中爆发就在沉默中灭亡”。

从艺术风格样式角度谈，张漾兮短暂一生的版画风格在不断变化发展中。他早年学习一些苏联版画家以粗细排线组成多种调子来充分表现对象，例如两张鲁迅肖像和《日寇暴行》等作品；后又深受珂勒惠支影响，以粗率刀法和厚重的黑白对比去表现底层人民的生活。张漾兮的这种洋为中用的风格学习并非简单的模仿，也不是牵强的生搬硬套，而是巧妙地移花接木，完美融合自我特性，同时自然吸收了中国画意韵生动的线条表现力，省略明暗表现，以干净利落的刀法、洗练有力的线条勾勒出人物的结构造型和生动而略带夸张的动态、神态，进而形成自己的风格，创造出漫画式的黑白木刻形式，例如《擦皮鞋的孩子》《告地状》《抗战军人的孩子》。新中国成立后，张漾兮的版画风格再度变化，带有视觉冲撞感的黑白对比没有了，夸张的造型没有了，画风增加了清新细腻的田园色彩，如《牧歌》。此外，他再次巧妙融入中国画大幅留白的横卷式构图和汉代画像砖的特色，笔不到意到，如《送饭到田间》。他甚至还大胆采取中国画散点透视的方法，浓墨重彩地表现西湖，创作了《西湖西冷桥》。可以说，张漾兮的版画风格不拘一格。或许有人会提出是否张漾兮的版画风格个人化特征不够鲜明，也曾经有解释说他后期的风格多变是为教学需要。不过我认为，最重要的是因为张漾兮的版画风格一直随着他所表现的题材主题不同而发展变化，每一种风格都完美表现了相应内容，而这些题材主题的转变是顺应社会时代背景转变的自然真情表达。无论他的风格如何转变，在当时都是独具特色的。张漾兮自己曾说："风格不同，就是要形式不同、趣味不同，独创一派，自古皆然。"个人化风格是无法脱离整个社会时代大环境的。众所周知，毕加索随命运的改变，更顺应工业革命和"战斗"背景，绘画风格因此经历好几个不同时期。任何时代都有属于那个时代的当代艺术，演变中的当代艺术不仅要体现个人化风格，不能是简单的"拿来主义"，更要顺应天时地利，贴切展现某个社会时代特性，一成不变的个人化风格只能是（关注自我的）"小我"眼界的艺术表达。

今天，某些被"炒到天价，红得发紫"的当代艺术家们，其模式化的艺术形式和个人风格，已经成为一种个人商标，即便它具有独创性，却更多意味着个人的艺术商业价值。他们简单模式化的表现手法，符号脸谱式的夸张造型，隐喻讽刺的意图，虽然标榜担负着挖掘中国人的人性本质的"职责"，但当他们被金钱和舆论推到风口浪尖时，无形中已偏离了"警示国人"的初衷轨迹，扮演起虚伪的"救世主"的角色，以此换取声名显赫，金帛缠身。顺便提一下，我听说目前一些当代艺术家们的丝网版画作品升值很快，而且还有很大升值空间。其实这只是他们油画、水墨画的复制而已，可其他版画家真正创造性的版画作品却没有得到应有的重视。这是一个错误。当然，商业社会的今天，追求功名无可厚非，但艺术形式风格的产生却不应带有投机性取向，不然就失去了艺术的真诚，就是"为风格而风格"，或者作品只有风格的量化，而风格却不随时代进程改变的固化，一成不变。反观张漾兮，虽然风格多样，但始终真切关注社会，风格演变顺应时代背景，不造作、不虚伪。

张漾兮五十二年短暂的一生，创作了大量的版画、漫画、水墨、水彩。我钦佩他的艺术成就，更感动于他的艺术精神。他执着他热爱的绘画，不仅基本功扎实，造型能力极强，而且艺术品位很高，创造性地将西方黑白木刻和中国水墨画、汉代画像砖完美融合，形成了自己的风格。他生命不息，作画不止。在他诞辰百年后的今天，再来看他的作品，回顾他坎坷的一生，我真正走近了他的生命，读懂了他的心声。他不趋炎附势，同情劳苦大众，真诚描绘他们；他不哗众取宠更不沽名钓誉，总是不断以各种不同笔名（而不是真实姓名）发表画作，目的只是为激励、警醒世人，从不突出个人功名；他几乎时刻心系国家民族和版画事业，早年可以不顾个人安危创办杂志，中年不辞辛劳创建版画系，甚至快到生命终点也不顾哮喘病重，拖着羸弱的身体爬楼去辅导学生创作。这样一种执着真诚的艺术品质，真的值得我们年轻一代画家去考量自己，扪心自问我们现在的当代艺术是否偏离了艺术的本真。评论家王林就曾质疑："当代艺术除了既得利益还剩下什么？"我想张漾兮的绘画作品和艺术人生足以让我们反思这个问题。

今天我们纪念张漾兮先生，不是为了重新去为他歌功颂德，而是要真正学习他的品质，执着艺术创新，关注时代社会变迁，不趋炎附势、不哗众取宠、不沽名钓誉。这也正是我们现今的当代艺术需要秉承的艺术态度，澄净我们的心灵，维护艺术的纯粹性！我认为这是张漾兮留给我们后辈的最宝贵的精神遗产，我相信这也是张漾兮对我们后人的真切期望！

2013年元月

原载《四川美术馆藏——张漾兮作品集》，四川美术出版社，2017年

20世纪新文化革命美术运动中的先锋艺术家

——张漾兮在成都

张颖川

张漾兮是我国20世纪现代新文化艺术运动中的著名代表人物，他一生创作了几千幅作品，从木刻版画、漫画到水彩画、水墨画都以鲜明的时代精神和富于创造了个性风格为我国现代新文化革命艺术运动做出了贡献，在现代新兴木刻艺术发展历史篇章中留下了厚重的一页。

图1　1938年

图2　1938年　四川美术作品展现场

张漾兮是成都人，他的创作生涯分别为1949年前后四川省成都市和浙江省杭州市两个地区的两个时期。作为《成都美术志》主编，我是在编辑整理成都美术史志文献，查阅民国史料过程中了解到张漾兮的。我们成都市地方文化艺术志编修工作从上世纪90年代开始进行，由于国内关于成都民国时期新美术活动，成都抗日战争时期后方城市革命艺术运动的研究文献较少，时任成都文化局局长史家健明确提出要从疏理研究成都地区现代新文化艺术运动文献的高度，来充分认识编修地方文化艺术志的重要性，一定要认真深入调查、整理、挖掘成都近百年各个时期优秀艺术家创作的优秀成果。根据我们所收集整理了解的一些文献史料，谈一谈当年在成都的张漾兮。

“五四”新文化“美育”思想启迪培育了青年张漾兮

晚清至民国初年，一批维新改革、振兴民族的爱国志士们逐渐把革新改良的重点转向“鼓民力”“开民智”“新民德”[1]，改造启蒙国民精神，十分重视学习西方的政治、经济、文艺等，重视学校教育。从1905年清政府实行废科举、兴学堂的改革措施，至辛亥革命后国内全面实行学习效仿西方制度的学校教育方式，一代青年学子在新学校里广泛接触到新式文化教育中的新思想、新观念，首先在这场启蒙文化运动中成长起来，以积极的姿态走在时代新潮流前沿，成为“五四”新民主主义新文化革命运动中的主力军。1912年，蔡元培任南京民国临时政府教育总长，提出“注重道德教育，以实利教育、军国民教育辅之，更以美感教育完成其道德教育”的教育宗旨。[2]以绘画、音乐艺术为主要内容的“美育”教育课程被列入全国高等院校尤其是高等师范学校的教学大纲。民国初期，学习西方学院教育方式的新学校艺术教育活动成为现代新文化运动一个重要进步内容。20世纪30年代后在国统区著名的优秀艺术家，尤其是从事西画类版画、油画的画家大都有在新学校接受新美术教育的学习成长经历。

1939 左右摄于成都

张漾兮原名张国士，1912年出生于成都一个私塾教师家庭，7岁时父母先后病故，靠经营小商的叔父抚养长大。自幼热爱绘画，1926年14岁考入四川美术专门学校初级师范科学习，因学习成绩优秀，被保送升入该校西画科免费学习。此间，叔父家业破败，他受到师友们的慷慨资助，继续坚持在校求学完成学业。1931年毕业于四川美术专门学校西画科。张漾兮所在的四川美术专门学校成立于1924年，是成都最早成立的一所私立艺术专门学校。该校为上海美术专科学校四川籍学生所组织的“四川美术研究社”筹建，四川美术研究社的组织创办以及后来的建校筹备工作一开始就直接受到上海美专刘海粟的热情指导和帮助，两任校长都和刘海粟关系紧密，其师资实力和教学条件都在当时的成都几所艺术专门学校和各大学艺术专科中名列第一。该校教学全面仿照学习西方学院教育制度，十分重视西画科教学，重视西方绘画的素描、色彩学习和郊外写生创作。学校除日常教学以外还组织学生成立西洋画、国画、音乐、体育等专业的研究会，经常开办系列文化讲座。特别值得强调的是，蔡元培作为上海美专的校董，曾经给予刘海粟许多具体的帮助指导，而深受刘海粟影响的四川美专也和上海美专一样，其初期筹建办学时就积极倡导蔡元培的“美育”教育理念，“专以养成纯正美的艺术人才发展美育为宗旨”③“相信艺术能够救济人们的烦苦能够振起人们的堕落”④。

四川美专在当地有影响的《国民公报》上主持开办“美术”专栏，宣传介绍西方绘画画理、画史知识和国内外现代艺术思潮、艺术动态。学校在宣传新美术教育和艺术创作的新观念，以及传播报道国内外美术活动方面颇具文化信息优势，持续引领成都美术新潮前沿舆论。当时四川艺专的学校校园文化讲座和校园文艺演出会，师生们组织的写生团活动以及美术作品展览会常常轰动社会，成为全市新闻界、文化界舆论关注焦点。张漾兮就读四川美专的六年期间，正是四川美专的全盛时期⑤。他勤奋好学，还在初师班学习时，就坚持每天早上到学校郊外画一张水彩画，这种清晨校外水彩写生的习惯在学校读书的六年期间从未间断过。除了刻苦学习绘画以外，他还喜欢阅读《拓荒者》《大众》《萌芽》等一批课外进步书刊，当时对书中所介绍的苏联和日本木刻发生兴趣，并开始自学木刻，为同学刻头像图章。作为一所新兴美术学校成绩优异的学生，作为一位生活贫困坚持刻苦努力学习的年轻人，张漾兮追求积极的进步文化，接受五四新文化新美术创作观念，即现实主义意义的科学美术思想和艺术启蒙教育大众、振兴民族国家的社会责任。

1929年，成都发生“工专事件”学潮。成都甲种工业学校校方仗势因故欺压学生，激起学生愤怒反击，军阀当局镇压抓捕学生，由此引发更强烈的反抗，酿成全市范围内学潮。各校学生纷纷上街游行示威，声援工业学校学生，与军警发生大规模冲突。四川美专学生承担了学潮的图画宣传任务，学生们画了许多抨击讽刺军阀的漫画到各大街小巷张贴，据张漾兮的同学洪毅然回忆：“记得在那次活动中，漾兮制作的漫画宣传品，不仅比谁都多，而且比谁都制作得严谨认真。这是他后来积极从事大量政治讽刺画的创作的最早起点。”⑥“工专事件”学潮结束后第二年，张漾兮参加了由四川美术专门学校和成都几所院校艺术系20多位青年学生发起组织的“时代画会”，画会成员中有中国共产党党员，这是一个左翼青年革命美术团体。该画会创作了一大批讽刺时弊的漫画，并油印多份，晚间塞入街面商号门道进行社会革命宣传。这一年，张漾兮和画会的同学在成都通俗教育馆举办“通俗画展”，展览除了展出一些风景、静物、肖像画外，还展出张漾兮创作了一幅表现学潮的水彩画《游行示威》。这幅画“真实反映出当时人民群众浩浩荡荡参加游行示威，反抗军阀压迫的精神风貌，画面气势壮阔，曾给观众留下深刻印象”⑦。时代画会在《西南日报》副刊主持编辑《时代艺术周刊》，发表富有左翼革命精神的艺术论文和美术批评文章，如“普罗艺术概论”等，引起社会关注。张漾兮特别为《时代艺术周刊》设计了刊头，“画面是一座倾斜的高层洋楼，象征旧世界已经危在旦夕；原来压在其下的被压迫人群，已经挣脱出来，举起反抗的旗帜”。⑧

抗日战争的全面爆发把张漾兮推向革命美术运动前沿的风口浪尖

1931年张漾兮在四川美专毕业时，由于参与学潮运动，被校长扣发毕业证书并取消留校资格。从1931年到1936年，他一直没有固定工作，到各处做临时工，还当过小学代课老师，后来为戏剧班子画挡子（舞台布景），设计街头小广告等。艰辛动荡的生活锻炼了张漾兮吃苦耐劳的坚强性格，也使他对军阀统治下社会的腐败、民生的苦难有了更深切的感受。这时候，他开始木刻创作。和国内其他早期从事木刻创作的艺术家一样，张漾兮的创作直接受到鲁迅新兴版画运动思想影响，受到所介绍的苏联木刻和凯绥·珂勒惠支的作品的影响，而后不久抗日战争的全面爆发，促使张漾兮全身心地投入到新兴版画艺术运动中。

1937年“七·七卢沟桥”事变和上海“八一三”事变后，抗日战争全面爆发，国共两党进行第二次合作，全国建立抗日民族统一战线。国民党中央政府迁移重庆市，中共中央在重庆组建南方局，八路军也在重庆设立办事处。同时全国各地100多所学校以及文化机构、400多所工厂和国内大量的官僚资本、民族资本也随之向西南转移，其中主要部分迁移到四川。四川成为全国抗日战争后方政治、经济、文化的中心地区，作为四川的省会城市，成都市也成为仅次于陪都重庆市的一个后方重要城市。当时成都军阀地方实力派活跃，中国共产党在抗日民族统一战线的旗帜下利用成都各种错综复杂的政治、经济力量矛盾，较成功地组织了开放的抗日救亡统一战线。1937年以后，成都抗日救亡运动蓬勃开展，以抗日救亡组织多，宣传活动热烈活跃，救亡报刊迅速增加为特点，称著大后方。据有关资料统计[⑨]，抗战时期成都报业林林总总的各种报纸总数约有50余家，仅1937年一年间就有16张报纸问世。对于成都文化艺术界，因为与重庆国民中央政府的陪都保持了一定的距离，社会相对安定，一时聚集了一大批国统区文艺英才，呈现一派文化艺术创作交流活动热潮，各报纸副刊文化专栏也因此特别活跃，刊载发表了许多全国入川著名艺术家的进步文艺作品。在成都美术界当时有大一批全国著名画家、书法家、工艺美术家、雕塑家，他们或居住成都，或任教于成都各学校，或来成都参加艺术展览活动。成都各类艺术社团迅速增加了10多个，1941年成立的四川美术协会有一个主要任务，就是联络团结各地来川艺术家，帮助他们到成都生活和开展创作活动。因为后方城市金融业战争时期的发展特点，成都市也是抗日战争时期全国最大的书画艺术市场。这一时期成都各种有规模有影响的大型艺术活动，包括抗日纪念雕塑造像和国内著名书画艺术家的展览会非常多。成都由此掀起了以抗日救亡现实主义精神为特征的现代艺术革命运动高潮。其中，木刻和漫画创作以能够直接印刷，方便有效宣传的独特形式条件，在各报刊杂志上广泛大量刊登发表，显示出特别具有现实表现力量和鲜明批判精神的先锋艺术姿态。张漾兮是当时成都地区从事木刻和漫画艺术创作的主要画家，一名抗战后方文艺战线上著名的先锋艺术家，他积极热情地活跃在这个时代革命运动的风口浪尖上。

张漾兮从1937年开始一直到1947年成都“六一”大逮捕隐蔽乡下后到香港，都供职于成都新闻界。先后被聘任为成都《新民报》《国难三日刊》《时事新刊》《战时后方画刊》《华西日报》《华西晚报》《四川日报》《工商导报》《民众时报》《捷报》《益报》等报刊的美术编辑、漫画记者，还和友人合作创办了《自由画报》。他以新闻报刊编辑记者的身份创作发表了上千幅宣传抗日救亡和批判社会现实黑暗，表现民众生活苦难的木刻和漫画作品。从1937年到1947年十年间，在我们所能够看到的众多各报纸杂志上，大都有署名为“漾兮”的漫画和木刻作品，有时还作连环画并配以民间歌谣。后来进一步研究关于漾兮的资料，发现江苇、丹子、程又文、陈朴、周永礼、雷浪等署名作品也是漾兮同一个人所作，当年张漾兮创作数量如此多产令人惊叹，有一段时期可能几乎为每日一幅画，而且绘画形式除了漫画、木刻，还有水彩、水墨人物画等。这是一位精力充沛、思维敏捷、创作十分勤奋的作者，虽然都是在半个世纪以前发黄了的旧报刊上观看到的画作印刷品，也能感受到其画面的生动丰富和遒劲饱满的气势。

1937年，由张漾兮、乐以钧、苗勃然、蒋丁引、谢趣生、梁正宇、洪毅然、龚敬威、冯桢、车辐、江宁、刘素怀、巫怀毅，牟康华等10多个青年人在商业场一家小茶馆“桃园”里倡议发起成立了“四川漫画社”，这是继1930年“时代画会”后，成都青年艺术家自发组织的第二个具有左翼革命倾向的艺术团体，其成员的创作成就、活动能力以及所产生的社会公共影响力充分表现出成都现代青年艺术家的成长成熟。同年8月22日，张漾兮在他主编的《新民报》“漫画专栏”上开辟“四川漫画”创刊号，发表了四川漫画社成员们创作的漫画作品，该栏目顶上的一排粗体文字十分醒目：“我们不愿说冠冕堂皇的话，当此国难严重时期；只知道‘干’！本社宗旨，读者会慢慢知道的。”1938年1月15日，漫画社成员们创作了160余幅漫画作品，在春熙路基督教青年会举办了成都历史上第一个大型漫画展览——“四川漫画社第一次救亡漫画展览会”。展览会开幕的当天，漫画社在《新新新闻》报上发表了展览宣言，向社会各界大声疾呼：“中国在目前无疑已经步入了这个最伟大的时代，自‘九·一八’‘一·二八’‘七·七’‘八·一三’以来，……已经掀起了举国一致的抗敌救亡运动，展开了壮烈的神圣的民族革命斗争！……为了要完尽‘艺术’与‘艺术家’在抗敌阵线中的任务和功能，我们的‘四川漫画社’应运而产生了；并且同时我们的‘救亡漫画展览会’也应运而产生了。”⑩漫画社的抗战漫画展览轰动了整个蓉城，各报刊纷纷给予积极报道，作家沙汀、周文、陈翔鹤、杨波和著名电影演员白杨、谢添等均到场参观，撰稿发表评论。每天前来参观者络绎不绝，为满足观众要求不得不在展览地点连夜开电灯，延长展览时间。展览留言簿上观众热情留言：“每幅漫画都是射向日寇的炮弹”“使人油然产生同仇敌忾之感”。⑪展览会结束后，漫画社又应邀请携带作品，到崇宁、郫县、双流、温江各地巡回展出。像这样形式通俗活泼、内容鲜明有力的漫画展览以后又连续举办过两三次。展览会上还同时组织作品义卖活动，将所得收入全部购买布匹，捐助战争时期的入川难童。除举办展览外，漫画社成员还自筹资金自制漫画幻灯片、大型彩色宣传画，到各电影院和街头进行抗日救国宣传活动。同时与全国抗战漫画界抗敌协会联系，为“全国漫画宣传队”组织出版的《抗战漫画》供稿，并应“中苏文化协会”邀请，组织会员部分作品参加了在苏联莫斯科举办的“国际反法西斯漫画展览”。

四川漫画社虽然成立几年后，受到国民党政府的压制，以社团名义的活动停止了，但这个群体成员之间相互合作、交流所开展进行的漫画、木刻艺术创作活动，一直持续到1947年。后来在成都组织成立的“中华全国木刻界抗敌协会成都分会”和“星期画会”“现代美术会”等其他抗日进步社团活动都有四川漫画社群体成员的积极组织和参与。漫画社大部分成员都是新闻界的美术编辑、记者、特约撰稿人，他们利用成都报刊发行的活跃和各报纸对副刊栏目的开放，在《国难三日刊》《华西日报》《华西晚报》《星芒报》《时事新刊》《新民报》《新新新闻》等报纸开辟画刊专栏，团结成都地区的一批漫画、木刻艺术家，也联络在重庆、桂林等后方城市的许多全国艺术家，大量发表宣传战争形势和批判现实时弊的作品和杂文。当时张漾兮在《新民报》主编的“新民漫画”专栏，谢趣生在《新新新闻》主持的“每周漫画”专栏，是漫画社的主要宣传阵地。1940年，德、意、日签订三国军事联盟，我国后方城市重庆和成都遭遇日军狂轰滥炸，成都不少人惨遇轰炸而死亡。为激励广大民众抗战斗志，漫画社成员积极参与省政府战时服务团工作，创办半月刊《战时后方画刊》，该画刊虽然只发行了20期，其中所刊载的许多生动通俗的木刻漫画作品和杂文小品文章影响极大。这种以漫画、木刻和杂文为主要表现形式的舆论宣传活动，1945年在成都中共地下党和民主同盟的支持帮助下创办的《自由画报》中发展到空前高潮。1945年8月，日本帝国主义无条件投降，紧随着国内掀起一场

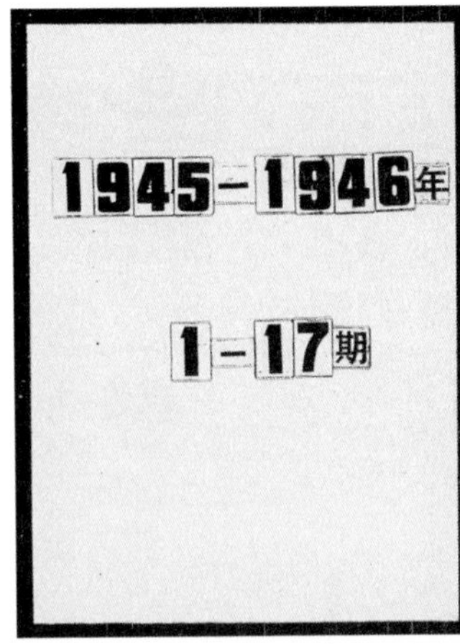

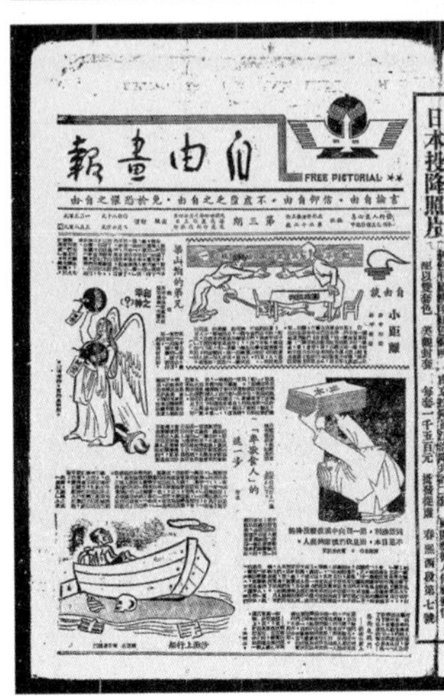

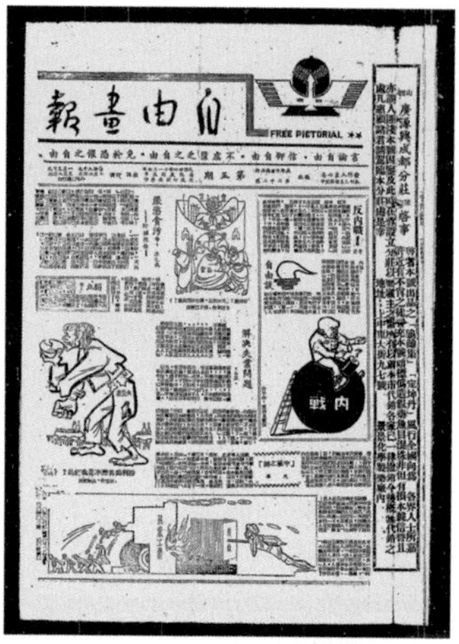

自由畫報

FREE PICTORIAL

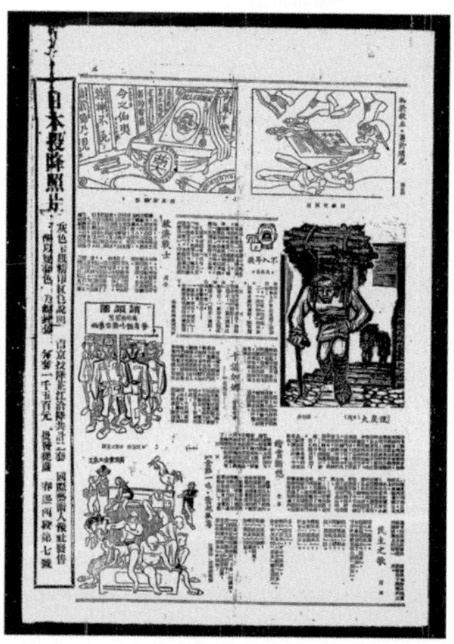

日本投降照片

自由畫報

FREE PICTORIAL

我們不要內戰！我們堅決反對內戰！

反内战、反腐败，要求民主自由革命民主运动。《自由画报》首当先锋，以漫画木刻和杂文形式图文并茂，成为国统区揭露批判民国政府，争取民主自由社会宣传性战斗性很强的一份画报。《自由画报》为周刊，每期4版，每逢周三出版。画报创刊号发刊词只有鲜明的六个字："不自由、毋宁死！"四川漫画社的一些成员既是画报的志愿义务编辑记者，各地通讯的联络人，也是作者和报贩发行人。当年国内很多著名进步作家、画家都踊跃为画报投稿，《自由画报》拥有实力雄厚、闻名全国的作者队伍。该画报虽然只出版17期，生存了143天，但声名大振，在当时的成都家喻户晓，市民争先抢购，供不应求。新中国成立后，《自由画报》被称赞为"公开的《挺进报》"⑫。

抗日战争时期和1945年后的反对内战的民主自由运动，成都的一批报纸杂志一直都具有大量发表漫画、木刻作品和杂文，及时反映形势报道时事新闻和有力揭露批判社会的公共影响力，其中四川漫画社画家群体持续不断的奋斗发挥了重要作用，他们为成都三十年代末到四十年代的革命现实主义现代美术运动，为全国抗日救亡运动做出了贡献。而所有这些成就都与这个画社群体里有两名创作多产、作品优异的著名木刻家、漫画家张漾兮、谢趣生的艰苦努力分不开。10

年间相关社团的组织活动和艺术创作活动，以及一些画刊画报的创办，报纸副刊的编辑撰稿工作，全国各地作者的联络等，张漾兮、谢趣生都是其中主要的发起人、组织负责人和主要作者，他们是《自由画报》四个创办人中的两位。1945年9月3日，成都欢庆抗战胜利举行大型火炬游行，热烈的群众在队伍前列抬着的庆祝胜利的巨幅宣传画就是张漾兮所作。1946年12月21日，张漾兮在春熙路基督教青年会举办个人画展，展览现场遭受到特务扰乱几近捣毁。谢趣生不顾当局压力支持张漾兮，于当月29日用《新新新闻》“一周漫画”专栏全版篇幅开设展览特刊，登载展览作品和朋友们的评述文章。张漾兮为人朴实谦和，在四川漫画社群体中具有亲近的凝聚团结力。展览会上大家称赞他的作品也敬重他坚贞苦斗的精神和对朋友的热诚，虽然个人生活困苦清贫，有时还要忍痛卖掉自己心爱的绘画颜料，仍然时时关心他人，常常无报酬画画帮助朋友。谢趣生在他撰写的评论文章说：“‘我的朋友漾兮兄’——对于这样的称呼，我是自信是非常荣幸的。他对于艺术的忠实态度是始终一致的，他从未因生活上的极度困难，而改变意志。他的生活态度，是非常严肃的。他在生活鞭打下的那种忍耐精神，同道们都闻而咋舌。”⑬

在张漾兮的作品中科学化、大众化、民族化是一个统一的整体

张漾兮从1936年开始创作木刻作品，当年的作品有《创造中华民国的国父》《伤员》《日寇兽行》《法西斯匪首》等。1938年后他的作品不断参加国内外大型的木刻、漫画作品展，如1938年在莫斯科举办的国际“反法西斯漫画展览”，1940年在桂林举行的“全国木刻10年纪念展览会”，1942年在重庆的“第一届全国双十木刻展览会”，1945年分别在重庆、成都举办的“全国漫画木刻联合展览”，1946年在上海的“抗战八年木刻展览会”。张漾兮的绘画素养较全面，关于他的水彩、水墨人物创作成都画坛一直有“水色交融、生动流畅”的赞誉，但他本人更热爱木刻艺术直面人生有硬度的坚韧力量。1938年，张漾兮参加了“中华全国木刻界抗敌协会”，1939年他和王大化、张凡夫、王朝闻等人发起组织“中华全国木刻界抗敌协会成都分

会”（筹委会），这个成都木刻分会筹委会受到中共地下党组织的直接指导和帮助，成立一年来的宣传活动十分活跃，连续举办了3次抗敌木刻展，共展出木刻作品280件，还出版木刻卡片11000张，木刻专页5期，同时组织“木刻讲习班”传授木刻技法、推广木刻工具。一年后王大化、张凡夫、王朝闻等人先后来到延安，张漾兮因为有家室儿女，留在成都，继续木刻创作。1936年，乐以均参加了鲁迅组织的“上海木刻讲习班”，后来他回到成都，在他所任教的四川美术专门学校内开设版画学习班后，成都的木刻艺术创作活动开始逐步兴起展开，然而在成都地区能够持续坚持木刻创作，并有所成就有所影响的唯张漾兮一人。鉴于民国时期报社的条件，所发表的漫画和木刻作品都由工人木刻复制画稿出版，张漾兮1937年、1938年曾经发表在《国难三日刊》上一批早期作品，大约巴掌大小，构成形式简洁，线条生动流畅，有些也可视为小幅木刻作品，这种明快有速写生气的创作手法后来被他更多地运用于漫画创作。对于木刻，他思考严谨，用刀拙朴有力，凝重沉着，并且不断认真虚心学习，力求发展变化，充分表现出张漾兮个人倔强、富于韧性的满怀创造生命活力的个性品质。

“五四”以来的新文化现代新艺术运动的主流思潮始终是提倡平民文化，进行通俗化的文化启蒙，“批判腐败落后社会 ”“唤醒人民大众”。到抗日战争时期，这种关注国家民族存亡，关怀大众民生，为社会、为人民而艺术的美术革命精神进一步被推向更广阔的公共文化关注。作为一位选择了木刻艺术创作，富于时代革命精神的先锋艺术家，张漾兮充满民主精神的人文关怀，一直都把大众平民生活作为自己的主要创作题材，当年四川漫画社的朋友们为此感慨：“漾兮兄就常常接近穷人，观察穷人，描写穷人的受难。所以漾兮兄笔下的穷人，都是非常的真实、亲切。决非坐在舒适的沙发上想象得出来的。”⑭“从他的画里你可以看到人民的悲哀和愤怒。……出现在他的画里的颜色是暗淡的，那正是今天中国人民生活的颜色。……你要在他的画中寻觅一些‘宫廷气氛’或色情的，无关痛痒的画幅，是不可得。”⑮而在今天我们回顾张漾兮的创作，更加感慨的还有在当时社会政治时局紧张压迫和生活环境艰苦的简陋条件下，从来都没有放弃对艺术形式本体语言的探索研究，像鲁迅先生所强调的那样，木刻“它之所以是工具，就因为它是艺术的缘故”。⑯ 他不断严肃思考如何创造更好的“艺术”形式，使之有效地“唤醒民众”，作用于社会革命运动。观看张漾兮1937年以来逐年创作的木刻作品，变化最大的是四十年代中期以后，他的木刻人物造型日益深入细致生动，画面场景结构组织整体感加强，其思想情感表现也更加强烈有力。从他的同事、学生、家属的回忆纪念文章中，我们阅读到许多张漾兮当年为了更好地认识体验观察民众生活，到各地各处写生的事迹。特别是1946年，成都发生了触目惊心的“复兴门”（即今新南门）抢米事件，张漾兮冒着生命危险，赶到现场，写生记录了当时饥饿的民众在死亡线上挣扎反抗的场面。

张漾兮自己曾经撰写了一篇“木刻创作谈”创作自述，文中记述这一时期的变化过程：“后来，看到了在党培养教育下，遵循着毛主席的文艺方针而创作出来的延安的木刻作品，给我很大的启发，我开始学习毛主席《延安文艺座谈会上的讲话》和鲁迅先生有关木刻文章，大约有一年多的时间没有动过刀，把全部精力用于生活速写和水墨画的学习上，并对年画、砖刻和一些书籍插图等进行了研究，此后，动起刀来，才使自己的风格逐渐发生了变化，譬如《人市》《煤矿工人》等作品，就是这样刻出来的。”。⑰ 1938年10月，毛泽东主席在中共六届六中全会上的报告中，提出了要使马克思主义在中国具体化的问题，要把国际主义的内容同民族形式结合起来。这个指示使解放区延安和国统区重庆文化思想界开展了关于“民族形式问题”的热烈讨论。重庆召开了文化界关于民族形式问题的座谈会，对于民族形式的具体表现还引发了诸多争议。1942毛泽东在《延安文艺座谈会上的讲话》精神更加深刻明确地提出革命文艺为工农兵服务，为人民解放事业服务的发展大方向。随着讨论的不断深入，国统区艺术界进一步展开了关于艺术科学化、大众化、民族化的大讨论。许多著名文化人、理论家和艺术家都在重庆和成都的报纸杂志上发表系列专题研究文章参与讨论。抗日战争极大地强化了人们关于民族文化和救亡苦难大众的心理自觉意识，在内忧外患的政治时局中，艺术要在新文化民族革命运动中承担起历史使命建设责任。我们没有查阅到张漾兮在这一时期的相关讨论文章，但从他的“木刻创作谈”自述文中了解到当年他在认真思考这些讨论话题，并以自己朴实的个性作风付之于行为实践。张漾兮在担任新闻界报刊编辑记者的同时，也曾经在南虹艺专、岷云艺专和省立艺专任教，结识了当时在成都的李有行、刘开渠、吴作人、叶浅予、丁聪、关良、庞薰琹等人。他的现代文化视野开放，本人擅长也重视素描和色彩表现，并且个人爱好广泛，对成都的川戏、古代画像砖、绵竹年画、民间剪纸、街头歌谣、牛皮灯影和各种民间竹编的手工制品等都充满兴趣，创作常常兼收并蓄，自由自如地挪用借鉴各类形式。在他的实践行为和所创作的作品中，科学化、大众化、民族化的关系是一个统一的整体，没有像国统区有的文化人争论那样进行刻意分别。三十年代我国第一代木刻艺术家开始拿起木刻刀时，是在鲁迅先生的倡导下，从西方木刻吸取的启动营养。而要进一步发展，使之更好地在国内革命战争和新文化运动中发挥作用，还需要到本土民众生活中去观察学习，还需要在民族文化的土壤里不断探索创新其艺术形式的表现技术手法。为此，张漾兮用一年的时间完全放下木刻刀，认真学习研究自己身边熟悉的民族文化、民间传统艺术形式，并联系自我创作和写生活动实践，反省在观察理解现实生活和钻研题材方面存在的问题。这样以后再拿起木刻刀来，找到了很好的创作灵感。1947年张漾兮因被国民党政府列入“六·二”大逮捕黑名单，被迫逃离成都隐蔽到绵阳、郫县等地，后来到了香港参加“人间画会”。就在1947年、1948年、1949年三年内，他离开成都，辗转各地颠沛流离时期，参加了全国木刻协会举办的“第二次全国木刻展览会”，完成了他四十年代成熟的代表作《抢米》《人市》《煤矿工人》《我们的队伍来了》等。这些作品都取材于他在成都川西平原所见所闻的普通劳动人民的真实生活境况，自己亲临其境所目睹到的重大社会事件和黑暗的交易市场。画面人物众多，空间开阔，深刻透视民众生活真实现场，充溢着浓郁的本土气息和作者发自于内心深处的情感思绪，以愤懑不平的批判锐力和亲切敏感的体察关爱精神触动人心。

张漾兮是在我国革命战争新文化运动斗争的前沿阵地上，在民众苦难生活的现实场境真实中走出来的先锋艺术家，他的艺术创作深深地根植于他曾经生活、战斗的那一遍广袤生气的大地。

2017年9月于成都江安花园

注释

① 引用于光绪二十九年新译书局出版的《严侯官文集》严复《原强》一文。

② 民国元年(1912年)9月2日教育部令第二号，转引自第一次《中国教育年鉴》。

③ 《国民公报》，民国十三年8月17日，6版，《四川美术研究社简章》，该社成立后不久就进行筹建“四川美术专门学校”的工作。

④ 《国民公报》民国十三年7月22日报道

⑤ 民国22年(1932年)，四川军阀在成都巷战，四川美专学校校址后面的一大煤堆成为田颂尧、刘文辉争夺的军事制高点，双方为此连续恶战20多天，校舍也随之焚毁变成一片焦土瓦砾。学校元气因此大伤，当时校长周稷收拾废墟，重振旗鼓，在经费困窘中辗转艰难，继续办学。

⑥ 《洪毅然“张漾兮二三事”》，1989年《成都报刊史料专辑》第11期，作者为兰州大学教授、著名美学家。

⑦ 同上。

⑧ 同上

⑨ 《抗日战争时期成都报业的发展》高焰，2001年，四川师范大学，硕士论文。

⑩ 《新新新闻》报， 1938年，1月15日。

⑪ 《抗日战争时期的“四川漫画社”》—龚敬威《成都新文化史论稿》第一辑1993年。

⑫ 《热血激情铸自由》，曾一智，《黑龙江日》，2003年12月24日。

⑬ 《新新新闻》，1946年12月29日，“并非阿谀——为漾兮画展作”，逸民(谢趣生笔名)。

⑭ 同上。

⑮ 《漾兮及其画》——白堤，成都，《新新新闻》，1946年12月29日。

⑯ 鲁迅《致李桦》，林非主编，《鲁迅著作全集》第四卷，中国社会科学出版社，1999年552页。

⑰ 《木刻创作谈》，张漾兮，《张漾兮木刻选集》，上海人民美术出版社，1960年版。

从一人到一国，新兴木刻运动个案的本体研究与价值重构

——以四川美术馆张漾兮先生作品文献展为例

冯石

距今已近一个世纪的新兴木刻运动，自鲁迅先生1931年发起便随着中国抗日形势的发展和民族解放运动的走势迅速进入高潮。直到1949年，新兴木刻运动的中心，除了生发地上海、共产党所在地延安外，重庆作为抗战陪都所在地，短时间内聚集了大量的文化先锋与社会革新者，在这样的时代背景下，自古的“大后方”四川迅速被政治中心、文化中心与革命前沿的社会构造推向了历史浪潮的最前端，形成了现代中国非常时期的独特语境。

时至今日，当我们再次回望，历史的线索已经越来越清晰地呈现在我们眼前。与当时社会的军事、经济、政治领域一样，在保守与革新两种巨大力量的拉扯、较量下，怀揣着对中华民族现代启蒙的文化自觉，以及唤醒懵懂大众和改变羸弱中国历史走向的责任意识，无论是自上而下的改革，抑或是自下而上的革命，战时中国的文化先锋们纷纷将自己整个地抛入危难当中，为民族的救亡图存做出了不懈的努力。而这其中，新兴木刻运动凭借自身与媒体的密切关系，以木刻、漫画专栏为阵地，直接而深刻地影响着千万大众的思想，同时也将自身定格为了那个特殊时期的时代号角。

张漾兮先生1912年出生于四川成都，是中国现代版画的重要先驱。早在上世纪三十年代，他便以批判现实主义木刻、漫画参与到“新兴木刻运动”当中，堪称“新兴木刻运动”的骁将和现实主义绘画精神的突出代表。

1931年新兴木刻运动前后，时为美专学生的张漾兮便自学木刻，并在多次进步运动中将木刻技术运用到讽刺漫画的复制传播当中。1936年，随着抗

战形势日趋严峻，张漾兮先生开始迅速投身到救亡图存的社会活动和媒体工作当中。1937年，先生出任《新民报》美编并创立“新民漫画”专栏，成立抗日美术团体《四川漫画社》并任主要负责人，同时兼任《四川日报》《国难三日刊》《星芒周报》的画刊编辑和供稿记者。1938年，先生加入“中华全国木刻界抗敌协会”，兼任《时事新刊》编辑，并参与筹建“中华全国木刻界抗敌协会成都分会”。在此期间，《鲁迅漫刻像》《前方浴血奋战，后方加紧生产》《桂南战役》等木刻作品的出现，显示出张漾兮先生创作风格的初步成形。

1940年，成都“抢米事件”爆发，成为当局扼杀四川新闻界进步力量的导火索，先生因受到追捕而避居乡下，从此开始了长达十年颠沛流离的生活。先生此阶段的作品《瓦窑工人的孩子》《耕“牛”》《薅秧归来》《运炭工人》等，不仅深深地与民众生活相连，也因此更具有了深刻的现实主义批判性。1944年，张漾兮先生得以读到毛泽东《在延安文艺座谈会上的讲话》和延安解放区木刻家的作品，对他后续的创作思想产生了巨大影响。从1945年始，先生创作的刀口便有了明显转向，《擦皮鞋的孩子》《告地状》《整饬市容》《苦力》《怒火》《抢米》《人市》《吃大户》《八老爷行状》等作品，在抗日战争结束后，无情地将中国统治阶级与劳苦大众的真实矛盾推到了台前。至1950年止，张漾兮先生在成都、香港、南京、北京等地二十余家报刊上发表的漫画、木刻作品，据查总量在1500幅以上，真正堪称新兴木刻运动的骁将！

1949年7月，“中华全国文学艺术工作者代表大会”在北平举行。会后，与会的张漾兮先生应江丰、刘开渠、野夫邀请，前往杭州国立艺专（中国美术学院前身）绘画系任教，并于1954年8月领命创立中央美术学院华东分院（中国美术学院前身）版画系，并出任首任系主任。

在创系之初，先生便突出把握住版画艺术最重要的版种特性，以不同的版性特点建立独特的教学方法，首次确立了木版、铜版、石版的三版教学体制。日后，这一“三版结构”的教学基础模式被其他专业美术院校借鉴，对新中国版画教育，乃至现当代版画创作的整体面貌都产生了根本性的影响。1956年，先生还为新中国版画民族化溯源竞流，派遣专任教师前往北京荣宝斋学习水印木刻技术和饾版技法，成立了全国美术院校中唯一一个“水印木刻研究室”，这一举措无疑为“水印”这项中国传统技术的传承，以及中国美院版画系在全国的独特价值奠定了坚实的基础。与此同时，先生更发动全系师生，通过深入田间村头的实地考察，系统性地研究以苏州桃花坞、天津杨柳青、四川绵竹年画为代表的中国传统民间木刻，以拓展木刻的形式、语言为手段，进一步探索版画民族化的道路。

1964年，久病的张漾兮先生英年早逝，却以他的远见卓识为后人留下了无数精神财富——他创建的以民族传统为魂、以“三版结构”为基、以课程建设为重的版画教学基础体系，奠定了中国美院版画系版性研究和田野调查的两个重要学术方向，其形成于现代主义民族观、历史观、世界观下的版性研究方法论及其内在逻辑，伴随着中国文化现代化的发展和艺术学院化的传承方式，对中国版画的现代化面貌，乃至中国当代艺术的维度与方向都产生了极其深远的影响！

2016年4月，四川美术馆收到来自张漾兮先生家属的捐赠意愿，也正是这同一个月，李焕民先生离世，我负责的国家级项目《中国黑白木刻传统——神州版画博物馆馆藏研究》刚刚通过审核，而以四川黑白木刻传统梳理与传承为目的的《手作匠心——首届西南青年版画推动计划》展览的实施也进入了关键阶段。2016年4月，以四川为重要语境的中国黑白木刻传统，在经历八十余年的历史变迁后，张先生作品的整体捐赠和随之而来的文献研究展作为四川美术馆新馆开馆以来梳理、呈现的第一个版画史个案，突然具有了历史节点一般的特殊意义。

接下来便是接近一整年的漫长准备——海量资料的阅读、文献的整理、史料的查找、相关人员的寻访，与这一切同时进行的，是对先生深刻认知的内在发酵。

展览策划初期，我曾一度纠结于本次展览的定位，一心想着为离家半个多世纪的张先生做一个回归主题的个展。然而，伴随着越来越多的交流、阅读和历史现场的史料印证，我意识到先生一生的艺术轨迹所呈现的家国情怀，或者说那一代版画人所呈现的家国情怀，绝不仅限于“家乡”二字。在百年前全球化冲突最为焦灼的时候，那一整代人为了解决国人的身份焦虑和民族自信所投注的心血，其背后的命运之纠缠，所涉及的人数之众多，历史漩涡中格局之宏大，都已成为新中国文艺主线的坚实基础。纵观自新兴木刻运动以来的中国现代美术格局，中国艺术的现代主义运动由版画开始，新中国文艺版图由诸多版画家建立，时至今日，版画创作的语言与逻辑亦深深影响着当下多种艺术形式的综合面貌。在这样的时代语境与专业背景下，当我们遇到一位投身于新兴木刻运动，又开创了新中国版画教育事业的先驱，这样的展览，注定不是一人的个展，而是以个案为例，呈现一段家国的历史。毫无疑问，在建国初期的新中国，张漾兮绝不是孤例——北国的江丰、李桦、古元，江南的“两张两赵”，巴蜀的李少言、牛文、江敉、谢梓文……如果我们认真梳理，这样的名单可以很长。新中国成立之初，正是遍布全国的这许多老先生们为新中国的文艺方向“一锤定音”，决定了半个多世纪以来中国文艺的大格局，也深刻地影响着当代文艺的未来方向。

在此，一个问题不断浮现出来——为什么他们可以真枪实干地革命，而转过头来又能如此精确地建设？他们的价值观形成于早期实践，又在新中国成立过程中得到了充分的印证，这种价值观的准确性和随之而来的方法论的有效性着实令人惊叹，更值得后人挖掘、比较、反思与重构。

于是，以“本体研究与价值重构”为学术方向，“刀锋民魂——张漾兮先生作品文献展” 于2017年3月28日在四川美术馆开幕。展览展示了由张漾兮先生家人整体捐赠的一百四十余幅版画作品和写生画稿，以及中国美术学院美术馆、浙江美术馆和四川省图书馆慷慨借出的先生作品、文献、笔记、手稿、报刊数十件，以及半个世纪以来中国现代版画史中受先生艺术主张影响所生成的艺术线索代表作。有了这样的立体构建，展览便得以以张漾兮先生为个案，最终呈现出一代版画人重建精神家国和寻求民族自信的完整线索，以及至今为止，基于这条线索所生发出的更多探索方向。

在展览现场，我特别为先生一生的重要节点和代表作品添加了详细的文字注解，观众们可以看到在建立中国首个专业美院版画系的第一年，先生用中国传统材料与技法为学生们示范的第一幅水印木刻；而在转过身的整个空间，则展示着先生在建系初期进行版种实验与版性研究的手稿与笔记，以及由先生的同事、学生创作的，在中国版画民族化文脉线索上最具代表性的作品。当我们将历史与现实如此并置便能清晰地看到，先生的精神本来就是活的，它一直存在于后来人的创作面貌当中。

早在1992年四川美术展览馆（四川美术馆前身）落成之时，由李桦、古元、李少言共同发起的神州版画博物馆经由四川省委批复，内设于四川美术展览馆内，以作品捐赠为主要形式，先期馆藏自新兴木刻运动伊始至上世纪九十年代的四千余件中国现代版画作品，并通过后期大展整体收藏，至新世纪伊始将馆藏扩充到六千余幅的规模。在此期间，李桦、古元相继辞世，神州版画博物馆却如两位所愿，收藏遍布全国，时间跨度整七十年，特别是对新兴木刻运动作品的完整收藏，使神州版画博物馆成为研究、探讨、书写新兴木刻运动及二十世纪中华民族现代主义发展史不可回避的权威机构。时至今日，神州版画博物馆同国内诸多美术馆一样，在新的时代语境下，不仅面临馆藏作品的保存与展示的问题，更需要承担起对新兴木刻运动本体研究与价值重构的文化责任。在这样的语境与契机下，张漾兮先生作品的整体捐赠和文献研究、展览无疑都将成为一个重要的案例。以先生个案为形式，以中国现代版画发展历程为线索，探讨新兴木刻运动在中国民族现代化和文化现代性过程中的成就与地位，以及更重要的，所留铸的精神线索与揳入当代的更多可能性。毫无疑问，这才是我们收藏历史的真正价值所在。

四川美术馆 策展人　冯石
2017年11月于成都东郊

翘楚漾兮

——向版画先师致敬

蔡枫

我1985年来浙美就读版画系始知张漾兮是系的创始人，对他的艺术也有了一些直观感受和欣赏。多年之后，当我第一次看到先生的相片就感到震动，先生的形象给人留下难忘的印象：一张英气十足的脸，五官俊朗，隆起的高鼻梁，总让人好似在那儿见面过。天生颜貌表征从容不迫、泰然处之的样子。在这张半个多世纪前的照片中，存有一副俊逸英气。这形象必是那个时代的范儿，放在今日也是范儿十足。留着一款后梳黑发，看起来还是很精致有魅力的，五官大气hold住了这个发型，还很有味儿和魅力。一身装着穿搭，看起来干练十足，同时不乏优雅和气质，一身教育工作者职场的典范，又适契合艺术家风貌，干练又呈现个性魅力。一看就是一个翘楚之人。

翘楚原指高出杂树丛的荆树，后来用来比喻杰出的人才或事物。使人想起鲁迅“榛莽中的新芽”之意。鲁迅所讲榛莽新芽指的是新兴木刻，木刻青年正是革命气节和艺术品格之翘楚么。

作品如人。张漾兮的天质品禀与其作品气质是一致的。他通过木刻和漫画作品，与其纯熟的技艺和多样的形式为读者受众熟知和认同，为受众传递上不同类型，不同风格的艺术形象。除了出色的木刻和漫画外，他还是水彩高手。

张漾兮的木刻艺术创作起步于二十世纪三十年代末，艺术家面对抗战救亡的时刻，便决定以木刻作为武器。他受延安文艺座谈会精神影响至深。国统区、解放区所应对的不同社会现实状况与艺术态势，交汇之后构成了木刻家们的思想意识，构成了自左翼木刻运动之后的新阶段。早期发端的“民族形式”

问题在解放区的“艺术为大众服务”的思想中得到拓展，而国统区木刻作者更是坚持“现实主义”的创作观，找到了介入现实的路径和深度与对政治理解的视角。以木刻这一表现强烈的媒介赋予创作主体的激越状态的强力意志。从1930年代起到抗战后期，尤其在国统区包括根据地木刻很难摆脱新兴木刻早期的表现主义的面貌，而在表现社会现实方面却得到提升——对国统区市民阶层的现实状况深层关联。张漾兮在成都抓住了城市小官僚权贵阶层和市民贫民对照为基本视角，表现前者腐败生活和后者受欺负和贫困。他对自己捕捉到现实的政治意义有着清晰的认识，他在市民阶层也获得影响力。他意识到真正由政治行动的理解进入到对象中，建构起作者与受众之间富于现实感的关系性。渴望深入他们的内心，构成认同并唤起他们对自身悲苦处境的更深感受和反抗意识。作者的这种主观投入的创作，具有具体、有血有肉的形象和典型，而非简单的空洞的形象化表达，这种的精神状况是强有力的创作状态。他以强烈黑白对比的形式，以明晰犀利的刻风著称。他在成都工作时，又接受延安木刻的影响，以明朗简洁的风格表现了大后方现实。

他始初学习苏联木刻方法，受凯绥·珂勒惠支的作品影响，后来直接切入延安木刻风格。在《人市》和《煤矿工人》等作品中，这种影响明显地表现出来。《人市》是敏锐观察和深入理解现实的典型化创作。他做到深入生活，在确切描述现实，有计划地创作。《抢米》是1946年至1947年一系列创作中的一件。1949年初《我们自己的队伍来了》这幅力作是长期观察生活和艺术积累的成果。正如艺术家自己所表述“如农民迎接自己亲人归来，盼望得在家里已经坐卧不安，从门前待到村口，又登上高坡去瞭望远方，而突然看见亲人到来的那种心情，借来创作作品中主人公心境”。这也是艺术家心底里渴望解放的心境。

1954年，张漾兮出任中央美术学院华东分院版画系主任，在极为艰难条件下事必躬亲地进设备、选人才。迅速建立木版、石版、铜版为依托的版画教育体系。他挑选优秀毕业生曹剑锋、洪世清分别负责铜版、石版的教学筹备，又聘请富有才华的青年版画家赵延年、赵宗藻来系任教，他们与张怀江、夏子颐、丁正献、宋秉恒、张奠宇、邓野等版画家一起构建奠定了版画系的坚实基础。“直面人生，追求真理；洋为中用，东西交融。”这是张漾兮新中国版画教育主导思想。张漾兮一贯注重艺术创作与社会生活的密切联系和社会担当，提出“没有社会就没有创作”创作思想。强调版画教学活动始终围绕“以创作带教学”的宗旨，强调下乡下厂深入生活的重要性。要求学生画大量的写生和速写，锻炼扎实的造型能力和培养敏锐的观察力，从中发掘创作素材，表达深刻的生活体验和社会认知。张漾兮根据自己多年来的创作体会，提出他的版画教学主张：中国版画要体现民族精神，在表现形式上要注重传承中国传统文化艺术精粹，吸收民间艺术特色，同时学习西方的造型、色彩，兼容并蓄，探索新风格。

1955年，张漾兮受文化部指派出访罗马尼亚、匈牙利，更是深感中国的版画必须要追求本民族风格，才能屹立世界画坛之林。张漾兮明确提出的学术观点：“学习优秀传统、弘扬民族精神”的本土文化立场，对后来版画系的教学、科研和创作产生了深远影响。他也深知中国版画的民族化道路并非是将传统中国画与西方绘画简单嫁接拼凑，而是要潜心研究民族形式。为此，他向学生讲授溯源于隋唐的中国版画史，注重在创作中吸收融入古代石刻和画像砖的特色。又开设白描、彩墨等中国画课程。又委派夏子颐、曹剑锋、张玉忠等先生去北京荣宝斋学习传统水印木刻，后建立水印木刻研究工作室。1957年，又委派殷光宇等先生收集大量桃花坞、杨柳青、杨家埠、朱仙镇等民间木版年画，以及无锡纸马、漳州粉印等大量民间艺术作品，并定期在系里进行观摩研讨，以强调在版画创作中融入民族的、民间的艺术样式，以民族特色和气派为版画体系。奠定了版性研究和田野考察的两个重要学术方向。这些由张漾兮先生开启的版画教学的思想脉络，沿传至今，并将继续传承。国美版画系的教师大多都涉足“民族形式”的探索。创作了大量的水印版画并在国内外产生重要的影响。

版画系建系伊始，张漾兮就确定了素描教学的基本框架。建立基础素描课程并将白描引入教学中，因为简约性的素描在版画专业的运用中占据着核心地位。当时国内美术院校是苏联的“契斯恰科夫素描体系”统治着的素描教学，而张漾兮的视野是：如何深入运作民族传统与西方形式在教学中执行，更重要的是素描教学如何为版画专业持供支持。在版画系教授素描的宋秉恒、丁正献等人率先对苏派模式提出了不同的看法，并加以改革，这不仅需要教学思想层面的创见，更要在教学实践中身体力行。强调速写和默写的重要性并区分其关系的观念，为日后版画系的素描教学奠定了基础和方向。

他将版画教学与自己的作品创作联系起来，作为教学范例，其探索新的表现手法和艺术形式，启示了一代年轻学者。从《西湖风光》《牧歌》到《匈牙利陶器工人》《罗马尼亚农民》《送饭到田间》《运粮入社》等等，都以其各不相同的表现形式和处理手法探索一致的方向，即在民族传统艺术的各方面去探索一些东西，探索民族传统艺术深厚的丰富性，理解它，消化它，更新它。他研究石刻、砖刻艺术的手法，不论在人物刻画方面或有关的形象方面，都想力求简练又具有表现力。探索采用民族传统艺术形式来处理表现现实主题，探求锲而不舍。张漾兮一生都在学习版画艺术，一生都不断激励自己的创造，一生都奔着他未竟的事业。这就是其艺术精神和生命风格。

漾兮名如其人。如水荡漾，波纹起伏。这种翘楚之精神如涟漪泛波，漾泊漾开漾驰。为后继传递能量。

我更相信作品如其人。刘熙载有云：“书者，如也，如其学，如其才，如其志，总之曰如其人而已。”这就是所谓“书如其人”，也就是作品如其人。一个人的学养、才识、器量等诸多方面，必定就在作品当中，问题是你能否看得出来。在这里，那些将人与作品两分法难以站得住脚。

先生讲：恨也罢，爱也罢，思想、感觉、观察也罢，无非都是在领悟。一切经验都应被消化，艺术是经过血肉之躯过滤之后的总体迸射。

“楚杂薪之中尤翘翘者。”出类拔萃者，数君子之内，实为翘楚，是人品才情出众，有本事的人。

而人品和付出——从去做事到应事到有为——成为一个翘楚的人。

戊戌暮春于西湖景云村

责任编辑：孙丽英
助理编辑：刘　炜
封面设计：李　文
装帧设计：李振鹏
责任校对：杨轩飞
责任印制：毛　翠

图书在版编目（CIP）数据

张漾兮文献集 / 陈焰编. -- 杭州 : 中国美术学院出版社，2017.12
（中国美术学院学脉文丛）
ISBN 978-7-5503-1595-2

Ⅰ. ①张… Ⅱ. ①陈… Ⅲ. ①张漾兮－生平事迹②版画－作品集－中国－现代③版画－绘画评论－中国－现代－文集 Ⅳ. ①K825.72②J227③J217-53

中国版本图书馆CIP数据核字(2017)第326871号

中国美术学院学脉文丛
张漾兮文献集

陈焰　编

出 品 人：祝平凡
出版发行：中国美术学院出版社
地　　址：中国·杭州市南山路218号 / 邮政编码：310002
网　　址：http://www.caapress.com
经　　销：全国新华书店
印　　刷：杭州恒力通印务有限公司
版　　次：2018年4月第1版
印　　次：2018年4月第1次印刷
印　　张：23.75
开　　本：710mm×1000mm 1/16
字　　数：280千
图　　数：89幅
印　　数：0001—1000
书　　号：ISBN 978-7-5503-1595-2
定　　价：138.00元